Paul W. Meyer
(Hrsg.)

Integrierte Marketingfunktionen

4., verbesserte Auflage

Verlag W. Kohlhammer
Stuttgart Berlin Köln

Die Deutsche Bibliothek – CIP-Einheitsaufnahme

Integrierte Marketingfunktionen / Paul W. Meyer (Hrsg.).–
4. verb. Aufl. – Stuttgart ; Berlin ; Köln : Kohlhammer, 1996
ISBN 3-17-013233-4
NE: Meyer, Paul W. [Hrsg.]

4., verbesserte Auflage 1996

Verlagsort: Stuttgart
Gesamtherstellung:
W. Kohlhammer Druckerei GmbH + Co. Stuttgart
Printed in Germany

Vorwort

Integrierte Marketingfunktionen, abgeleitet von einem inzwischen längst in Forschung und Lehre bewährten wissenschaftlichen Ansatz, sind nicht direkt vergleichbar mit den instrumentalen Marketing-Mix-Ansätzen. Wohl aber liefern sie auf wissenschaftlichem Niveau die Basis für konkretes und zumeist situativ bedingtes taktisches Handeln ebenso wie für strategisches Marketing-Management.
Nach Darstellung der Grundlagen werden ausführlich die miteinander vernetzten Funktionen des Absatz-Marketing vorgestellt:

- Absatzvorbereitung und Marktforschung,
  Erstellung eines Marktprogramms
  und dem Management beider Bereiche;
- Absatzwerbung und Öffentlichkeitsarbeit
  mit dem Kommunikations-Management;
- Absatzabschluß (»Verkauf«) und das
  Abschluß-Management;
- Absatz-Realisierung und das
  Realisierungs-Management.

Da bei aller Bedeutung des Absatz-Marketing das im Prinzip spiegelbildlich zu verstehende Beschaffungs-Marketing einen eigenen, voraussichtlich steigenden Stellenwert hat, werden abschließend Aufgaben und Management der Beschaffung komprimiert dargestellt.
Die Autoren der ersten Auflage von 1986 haben ihre Beiträge zum Teil überarbeitet. Der Beitrag zur Marktforschung wurde vollständig neu verfaßt. Dies hängt mit dem systembedingten Wechsel der wissenschaftlichen Mitarbeiter an einem Lehrstuhl zusammen. Zugleich wurde es auf diese Weise möglich, den aktuellen Stand der Augsburger Lehre und Forschung (Februar 1990) abzubilden.
Diese Augsburger Marketinglehre ist weiter ausgebaut als hier verdeutlicht werden kann. Das institutionelle Marketing, also die Marktbearbeitung der Konsum-, der Produktions- und der Investitionsgüter-Industrien, des Einzel- und Großhandels mit all seinen Handlungs-, Be-

triebs- und Kooperationsformen, der Dienstleister mit ihren mannigfachen Berufen und Branchen gehören ebenso dazu wie das Standardthema (seit 1973) »Internationales Marketing« und aktuelle Fragestellungen, beispielsweise »Der neue Konsument«, »Marketing und Ökologie«, »Marketing und neue Medien«.
Die Basis für alles aber bieten die Integrierten Marketingfunktionen, die nun in der zweiten, überarbeiteten Auflage der Neuausgabe von 1986 vorliegen. Ein Gesamtliteraturverzeichnis der empfohlenen Literatur und ein wesentlich erweitertes Stichwortverzeichnis sollen die Lektüre etwas erleichtern.
Die auf Basis umfangreichen empirischen Forschungen entstandenen integrierten Marketingfunktionen beanspruchen für sich allgemeine Gültigkeit. Der ebenfalls selbständige Band »Marketing-Systeme« belegt die vielfältigen Anwendungsmöglichkeiten im Marketing der Industrie, des Handels, der Chancen-Anbieter, der Dienstleister und der sozialwirtschaftlich tätigen Institutionen.
Zu danken habe ich Frau Dipl. oec. Marion Schweizer, die federführend die Koordination dieses Buches hervorragend bewerkstelligte, und den Mitarbeiterinnen meines Sekretariats, die die umfangreichen Schreibarbeiten schnell und zugleich sehr exakt bewältigten.

Augsburg, im April 1990 Paul W. Meyer

Vorwort zur 3. und 4. Auflage

Marketing ist marktorientiertes Denken und Handeln, ist praktizierte Marktwirtschaft in Absatz- und Beschaffungsmärkten, ist oder sollte steuernde Hauptfunktion aller einzelwirtschaftlichen Entscheidungen sein (aus dem Vorwort zu Marketing-Systeme, Stuttgart 1990). Da Märkte von Menschen geschaffene und gestaltete Organisationsformen zur Versorgung mit wirtschaftlichen Objekten sind, müssen die Einzelwirtschaften Funktionen ausbilden, die ihre Teilnahme am Marktprozeß erst möglich machen. Diese Funktionsbereiche aus dem multifunktionalen Interaktionsmodell des Marktes abgeleitet, sind logisch den »Werkzeugen«, den »Instrumenten« vorgelagert. Erst mit Hilfe der Marketingfunktionen läßt sich das immer wieder wechselnde, der Mode unterworfene umfangreiche Instrumentarium der Methoden und Verfahren in den Griff bekommen und optimal gestalten.

Augsburg, Dezember 1995 Paul W. Meyer

Inhaltsverzeichnis

1.2 Das Absatzmarktprogramm

1.3 Das Management der Absatzvorbereitung

2. Absatzwerbung und Öffentlichkeitsarbeit

3. Der Absatzabschluß

4. Absatz-Realisierung

3. Kapitel

Die Funktionen des Beschaffungs-Marketing

1. Kapitel

Der integrative Marketingansatz und seine Konsequenzen für das Marketing

von PAUL W. MEYER*

1. Der wissenschaftliche Ansatz

Wirtschaften ist ein fundamentaler Tätigkeitsbereich menschlicher Gesellungen. Die permanente Verknüpfung Wirtschaft und Gesellschaft ist eine Tatsache, die nicht bestritten werden kann. Zugleich wird damit eine Polarität, eine nicht auflösbare Spannung zwischen der Gesellschaft und dem Teilbereich Wirtschaft gesetzt (vgl. Vershofen, W.; 1951). Polarität heißt in diesem Zusammenhang, daß eine zeitbedingte Auflösung der Spannungen zwischen Wirtschaft und Gesellschaft in konkreten Gesellschafts- und Wirtschaftssystemen möglich ist, daß aber jede Lösung den Keim der Veränderung durch andere, mögliche Lösungsansätze in sich trägt. Die Überbetonung des Wirtschaftlichen zur Zeit des sogenannten Wirtschaftswunders in der Bundesrepublik Deutschland wurde zum Beispiel zum Nährboden für die verschiedenartigsten gesellschaftlichen Aktivitäten, die alle gemeinsam das Gesellschaftliche stärker betonen als das Wirtschaftliche. Die Spannweite reicht von den Kritikern der »Konsum-Gesellschaft« bis zu jenen Systemveränderern, die da glauben, der Marktwirtschaft kollektive Wirtschaftssysteme oder zumindest stärkere Eingriffe, alle zugunsten der Gesellschaft, verordnen zu müssen.
Nun sind es Menschen, die diese Polarität leben. Damit stellt sich die uralte Frage nach dem Wesen des Menschen als Objekt der Wissenschaft erneut. In ihm ist die Polarität zuerst angelegt: er ist Individuum und Glied einer Gesellung zugleich. Aus dieser im Leben unauflöslichen Spannung gestaltet er Wirtschafts- und Gesellschaftssysteme als Synthesen von Zeit zu Zeit. Wie und wie unterschiedlich er sie gestaltet hat, darüber gibt die Theorie der ideelltypischen Entfaltung (vgl. Vers-

* Dipl.-Kfm., Dr. oec., em. Univ.-Prof. für Betriebswirtschaftslehre und Ehrenvorsitzender der Fördergesellschaft Marketing (FGM) e.V. an der Ludwig-Maximilians-Universität München.

hofen, W.; 1950; ders.; 1928) Auskunft. Sie geht aus von der gedachten »isolierten Gruppe«, der Blutsgemeinschaft. Von diesem gedachten Ausgangspunkt, der dem morphologischen Ansatz (vgl. Goethe, J. W. v.; 1947, S. 64 ff.) von dem Samenkorn, das die Idee der Pflanze in sich trage, entspricht, läßt sich eine konkrethistorisch nachweisbare Entfaltungslinie, von zahlreichen Rückfällen unterbrochen, bis zur pluralistischen Massengesellschaft dieser Tage aufzeigen. Immer ging es um die zeitabhängige Synthese zwischen Individuum und Sozietät. Keine Synthese hat über die Jahrhunderte hinweg Bestand gehabt, jede mußte neu erkämpft und gestaltet werden. Die Diskussion über die Frage, was wohl nach dem Wirtschaftswachstum komme und wie die wirtschaftlichen und gesellschaftlichen Systeme die Jahrhundertfragen der zu Ende gehenden Rohstoffressourcen, der Energieversorgung und der Entwicklungsländer lösen können, wirft gleichsam automatisch auch die Frage nach den dann notwendigen Systemen auf (vgl. Kachen, W.; 1977, S. 21 ff.), denn – wie gesagt – keine Synthese hat Ewigkeitswert.

Über den Menschen selbst, eingespannt in seine Polarität, gibt die Psychologie Auskunft. Zum einen zeigt sich, daß die Entfaltung menschlicher Gesellschaften sich im Individuum wiederholt (vgl. Künkel, F.; 1975; ders.; 1976a; ders.; 1976b). Zum anderen ist bewiesen, daß der Mensch mit vier grundsätzlichen Möglichkeiten versehen ist, seine Welt zu gestalten und sich in ihr zu behaupten (vgl. Jung, C. G.; 1960). Er kann instinktiv handeln, er kann denken, er kann Gefühle entscheiden lassen und er kann intuitiv reagieren. Wenn das so ist, und umfangreiche Belege sprechen dafür, dann ist jede Theorie, die eine neglektive Fiktion des Menschen in den Mittelpunkt stellt, nicht einmal ein Denk- und Lernmodell, sondern schlicht falsch. Dies ändert nichts daran, daß niemals alle vier Verhaltensweisen gleichzeitig und gleichberechtigt zur Verfügung stehen. Der einen oder den zwei vorherrschenden bewußten Funktionen entsprechen die anderen als unbewußte Funktionen.

Auslöser menschlichen Verhaltens sind die angeborenen Triebe, die aus Gründen der Lebenserhaltung zur Zwangssteuerung führen (vgl. Jung, C. G.; 1967, S. 135 ff.). Im Grunde sind es vier Triebgruppen, die sich differenzieren lassen: der Selbsterhaltungstrieb, der den Trieb zum Tode einschließt, und sich auf Nahrung, Gesundheit, Bekleidung, Behausung, aber auch auf Drogen erstreckt, der Kommunikationstrieb, der zu Selbstdarstellung ebenso führt, wie zur Kommunikation mit anderen, und hier als spezielle gerichtete Kommunikation den Trieb zur Arterhaltung ebenso einschließt wie den Trieb zur Kommunikation mit dem Übersinnlichen, der Aktivitätstrieb, der Bewegung, Laufen, Fahren, Schwimmen, Fliegen, Spielen auslöst, und schließlich der Produktionstrieb, zu dem die Gestaltung von Werkzeugen und Instrumenten, die allesamt Verbesserungen oder Verstärkungen menschlicher Möglichkeiten sind, gehört. Ausgangspunkt ist stets eine wahrge-

nommene Mangelsituation. Dann aktiviert der angesprochene Trieb oder eine Triebkombination die psychischen Funktionen, die in Wechselwirkung zwischen bewußt und unbewußt den Menschen allein oder gemeinsam mit anderen das Problem angehen lassen. Aus dem Gegenüber These/Antithese kann eine Synthese als positive Lösung oder eine Katathese als Fehlschlag entstehen. Wahrgenommener Mangel und angesprochene Triebe sind Bedürfnisse, die, soweit sie mit bereitgestellten oder beschafften Objekten befriedigt werden können, zu Bedarfen werden. Je nach Charakterstruktur wird das Verhalten objektgerichtet (extravertiert) oder personenbezogen (introvertiert) sein. Innerhalb dieser Grundeinstellung steuern dann die vorherrschenden Funktionen die konkrete Handlung. Diese Handlung wiederum wird beeinflußt, vom Einwirken des Unbewußten, das grundsätzlich in Richtung lebensgemäßer Anpassung geht, sich aber auch als wesentlicher Störfaktor erweisen kann.
Diese in aller Kürze dargestellten Einsichten verlangen komplexe, integrierte Ansätze, einseitige, monistische Ansätze werden der komplizierten Wirklichkeit nicht mehr gerecht.

2. Der gesamtwirtschaftliche Ansatz

Ein erster Schritt in diesem Zusammenhang ist der wirtschaftswissenschaftliche Systemansatz (vgl. Meyer, P. W.; 1973, S. 11 ff.; ders.; 1976b, S. 13 ff.). Er versucht eine Kernvorstellung dessen zu finden, was denn eigentlich Wirtschaft ist. Kernvorstellung fordert Allgemeingültigkeit über die Zeit und spezielle Wirtschaftsordnungen und Lehrmeinungen hinweg. Ohne Zweifel ist das Feld der Wirtschaft der Bereich der beschafften oder bereiteten Objekte. Sie lassen sich – wie erwähnt – mühelos an Grundtriebe und an die mit ihnen konfrontierten Mangelsituationen anbinden. Es sind daraus abgeleitete Bedürfnisse, die mit Objekten befriedigt werden können, Bedarfsdeckung mit Hilfe von bereiteten Mitteln also. Die Frage nach dem Zweck dieser Tätigkeiten führt zur Erkenntnis, daß es Menschen sind, die für sich oder für andere diese Objekte schaffen und gestalten. Sie dienen ausnahmslos der Bedarfsdeckung, und das heißt der Versorgung von Menschen durch Menschen. An die Bedarfsdeckung schließt sich der Bereich der Verwendung (Nutzung) als Ver- und Gebrauch an. Verwendung ist ein eigenständiger Bereich menschlichen Lebens, der von der Wirtschaft, die die Objekte besorgt, reinlich zu trennen ist. Daß die Wirtschaft die Verwendung mit Objekten versorgt, womit die Versorgung der Verwendungssphäre zum alleinigen Ziel alles Wirtschaftens wird, besagt noch nicht, daß Wirtschaft gleich Verwendung ist. Daran ändert auch die schwer denkbare Tatsache nichts, daß es – von wenigen Ausnahmen abgesehen – dieselben Menschen sind, die im Wechsel einmal die

Rolle der Versorger und ein andermal die Rolle der Verwender spielen.

Diese Differenzierung zwischen der Verwendungssphäre als Teil des Lebens und der Wirtschaft als Versorgungssystem, das mit der Entnahme der Objekte (»Marktentnahme«) endet, schließt natürlich nicht aus, daß die Wirtschaft Wünsche, Erfahrungen, Probleme der Verwender als Zielvorgaben heranzieht. Schließlich ist ihre Aufgabe die Versorgung der Verwender, so wie deren Aufgabe die letztliche Verwendung oder Nutzung über Ge- und Verbrauch ist.

Über die im Mittelpunkt jeder wirtschaftlichen Versorgung stehenden Objekte (Versorgungsobjekte) läßt sich das Feld der Wirtschaft von allen anderen menschlichen Tätigkeitsbereichen abgrenzen. Wegen dieser zentralen Stellung der Objekte ist es wenig sinnvoll, wenn von ungenau oder gar nicht definierten »Produkten«, »Leistungen«, »Gütern«, »Dienstleistungen« usw. ausgegangen wird. Eine mögliche Gliederung hat sich in Theorie und Praxis bewährt: Waren, Dienste, ökonomische Chancen (Max Weber), Objektsysteme.

Waren sind natürliche und künstliche Erzeugnisse, beweglich oder unbeweglich, soweit sie räumlich scharf umrissen sind. Sie stellen eine von der Umwelt sich abhebende, weder zerleg- noch auflösbare Einheit dar. Umwandlungs-, Auflösungs- oder Vernichtungsprozesse bei der nachfolgenden Verwendung/Nutzung sind damit nicht ausgeschlossen. Sofern Waren in sich quantitativ teilbar sind, verändern sie dadurch ihren Charakter nicht (Beispiele: Rohstoffe, Nahrungsmittel, Grundstücke.)

Dienste sind immaterielle menschliche Leistungsfähigkeiten. Die Leistungen dienen sowohl der Erstellung (»Produktion«) von Versorgungsobjekten aller Art (= Erstellungsleistung) als auch anderen Menschen unmittelbar oder mittelbar über in ihrem Besitz befindliche Versorgungsobjekte (= persönlich erbrachte Dienstleistung). Dienste können über Zeichen-, Ton- und Bildspeicher haltbar, wiederholbar und handelbar gemacht werden (veredelte Dienste). Werden die persönlich erbrachten Dienste durch Apparate (Automaten, Roboter) ersetzt, dann entstehen auf Diensten beruhende Objektsysteme (Beispiele: Arbeiter, Autor, Komponist – Arzt, Berater, Autoreparatur – Musik von Ton- und Bildträgern).

Ökonomische Chancen sind Versorgungsobjekte, die einen Anspruch garantieren, der auf die Realisierung einer kollektiven – mindestens also zweiseitigen – Vereinbarung zwischen Einzelwirtschaften gerichtet ist. Liegt eine verbindliche Rechtsordnung vor, werden aus diesen Ansprüchen Rechtsansprüche. Nach dem Inhalt dieser Vereinbarungen lassen sich unterscheiden:

- Wagnis-Chancen: Ansprüche auf Beteiligung an Risiken mit Gewinn- oder Verlustmöglichkeiten (Beispiele: Lotterie, Spekulation);
- Absicherungs-Chancen: Ansprüche auf Absicherung gegen zukünf-

tige, der Art, nicht aber dem Eintrittszeitpunkt nach bekannte Risiken (Beispiel: Versicherungen);
- Objektgebundene Chancen: Ansprüche auf Verwendung/Nutzung definierter Versorgungsobjekte aller Art (Beispiele: Vorkaufsrecht, Fahrkarte, Bausparvertrag, Auto-Kaufvertrag);
- Tausch-Chancen: Ansprüche auf Austauschbarkeit gegen grundsätzlich alle anderen angebotenen Versorgungsobjekte (Beispiele: geltende Währungseinheiten).

In der Regel benötigen Chancen einen materiellen Träger (Trägermedium). Entfällt der garantierte Anspruch oder wird er nicht genützt, wird das Trägermedium zur Ware. Die Übertragbarkeit der Chancen auf andere Einzelwirtschaften (Chancen, Handel) kann uneingeschränkt erfolgen, eingeschränkt oder ausgeschlossen werden.
Objektsysteme sind Aggregate (Funktionseinheiten) aus mindestens zwei gleich- oder verschiedenartigen Versorgungsobjekten. Bleiben die einzelnen Versorgungsobjekte austauschbar, dann entsteht eine Objektkombination. Sind die einzelnen Versorgungsobjekte erkennbar, aber nicht austauschbar, dann entsteht ein Objektverbund. Aus der Verknüpfung von mindestens zwei Objektsystemen kann ein Super-Objektsystem entstehen.
Nebenbei: erst auf Basis dieser Objektdifferenzierung ist es möglich, Märkte, die von der Betriebswirtschaftslehre im Gegensatz zu industriellen Bereichen stiefmütterlich behandelt worden sind, zu analysieren und zu prognostizieren. Beispiele: der Musikmarkt, mit seinen vom Urheberrecht geschützten Kombinationen aus Erstellungsleistung, persönlicher Dienstleistung und veredelten Diensten, der Filmmarkt, der Informationsmarkt mit seinen aus der ursprünglichen persönlichen Dienstleistung heraus selbständig gewordenen Erstellungsleistung, die auch automatisch erbracht werden kann oder der Sportmarkt mit seinen vielfältigen Vernetzungen, auch bereits analysierte Märkte für industrielle Objektsysteme (system-selling) oder der Banken werden transparenter (Meyer, P. W.; Meyer, A.; 1985, S. 135).
Auf der Basis dieser Objektdifferenzierung läßt sich Wirtschaft begreifen als ein System im kybernetischen Sinne, dessen Aufgabe es ist, Menschen mit Objekten, die sie benötigen, zu versorgen. Das System ist äußerst kompliziert, es ist künstlich, weil von Menschen gemacht (man-made), es ist dynamisch, weil in der Zeit realisiert und es ist im Grunde friedlich, was nicht ausschließt, daß es zum Raub an Objekten und Menschen degeneriert wurde und wird. Raubbau an den natürlichen Ressourcen ist ebenso aktuell wie Menschenhandel in Asien. Das aber weist auf Grenzen dieses Systems hin, die angesichts der permanenten Verknüpfung von Ideologien und Wirtschaftssystemen an Bedeutung gewonnen haben. Wirtschaft als Versorgungssystem mit und für Objekte hat sich nach den Menschen zu richten, die sie in Anspruch

nehmen. Und diese Menschen handeln alles andere als nur rationalsachlich. Damit bilden sich in der Wirtschaft die herrschenden gesellschaftlichen Meinungen ab; Wirtschaft wird dadurch aber nicht zur Ideologie, sie kann auch vorhandene Ideologien von sich aus nicht ersetzen. Ihre alleinige Aufgabe ist es, Objekte bereitzustellen, um Mangelsituationen abzuhelfen. Wenn sie aber wahrgenommene Mangelprobleme löst, dann stiftet sie Nutzen. Sie ist also in ihrer Grundstruktur hedonistisch. Und nur wenn eine Gesellschaft diesem wirtschaftlichen Hedonismus, der sich aus dem System heraus ergibt, keine anderen Maßstäbe entgegenzuhalten imstande ist, wird der wirtschaftliche Nutzen zum gesellschaftlichen Selbstzweck (»Konsum-Gesellschaft«).

Die Nutzenvorstellungen (Nutzenerwartungen), die sich gegenüber den Versorgungsobjekten herausbilden, entstehen aus dem Objekt-Mensch-Verhältnis, das Wirtschaften kennzeichnet. Sie können bewußt oder unbewußt sein. Die unbewußten Nutzenvorstellungen gegenüber Versorgungsobjekten haben zwei Aspekte: solange sie unbewußt sind, sind sie bewußt nicht wirksam. Deswegen sind im wirtschaftlichen Bereich alle Behauptungen über unbewußte Steuerung gegen den bewußten Willen des Beeinflußten (Manipulation) bisher nicht bewiesen worden (Brand, H. W.; 1978). Der andere Aspekt: Zur Gewohnheit gewordene, immer wieder auftretende Nutzenvorstellungen können in das Unbewßte absinken (habituelles Verhalten), sie werden zu Dressaten (Künkel, F.; 1976c, S. 102). Entstehen allerdings Probleme mit der Versorgung, können sie wieder bewußt werden.

Die seelischen Möglichkeiten des Menschen zur Daseinsbewältigung finden auch in den Nutzenvorstellungen ihren Ausdruck. Der Grundnutzen, den alle Objekte haben, entspricht der Realität wie sie ist, also dem Empfinden, dem Instinkt. Der rationale Nutzen, auch persönlicher Nutzen genannt, weil er aus der Beziehung Individuum zu Objekt entsteht, hat als Basis das kausale, finale und synchrone Denken. Der Geltungsnutzen (Prestige-, Demonstrations-, soziologischer Nutzen) basiert auf dem Gefühl und der Kommunikation mit anderen Individuen. Und der magisch-ethische Nutzen entspricht der Intuition.

Diese Nutzensvorstellungen sind die Antriebe, das Agens wirtschaftlicher Aktivität schlechthin. Sie weisen zugleich auf die angesprochene Polarität Individuum und Sozietät und damit auf die notwendige Grenzziehung zwischen Sozietät und Wirtschaft hin.

Die Frage, wie und auf welche Weise dieses Versorgungssystem organisiert werden kann, führt zu speziellen, definierbaren Versorgungssystemen. Im Gegensatz zum allgemeinen Erkenntnisstand, der in der Regel von zwei Wirtschaftssystemen (Markt- oder Planwirtschaft) ausgeht, leiten sich aus dem hier vertretenen Ansatz und aus der Analyse der Realität entfalteter Wirtschaften vier Systeme ab: Selbstversorgung, Zuwendung, Zuteilung und Leistungsaustausch.

Volle Selbstversorgung (vgl. Vershofen, W.; 1942, S. 8; ders.; 1946) ist auf die Dauer nur in der Gruppe möglich (Autarkie). Wird sie individualisiert (Heimwerk, Garten- und Hausarbeit, do-it-yourself), liefert sie einen Beitrag zum Gruppenprodukt, der seiner Höhe nach variiert werden kann. Kennzeichen der Selbstversorgung in der Gruppe sind Verteilungsprobleme, die entsprechend der Gruppenorganisation und -struktur innerhalb der Gruppe gelöst werden. Ein Beispiel wäre die Verteilung der selbst gezogenen Gartenfrüchte auf die Familienmitglieder. Bei der individualisierten Selbstversorgung fallen diese Probleme weg: der Versorger ist identisch mit dem Versorgten. Wie groß der Anteil der für die Gruppen und für die Individuen praktizierten Selbstversorgung in modernen Wirtschaften ist, läßt sich höchstens vage schätzen: es gibt zu wenige Daten darüber. Immerhin ist die auf die Ölkrise folgende Rezession durch gesteigerte Selbstversorgung der Familienhaushalte, die sich in guten Umsätzen der Hersteller von Werkzeugen, Materialien und Anweisungen niederschlug, wesentlich gemildert worden. Das vergessene System der Selbstversorgung hat damit ein deutliches Zeichen seiner Existenz gegeben (vgl. Dornach, B. W.; 1982). Das Versorgungssystem der Zuwendung ist historisch in der Lehensherrschaft und im Absolutismus angesiedelt. Kollektive Zuwendungen (Subventionen, Staatsgeschenke) setzen voraus, daß der Zuwender über Objekte verfügungsberechtigt ist. Dieser Begriff reicht weiter als der Begriff des Eigentums: die vom Bundestag für die Landwirtschaft beschlossenen Subventionen werden nicht aus dem Eigentum des Bundestages gespeist, sondern u.a. aus den von Bürgern gezahlten Steuern. Individualisiert erscheint die Zuwendung als Geschenk, Erbschaft. Hier ist Privateigentum zwingende Voraussetzung. Wenn nicht vorhanden, kann es beschafft werden: sozial tätige Einzelwirtschaften, wie das Rote Kreuz z.B. helfen Katastrophenopfern (Zuwendung) und besorgen sich die benötigten Mittel ihrerseits z.T. auf dem gleichen Weg (Spendenaufruf, Straßensammlung). Zuwender und Empfänger, Schenker und Beschenkte stehen nicht auf gleicher Ebene. Der Verfügungsberechtigte gibt im Prinzip freiwillig. Der Bedachte hat keinen Anspruch darauf, kann aber, wie bei der Erbschaft z.B., ablehnen. Nimmt er die Objekte an, wird eine ideelle, keine wirtschaftliche Reaktion erwartet: Dankbarkeit, Ergebenheit, Freude usw. Darin spiegelt sich die abgehobene soziale Stellung des Zuwenders (vgl. Holscher, C.; 1977).

Ähnliches, aber mit wesentlichen Variationen, gilt für das Versorgungssystem der Zuteilung. Es findet sich kollektiv in den Systemen der Plan-, der Staats- und der Verwaltungswirtschaft, wobei diese Begriffe jeweils ein Merkmal bestimmter Systeme hervorheben, ohne sie zu verbinden. Die über Objekte verfügungsberechtigte Zuteilungsinstanz ist regelmäßig der Staat. Verwaltung ist das Verfahren und Pläne sind unabdingbar, weil die Zuteilungsinstanz begrenzte Objekte nicht wahllos verstreuen kann. Konkret findet sich dieses System in den Wirtschaftsordnungen der meisten Ostblockstaaten, seit alters her aber zu Kriegs- oder Notzeiten. Es bildet auch den Kern der marxistischen Wirtschaftsauffassung. Darüber hinaus aber verfahren alle staatlichen Verwaltungsapparate überwiegend nach diesem System. Auch in der kleinsten Gruppe, der Familie, wird es praktiziert, wenn etwa Geld oder Nahrungsmittel autoritär zugeteilt werden. Systemmerkmale sind eine bevorrechtigte Zuteilungsinstanz, ein vorher aufgestellter Zuteilungsplan und ein Anspruch der Zuteilungsempfänger, der auf die verschiedenartigste Weise begründet werden muß: Zugehörigkeit zu einer definierten Gruppe, z.B. Landwirte, Bundestagsabgeordnete, Nachweis erbrachter Vorleistungen, z.B. beim Numerus clausus oder beim Führerscheinerwerb oder als »verdienter Sportler«, systemkonformes Verhalten, wie beim Radikalenerlaß, usw. Damit wird die Zuteilung zu einem über das Wirtschaftliche hinausreichende System, das über die zugeteilten Objekte im Sinne der Zuteilungsinstanz Denken und Verhalten zu steuern imstande ist. Also liegen Instanz und Empfänger ebenfalls auf unterschiedlichen Sozialebenen.

Der Leistungsaustausch, der Tausch Objekt gegen Objekt, das vierte Versorgungssystem, geht von einer anderen Grundkonstellation aus: einer oder eine Gruppe besitzt etwas, was ein anderer, eine andere Gruppe möchte und umgekehrt. Treffen sich die beidseitigen Bedürfnisse im jeweils anderen Objekt, dann ist das Ergebnis eine zweiseitige Problemlösung. Dieses im Kern friedliche Austauschverfahren ist zwischen Gruppen entstanden und wird heute noch als Naturaltausch oder Kompensationsgeschäft zwischen Staaten praktiziert. Kommen mehrere Gruppen zusammen oder wird es individualisiert, entstehen wegen der Vielfalt der möglichen Tauschrelationen Probleme, die erst die Herausbildung einer Generaltauschware mit besonderen, gesellschaftlicher Übereinkunft entsprechenden Merkmalen (nicht beliebig vermehrbar, speicherbar, teilbar, zukunftssicher) löst. Obwohl der Nationalstaat diese Waren besonderer Art (Chancen) monopolisiert: Geld war vorher da und ist keine Erfindung der Nationalstaaten. Über das Geld wird der ursprüngliche Naturaltausch »zerlegt«: Objekt gegen Geld, Geld gegen Objekt; diese Vorgänge können zeitlich und räumlich bei unterschiedlichen Tauschparteien auseinanderfallen.

Moderne entfaltete Volkswirtschaften kennzeichnet also ein Systemverbund, ein miteinander vernetztes System von vier unterschiedlichen Wirtschaftsweisen. Diese Erkenntnis enthält einige Brisanz. So wäre es z.B. wünschenswert, Wirtschaftspraxis und -politik unter diesem Aspekt zu analysieren.

3. Der einzelwirtschaftliche Ansatz

Wo, so ist nun zu fragen, ist innerhalb dieses Wirtschaftswissenschaftlichen Ansatzes der systematische Ort der Betriebswirtschaftslehre? Ihr Erkenntnisobjekt sind bestimmte Organisationsformen, in der Regel die Form der Unternehmung. Historisch lag der Schwerpunkt zunächst bei den Handelsbetrieben, seit etwa Anfang dieses Jahrhunderts zunehmend bei den industriellen Unternehmungen. Daneben entstanden Betriebswirtschaftslehren für Unternehmungen anderer Bereiche, die Bankbetriebslehre, Betriebswirtschaftslehren der Versicherungen, des Fremdenverkehrs, der Landschaftsgärtner usw. Diese Entwicklung scheint am Ende zu sein, letztlich würde sie dazu führen, daß jede Lebkuchenfabrik ihre eigene Betriebswirtschaftslehre gehabt hätte.
Eine andere Richtung der Spezialisierung, zumeist fußend auf der industriellen Unternehmung, war die Aufgliederung nach Aufgaben- und Tätigkeitsbereichen. Die Organisationslehre, die Absatzlehre, die betriebliche Steuerlehre gehören ebenso hierher wie die Lehre vom Rechnungswesen, von den Kosten, bis hin zur Lehre von der entscheidungsorientierten Unternehmensführung. Die Zahl der möglichen Spezialisierungen ist durch die überhaupt vorhandenen Tätigkeitsbereiche begrenzt, das Gewicht der jeweiligen Spezialisierungsrichtung durch die Besonderheiten der jeweiligen allgemeinen Wirtschaftslage beeinflußt.
Die Spezialisierung auf bestimmte Organisationsformen ist grundsätzlich eine Möglichkeit des Vorgehens, die Generalisierung auf alle wirtschaftenden Subjekte und die von ihnen gestalteten Organisationsformen die andere. Angesicht der angedeuteten Entwicklung zur Spezialisierung verwundert es nicht, daß der prinzipiell anders gedachte einzelwirtschaftliche Ansatz wenig Chancen hatte (vgl. Gomberg, W.; 1903; Schönpflug, F.; 1954; Weisser, G.; 1947; Engelmann, K.; 1962). Wenn es aber so etwas wie eine allgemeine Betriebswirtschaftslehre überhaupt gibt, dann nur über den einzelwirtschaftlichen Ansatz und nicht über zeitbedingte, mehr oder minder zufällig zustande gekommene Spezialisierungen, womit nichts über die Leistungen dieser speziellen Betriebswirtschaftslehren gesagt sein soll.
Die Einzelwirtschaften lassen sich auf unterschiedliche Weise differenzieren. Die folgende Gliederung ergibt sich zwanglos aus den Wirtschaftssystemen. Je nachdem in welchen wirtschaftlichen Systemen eine Einzelwirtschaft vorwiegend oder ausschließlich tätig ist, lassen sich unterscheiden:

- marktorientierte Einzelwirtschaften;
- zuteilungsorientierte Einzelwirtschaften;
- zuwendungsorientierte Einzelwirtschaften;
- selbstversorgungsorientierte Einzelwirtschaften.

Der Prototyp der marktorientierten Einzelwirtschaft ist die Unterneh-

mung in all ihren Rechtsformen. Sie existiert, so lange der Saldo zwischen Marktertrag (Umsatz) und Aufwendungen positiv ist, sie scheidet aus dem Markt aus, wenn sie permanent Verlust macht. Jedoch: ebenso wie die vier Wirtschaftssysteme miteinander vernetzt sind, kann es auch in der Unternehmung zu einer Änderung der Orientierung kommen, wie die kritisierte »Subventionsmentalität«, zu der dann die neue Berufsspezialität des Subventions-Beraters logisch und faktisch gehört, beweist. Ein anderes Beispiel sind die gewerblichen Genossenschaften, die den Förderungsauftrag für ihre Mitglieder wahrzunehmen haben und dies nur über Marktorientierung erreichen können. Auch die sich gemeinnützig nennenden Unternehmungen gehören zu diesem Typ, wie der Skandal um die Neue Heimat deutlich gemacht hat. Aber auch am Markt orientierte Privathaushalte – Einzelwirtschaften wie alle anderen – gehören dazu: Arbeiter- und Angestellten-Haushalte bieten ihre Dienste (Erstellungs- und Dienstleistungen) am Arbeitsmarkt an.
Zuteilungsorientierte Einzelwirtschaften haben, ausgelöst durch das System, nach dem sie antreten, andere Denk- und Verhaltensweisen. Hierher gehören alle Einzelwirtschaften, die mit dem bürokratischen System der Vorgabe eines Etats arbeiten. Also alle Behörden, gleich auf welcher Ebene, vom Staat finanzierte Institutionen, wie z. B. Universitäten, Forschungsinstitute, die Bundeswehr, die Bundespost und die Bundesbahn. Die auch hier mögliche Vernetzung bestätigen die beiden letztgenannten: sie bemühen sich unter dem Etikett Marktorientierung, was die Bundespost nicht hindert, ihre (teilweise) Monopolstellung bis zum letzten auszureizen und der Bundesbahn keine Lösung ihrer strukturellen Verkehrsweg- und Finanzierungsprobleme bringt. Unter den Privathaushalten gehören die Angehörigen des öffentlichen Dienstes und die Beamten mit ihren Privilegien hierher.
Zuwendungsorientierte Einzelwirtschaften sind alle, die von Beiträgen ihrer Mitglieder, von Spenden und Subventionen leben, also Kirchen und Sekten, die Wohlfahrtsverbände, das rote Kreuz, Jugendverbände, Vereine aller Art, Parteien, soziale und kulturelle Einrichtungen, subventionierte Theater, ebenso wie die Telefonseelsorge; als Einzelwirtschaften gehören Sozialhilfeempfänger, Obdachlose, Behinderte in diesen Bereich. Grundsätzlich besteht die Tendenz, die Subventionen in Rechtsansprüche, also in Zuteilungen umzuwandeln, wie das Beispiel der Parteienfinanzierung über den Bundestag, aber auch die Reaktionen der Landwirtschaft auf Änderungen der Subventionssätze beweisen.
Selbstversorgungsorientierte Einzelwirtschaften pflegen die Mentalität des Selbermachens, der Autarkie, gegenüber den anderen Systemen. Angesichts der Marktabhängigkeit aller Einzelwirtschaften kann es sich nur um eine graduelle Selbstversorgung handeln, die die Pflege von Liebhabereien ebenso einschließt wie den weitgehenden Verzicht auf

Marktbeteiligung, wie es ein Teil der alternativen Aussteiger, der Selbsthilfegruppen, aber auch alle anderen versuchen, wenn die Entscheidung Selbermachen oder Machenlassen (to make or to buy) ansteht.
Dieser angedeutete Systemansatz, basierend auf der Vernetzung vier unterschiedlicher, konkreter Wirtschaftssysteme und den sich daran orientierenden Einzelwirtschaften, ist neu und kann zu erheblichen Konsequenzen führen. An dieser Stelle aber ist eher eine Einschränkung angebracht. Wenn nahezu alle Einzelwirtschaften, gleich mit welcher Orientierung und Intensität, mit dem System des Leistungsaustauschs schon verknüpft sind, dann müssen sich aus der Teilnahme am »Marktprozeß« zwingend die Aufgaben (Funktionen) dieser Einzelwirtschaften ableiten lassen.

4. Der funktionale Marketing-Ansatz

4.1 Die Verknüpfung der Einzelwirtschaft mit den multifunktionalen Interaktionen des Marktes

Markt bezeichnet ursprünglich den Ort, an dem die Objekte ausgetauscht werden. Da durch die Entfaltung zahlreicher medialer Kommunikationsmittel das physische Zusammentreffen der Marktparteien zunehmend überflüssig geworden ist, ist Markt darüber hinaus zu einem Synonym für nahezu alle Tauschbeziehungen von Versorgungsobjekten geworden. Der tautologische Begriff Marktwirtschaft ist demnach ein Wort, das die Dominanz eines bestimmten Wirtschaftssystems hervorhebt. Und Marketing sagt nichts anderes aus, als die aktive Teilnahme an diesem Austauschsystem: marktwirtschaftliches Denken und Handeln also (Meyer, P. W.; 1983, S. 46).
Was weithin fehlt, sind wissenschaftliche Erkenntnisse über den Leistungsaustausch, den Tausch Objekt gegen Objekt (Meyer, P. W.; 1965b, S. 638 ff.). Da es aber die Aufgabe einer Marktwissenschaft ist, die unter dem Etikett Marketing betrieben wird, sich um Struktur und Funktionen dieser Austauschprozesse in Forschung und Lehre zu bemühen, soll hier der neueste Stand von Erkenntnissen, die 1965 erstmals als »Betriebswirtschaftliches Marktmodell« publiziert wurden, dargestellt werden.
Wenn der Abstraktionsgrad verringert wird, lassen sich aus diesem Grundmodell weitere Marktmodelle ableiten. Das Modell des geschlossenen Marktes verbindet erste Anbieter, die erstmals ein Objekt anbieten, mit letzten Nachfragern, die letztmals ein Objekt erwerben, um es ohne weitere Tauschprozesse direkt oder indirekt über andere Versorgungssysteme den letzten Verwendern, die ja nicht identisch mit den letzten Nachfragern sein müssen, zuzuführen. Das Modell der Markt-

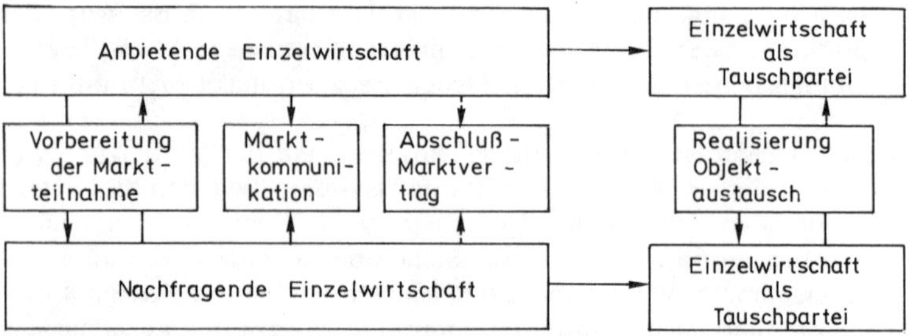

Das multifunktionale Interaktionsmodell des Marktes
(= Tauschsystem für Versorgungsobjekte)

kette entsteht, wenn sich zwischen ersten Anbietern und letzten Nachfragern, Zwischenanbieter und Zwischennachfrager, also Händler, die an den Objekten im Prinzip nichts verändern, mit selbständigen Austauschprozessen einschalten (vgl. Meyer, P. W.; 1965b und 1973).

Das aus empirischen Forschungen entwickelte Grundmodell enthält vier Markt- bzw. Tauschfunktionen, ohne die ein Austausch, ein Marktprozeß nicht zustande kommt. Zur Vorbereitung der Teilnahme am Tauschprozeß gehört zunächst die Information über die jeweilige andere Seite und die Erstellung eines Marktprogramms, das aussagt, welche Objektangebote wem wie unter welchen Bedingungen unterbreitet werden sollen.

Die folgende Prozeßfunktion ist zwingend: die gegenseitige Kommunikation, die Marktkommunikation der am späteren Austausch Beteiligten. An dieser Bedeutungsvermittlung kann, muß aber nicht, sich der Abschluß eines zweiseitigen Vertrages (Markt- oder Tauschvertrag) anschließen. Damit wird der Austausch zu einem probabilistischen System, zu einem Prozeß unter Unsicherheit. Wird diese Unsicherheit durch Absprachen der Tauschpartner oder durch Eingriffe der Marktbehörden aufgehoben, verändert sich das System. Monopolistische Marktstellungen der Anbieter/Nachfrager sind Zuteilungssysteme, auch dann, wenn sie als angebliche Marktpartner auftreten. Die Marktverträge verlangen Entscheidungen über Objekte nach Art und Menge, die ausgetauscht werden sollen.

Dies kann als Naturaltausch (Kompensationsgeschäfte, Barter, Baratto) oder als Tausch gegen Geld (Generaltauschware, Tausch-Chancen) vor sich gehen. Die Mengenrelation der zu tauschenden Objekte ist der Preis. Er ist also nicht – wie häufig behauptet wird – das Ergebnis von Angebot und Nachfrage, sondern das Ergebnis eines Abgleichs, das die Relation der angebotenen zu den nachgefragten Mengen mindestens zweier bestimmter Objekte signalisiert und abstrahiert. Über den

Tauschvertrag werden anbietende und nachfragende Einzelwirtschaften zur Erfüllung dieser gegenseitigen Vereinbarung verpflichtet. Dieser auch rechtlich relevante Rollenwechsel macht die Einzelwirtschaften zur Tauschpartei, die gehalten ist, den Vertrag durch den konkreten Austausch der Objekte zu erfüllen.
Dieses generelle Modell schließt – ebensowenig wie die abgeleiteten Modelle der geschlossenen und verketteten Märkte – situative Gewichtsverlagerungen, wie sie durch die wechselnde Zahl der Marktteilnehmer, durch Überschuß oder Mangel an Objekten (Käufermarkt – Verkäufermarkt, Inflation – Deflation), durch Belastung (= Steuerung) der Preise durch Abgaben, durch Krieg und Katastrophen entstehen können, natürlich nicht aus.
Die Konsequenzen für die an diesem Tauschprozeß beteiligten Einzelwirtschaften liegen auf der Hand. Wenn der Marktprozeß so abläuft, und bisher liegt national und international kein Gegenargument vor, dann müssen die Einzelwirtschaften sich darauf einstellen.
Die Wahrnehmung der Funktion Absatz (= Absatz-Marketing) beinhaltet also vier von einander abgrenzbare Teilfunktionen:
- Absatzvorbereitung
- Absatzmarkt-Kommunikation (Absatz-Werbung)
- Abschluß Marktvertrag (Verkauf, Vermietung, Verpachtung, Beratungsvertrag, Beförderungsvertrag usw.)
- Absatzrealisierung (Austausch der vereinbarten Objekte).

Auf Seiten der nachfragenden Einzelwirtschaften ist es die Funktion Beschaffung, die spiegelbildlich dieselben Teilfunktionen umfaßt (= Beschaffungsmarketing). In der Wirtschaftspraxis wird die Beschaffungsfunktion häufig differenziert nach betrieblichem Einkauf und nach der Beschaffung von Personal, Finanzmitteln, Grundstücken und Anlagen. Das ändert im Prinzip so wenig wie die situativ bedingte unterschiedliche Gewichtung der Aufgaben, die bereits angesprochen wurde.
Einzelwirtschaften, die sich am Austauschprozeß des Marktes beteiligen, und das sind nahezu alle, wenn auch mit unterschiedlicher Intensität, haben also zwei Hauptaufgaben zu erfüllen: Absatz und Beschaffung. Eine weitere, unabdingbare Hauptaufgabe ist die Erstellung (Produktion, Anfertigung, Leistung, Sortimentsumschlag) der Versorgungsobjekte. Beim Naturaltausch ist das ohne weiteres einsehbar. Beim Tausch mit Hilfe des Geldes (oder einer anderen Tausch-Chance) muß die nachfragende Einzelwirtschaft einen Umweg einschlagen: Angebot der eigenen Leistungsfähigkeit gegen Geld und in einer zweiten Phase Tausch dieses Geldes gegen die gewünschten Objekte. Dasselbe gilt für die anbietenden Einzelwirtschaften, die ihre Markterträge (= Umsatz) dazu verwenden, um die Voraussetzungen für ihre Leistungserstellung zu schaffen.

Die vierte Hauptfunktion ergibt sich logisch aus der Differenzierung der drei unterschiedlichen Hauptaufgaben Absatz, Beschaffung, Leistungserstellung: die Leitung (Führung, Management) der Einzelwirtschaft. Ihre Aufgabe ist die Koordination, die Organisation, die verantwortliche Entscheidung für die Einzelwirtschaft und die Vertretung nach außen, gegenüber der Öffentlichkeit, sei sie fachlicher oder allgemeiner Art. Einzelbereiche der Leitung werden von speziellen Betriebswirtschaftslehren, wie Organisation, Kostenrechnung, Personalführung ebenso wie von Managementlehren beachtet, wobei fraglich bleibt, ob einzelwirtschaftliches Management ein wissenschaftliches Lehrfach sein kann (Meyer, P. W.; in: Riegl, 1982, Vorwort).
Einen allgemeinen Überblick der besprochenen Haupt- und Teilfunktion in allgemeiner Fassung gibt die folgende Matrix:

Hauptfunktionen \ Allgemeine Teilfunktionen	Vorbereitung	Einleitung	Entscheidung	Realisierung
Leitung				
Beschaffung				
Leistungserstellung				
Absatz				

Abb. 1: Matrix wirtschaftlicher Haupt- und allgemeiner Teilfunktionen.

Auch diese Darstellung gibt abgegrenzte Haupt- und Teilaufgabenbereiche wieder, verzichtet aber auf eine Gewichtung in dem Sinne A ist wichtiger als B usw. Konkrete Situationen, die diese Gewichte beeinflussen, können Gegenstand wissenschaftlicher Forschung sein, ohne allgemeingültige Basis jedoch leisten sie eher Beiträge für das Tagesgeschäft, weniger dagegen für langfristige Strategien und wissenschaftliche Transparenz.
Eine Wertung allerdings leitet sich logisch aus der Funktional-Matrix ab: wenn die Einzelwirtschaft über Leitung, Absatz und Beschaffung mit ihren Absatz- und Beschaffungsmärkten verknüpft ist, dann hat die Gestaltung dieser Außenbeziehungen den Primat gegenüber allen anderen Aufgabenbereichen. Die Gestaltung der Leistungserstellung ist

also nicht nur eine interne Angelegenheit, sondern erst unter der Prämisse der Marktabhängigkeit voll zu verstehen.

4.2. Die Managementfunktionen der Einzelwirtschaft

Die Darstellung der sich aus der Teilnahme am Markt genannten Austauschprozesse logisch und zwingend ableitenden Haupt- und Teilfunktionen der Einzelwirtschaft erweckt einen statischen Eindruck. In der Tat sind sie zum einen als Grundmuster statisch, in sich aber und in Relation zueinander sind sie so dynamisch wie das Versorgungssystem Wirtschaft im ganzen und im Detail. Auf die situativen Einflüsse wurde bereits mehrfach hingewiesen. Die Lösung dieser Probleme aber setzt den Grundraster voraus.

Ein weiterer Aspekt der wirtschaftlichen Funktionen ist bisher nicht angesprochen worden. Die Tatsache nämlich, daß Aufgaben auch in die Praxis umgesetzt, gelöst, entschieden werden müssen. Dies aber ist eine Leitungsaufgabe, die von der Einzelwirtschaft sowohl als Ganzes wie auch in den funktionalen Aufgliederungen permanent in Angriff genommen und realisiert werden muß. Entscheidungen werden häufig als Abläufe dargestellt, weswegen in früheren Publikationen von Ablauffunktionen oder Realisierungsstufen gesprochen wurde (Meyer, P. W.; ZfbF, 1965a, S. 250). Der Ausdruck Managementfunktionen betont dem gegenüber mehr die Rolle der Entscheider. Dabei soll Management in weitester Fassung, also nicht nur als Top-Management verstanden werden. Wenn es allgemeine Managementfunktionen gibt, dann gelten sie für jede Leistungsentscheidung, übrigens nicht nur im wirtschaftlichen Bereich.

Die inhaltliche, jederzeit nachprüfbare Analyse von zahlreichen Entscheidungsvorgängen in der Wirtschaftspraxis ließ in sinngemäßer Verdichtung vier aufeinander aufbauende Managementfunktionen deutlich werden:

↓ ↑

- Konzeption
- Planung
- Ausführung
- Kontrolle.

Konzeption steht für Zielsetzung und Motivation. Die lange Zeit übersehene Motivation für die gesetzten Ziele scheint allmählich in ihrer Bedeutung für die Führung der Mitarbeiter erkannt zu werden (Engels, W.; 1985).

Die Planung baut darauf auf, indem sie Ziele nach Zeit und Raum konkretisiert und festlegt. Sie wird damit zur Soll-Vorgabe für die konkrete Ausführung, die der nachfolgenden Kontrolle unterliegt. Der Regelkreis, denn darum handelt es sich, schließt sich, wenn die Ergebnisse

der Kontrolle zur Überprüfung der vorangegangenen Managementfunktionen führen (Riegl, G. F.; 1982).
Die wirtschaftliche Funktionsmatrix der Einzelwirtschaft wird dreidimensional, wenn die allgemeinen Managementfunktionen einbezogen werden.

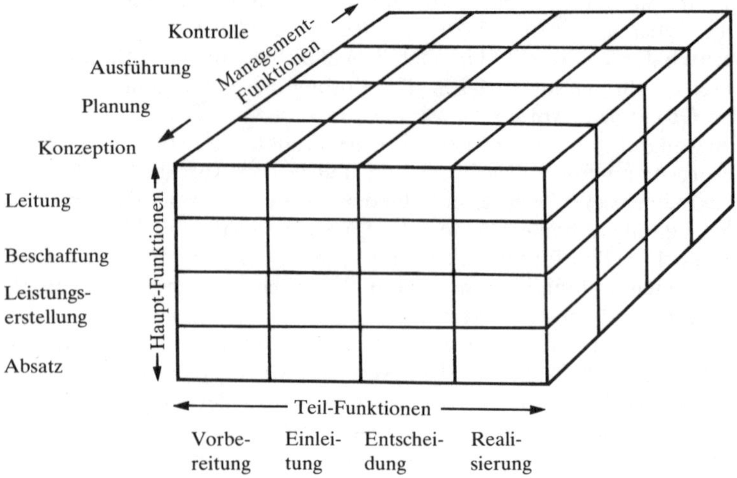

Abb. 2: Gesamtmatrix der wirtschaftlichen Haupt- und Teilfunktionen sowie der allgemeinen Managementfunktionen.

Diesen allgemeingültigen Aussagen setzt die Wirtschaftspraxis eine Fülle unterschiedlicher Bezeichnungen entgegen. Das praktische Durch- und Nebeneinander wird noch komplizierter durch die nicht zu leugnende Tatsache, daß auch Managementfunktionen institutionalisiert werden können (z. B. Planungsabteilung, Controlling).
Da hier nicht die geringste Absicht besteht, die sich relativ frei und individuell entfalteten Einzelwirtschaften zu uniformieren, bleibt im zeit- und raumabhängigen Einzelfall als Lösung die Möglichkeit, den konkreten sprachlichen und inhaltlichen Wirrwarr auf die Basisfunktionen zurückzuführen und unter Berücksichtigung der aktuellen Situation konkrete Problemlösungen zu entwickeln.
Grundsätzlich steht die Realisierung der Managementfunktionen für die gesamte Einzelwirtschaft an erster Stelle. Die schriftliche Fixierung beispielsweise der Konzeption als Unternehmensphilosophie oder

-kultur wird seit langem gefordert, ist aber noch nicht die Regel geworden. Eine zweite Ebene bildet sich aus der Umsetzung der Gesamtkonzeption auf die wirtschaftlichen Hauptfunktionen. Hier ist die Koordinierungsfähigkeit der Leitung gefordert. Pro Hauptfunktion wiederholt sich der Vorgang für die Teilfunktionen und innerhalb der Teilfunktionen für die hier nicht besprochenen, aber real und systematisch vorhandenen Unterfunktionen. Insgesamt also handelt es sich um eine Vernetzung der unterschiedlichsten Aufgaben, der eine lineare, einseitige Betrachtung nicht gerecht werden kann. Die wirtschaftliche Realität ist komplizierter als üblicherweise angenommen wird.

5. Zur Systematik dieser Veröffentlichung

Entsprechend der Tatsache, daß das Absatz-Marketing in entfalteten, den Leistungsaustausch bevorzugenden Wirtschaften im Vordergrund steht, befassen sich die folgenden Absätze mit einer Differenzierung der Hauptfunktion Absatz nach Teil- und Unterfunktionen sowie nach Managementfunktionen, bezogen auf die jeweiligen Teilfunktionen.
Nach Behandlung der Teilfunktion

- Absatzvorbereitung
- Absatzwerbung und Öffentlichkeitsarbeit
- Absatzabschluß
- Absatz-Realisierung

werden als notwendige Ergänzungen, wenn auch in allgemeiner Ausführung, die Teil- und Management-Funktionen des Beschaffungs-Marketing abgehandelt.
Die vorgestellten Inhalte wurden nach ersten Ansätzen an der wirtschafts- und sozialwissenschaftlichen Fakultät der Universität Nürnberg-Erlangen (1964–1970) von 1972 bis 1993 an der Universität Augsburg und von 1993 bis heute an der Ludwig-Maximilians-Universität in München in ständiger kritischer Auseinandersetzung mit Studenten und wissenschaftlichen Mitarbeitern entwickelt und permanent überprüft. Sie haben ihre didaktische Bewährungsprobe auch in anderen Schulbereichen bestanden (vgl. Kneule, S. 1975) und liegen der system- und zugleich praxisorientierten Marketingausbildung, ergänzt um das institutionelle Marketing der Dienstleiter, des Handels, der Industrie, zugrunde. (vgl. Meyer, P. W.; 1985/86)

Literaturverzeichnis

Brand, H. W. (1978); Die Legende von den »geheimen Verführern«, Weinheim und Basel 1978.

Dornach, B. W. (1982); Selbstversorgung. Das vergessene Wirtschaftssystem, Bielefeld und Köln 1982.

Engelmann, K. (1962); Die Lehre von der Einzelwirtschaft, Köln und Opladen 1962.
Engels, W. (1985); Von der Armee zur Kirche, in: WiWo Nr. 37/85, S. 144.
Goethe, J. W. v. (1947); Die Metamorphose der Pflanze, Herford 1947.
Gomberg, W. (1903); Handelsbetriebslehre und Einzelwirtschaftslehre, Leipzig 1903.
Jung, C. G. (1960); Gesammelte Werke, Band 6: Psychologie der Typen, Zürich und Stuttgart 1960.
Jung, C. G. (1967); Gesammelte Werke, Band 8: Die Dynamik des Unbewußtseins, Zürich und Stuttgart 1967.
Kachen, W. (1977); Augen zu und durch, in: Der Spiegel Nr. 48/77, S. 21–23.
Kneule, S. (1975); Marketing an Schulen des Fachbereichs Wirtschaft in der Sekundarstufe II – Entwicklung eines Marketing-Curriculums, Diss., Augsburg 1975.
Künkel, F. (1975); Einführung in die Charakterkunde, 16. Aufl., Stuttgart 1975.
Künkel, F. (1976a); Charakter, Wachstum und Erziehung, 4. Aufl., Stuttgart 1976.
Künkel, F. (1976b); Charakter, Einzelmensch und Gruppe, 2. Aufl., Stuttgart 1976.
Künkel, F. (1976c); Charakter, Krisis, Weltanschauung, Stuttgart 1976.
Meyer, P. W. (1965a); Ertrags- und Funktionsanalyse als Mittel betriebswirtschaftlicher Kontrolle, in: ZfbF, Nr. 5/6/65, S. 245–254 (1965).
Meyer, P. W. (1965b); Das betriebswirtschaftliche Marktmodell, in: BFuP Nr. 11–12/65, S. 638–666 (1965).
Meyer, P. W. (1973); Die machbare Wirtschaft, Grundlagen des Marketing, Essen 1973.
Meyer, P. W. (1976b); Versuch eines neuen wirtschaftswissenschaftlichen Ansatzes für das Marketing, in: Praxisorientiertes Marketing, Ansätze und Perspektiven, hrsg. v. P. W. Meyer, und A. Hermanns, Stuttgart u.a. 1976, S. 13–31.
Meyer, P. W. (1983); Marketing ist praktizierte Marktwirtschaft, in: asw Nr. 3/83, S. 46–51.
Meyer, P. W. (1985/86); Materialien zu den Grundlagen des Marketing. Band 1–7, Augsburg 1985/86.
Meyer, P. W.; Meyer, A. (1985); Handel als Dienstleistung: Die Banken im Spannungsfeld zweier Marktsysteme. Standortbestimmung und kritische Anmerkungen zum Marketing der Banken und Sparkassen, in: Jahrbuch der Universität Augsburg 1984, Augsburg 1985, S. 135–143.
Riegl, G. F. (1982); Marketing-Management. Ein Beitrag zur systematischen Verwirklichung des Absatzmanagement, Bielefeld und Köln 1982.
Schönpflug, A. (1954); Betriebswirtschaftslehre, 2. Aufl., Stuttgart 1954.
Vershofen, W. (1928); Die Marktverbände, I. Teil, Nürnberg 1928.
Vershofen, W. (1942); Selbstversorgung, in: Markt und Verbrauch, Berlin 1942, S. 8.
Vershofen, W. (1946); Hauswerk und Siedlung, Berlin 1946.
Vershofen, W. (1950); Wirtschaft als Schicksal und Aufgabe, Wiesbaden 1950.
Vershofen, W. (1951); Dialektik und Polarität, Wiesbaden 1951.
Weisser, G. (1947); Form und Wesen der Einzelwirtschaft, Stuttgart 1947.

2. Kapitel

Funktionen des Absatzmarketing

1. Die Absatzvorbereitung

Die Absatzvorbereitung als die erste Teilfunktion der Hauptfunktion Absatz umfaßt alle Aufgaben und ». . . Maßnahmen, welche der Vorbereitung der Teilnahme am Marktprozeß dienen« (Meyer, Paul W.; 1965b, S. 663).

Gemäß dem eingangs dargestellten integrativen Marketingansatz werden im folgenden die Unterfunktionen als das, was die Absatzvorbereitung leisten soll und die Managementfunktionen als das, wie diese Unterfunktionen entschieden und verwirklicht werden, systematisch dargestellt.

Schon sehr früh stellte E. Schäfer die betriebswirtschaftliche Marktforschung als Ausgangspunkt für die Gestaltung des Absatzes heraus; die Marktforschung, so führte er aus, versucht bis in die letzten Bedarfsgründe vorzudringen ». . ., um von dort her Richtmaß und Antrieb für die Einrichtung der zweckmäßigsten Absatzorganisation, für die Preisstellung und für die Gestaltung der Erzeugnisse oder Dienstleistungen des Betriebs zu gewinnen, . . .« (Schäfer, E.; 1943, S. 126).

In der Entwicklung seines funktionalen Ansatzes für die Betriebswirtschaftslehre gelangt E. Schäfer schließlich zu einem Katalog von betriebswirtschaftlichen Teilfunktionen des Absatzes, wobei die erste Teilfunktion die Absatzvorbereitung mit den Teilfunktionen Markterkundung, Auswertung bisheriger Absatzerfahrungen und Absatzplanung ausmacht (vgl. Schäfer, E.; 1966, S. 310 u. 1974b, Sp. 190).

Im Rahmen der modifizierenden Weiterentwicklung des Schäferschen Funktionalansatzes (vgl. Meyer, Paul W.; 1965b) bis hin zu seinem integrativen Marketingansatz werden der Absatzvorbereitung nach Paul W. Meyer die Unterfunktionen Datenerhebung, Datenaufbereitung, Dateninterpretation und Programm-Erstellung zugeordnet (vgl. Meyer, Paul W.; 1973, S. 58 ff.), die durch die Managementfunktionen Konzeption, Planung, Ausführung und Kontrolle der Absatzvorbereitung ihre allgemeine und situationsspezifische Verwirklichung bzw. Entscheidung erfahren.

1.1 Marktforschung

von August Joas*

Marktforschung beinhaltet die Beschaffung, Auswertung und Interpretation von Daten (vgl. Meyer, P. W.; 1973, S. 61). Durch die Orientierung der Marktforschung an konkreten Problemen werden aus den allgemeinen Daten zweckbezogene Informationen (vgl. Rogge, H.-J.; 1992, S. 18). Zentrale Aufgabe der Marktforschung ist es demnach, eine Informationsgrundlage für Marketingentscheidungen zu schaffen. Mit zunehmender Komplexität und Dynamik der Unternehmens- und Umweltfaktoren (vgl. Kreilkamp, E.; 1987, S. 1 f.) wächst auch die Unsicherheit bzw. das Risiko von Fehlentscheidungen. Problemorientierte Marktforschung ist vor diesem Hintergrund stets Mittel zum Zweck, indem die Entscheidungsunsicherheit durch verläßliche Informationen reduziert wird. Diese Servicefunktion der Marktforschung verdeutlicht gleichzeitig, daß Marktforschungsergebnisse nie die eigentliche Entscheidung darstellen, sondern in der Phase der Entscheidungsvorbereitung beeinflussend wirken und damit einen hohen Stellenwert bei der Lösung von Marketingproblemen einnehmen. Zur Systematisierung der Marktforschung existieren zahlreiche Möglichkeiten (vgl. Hammann, P.; Erichson, B.; 1990, S. 24 ff.; Meffert, H.; 1986, S. 11 ff. oder Green, P. E.; Tull, D. S.; 1988, S. 2 ff.).
Eine erste Unterscheidungsmöglichkeit liefert die Trennung zwischen demoskopischer und ökoskopischer Marktforschung. Die demoskopische Marktforschung beschäftigt sich mit dem Menschen als Erkenntnissubjekt (z. B. Motive, Kaufverhalten), während ökonomische Größen als Ergebnis des menschlichen Handelns (z. B. Marktanteile, Kostenstrukturen) Gegenstand der ökoskopischen Forschung sind (vgl. Behrens, K. Chr.; 1966, S. 14 ff.). Die Differenzierung zwischen explorativen, deskriptiven und kausalanalytischen Untersuchungen orientiert sich am Forschungszweck. Vorstrukturierung, Beschreibung und die Analyse von Wirkungszusammenhängen von Problemen kennzeichnen die entsprechende Ausrichtung des jeweiligen Forschungszwecks (vgl. Nieschlag, R.; Dichtl, E.; Hörschgen, H.; 1988, S. 628 ff.). Nach dem zeitlichen Horizont lassen sich Quer- und Längsschnittanalysen unterscheiden. Querschnittanalysen dienen der zeitpunktbezogenen Ermittlung eines Ist-Zustandes; Längsschnittanalysen sollen im Gegensatz dazu Entwicklungen im Zeitablauf zeigen, beinhalten aber gleichzeitig auch Aussagen über Ist-Zustände im Rahmen der untersuchten Zeitreihe (vgl. Daumenlang, K.; 1984, S. 319 ff.). Quantitative

---

* Dipl. oec., Dr. rer. pol. August Joas, Mitglied der Geschäftsleitung bei Mercer München + Partner, Mercer Management Consulting.

und qualitative Marktuntersuchungen stellen eine Unterscheidungsmöglichkeit nach der Art und Ausrichtung der Untersuchungsinhalte dar. Die Tragweite und Fristigkeit der Marketingentscheidungen kennzeichnet daraus abgeleitete Forschungsaufgaben als strategische und operative Marktforschung (vgl. Kreilkamp, E.; 1987, S. 9).
Auf Basis dieser nicht umfassend dargestellten Systematisierungsansätze stellt sich die Frage nach den generellen Untersuchungsbereichen in der Marktforschung. Nach den Erkenntnisobjekten/-subjekten und den damit verbundenen Informationsinhalten läßt sich wie folgt gliedern:

Absatz- und Beschaffungs-märkte	Wettbewerb	Umwelt	eigenes Unternehmen
• Markt allgemein z. B. - Marktvolumen - Marktpotential • finale Zielgruppen z. B. - Zielgruppen-struktur - Nutzen-erwartungen • subfinale Zielgruppen z. B. - Handel - Meinungs-beeinflusser • Absatz- und Beschaffungswege z. B. - Marktver-hältnisse - Ausschöpfung	• Branchen-struktur z. B. - Marktanteile - strategische Gruppen - Wettbewerbs-intensität - Kooperationen • Einzel-konkurrenten z. B. - Ziele - Strategien - Stärken / Schwächen - Infrastruktur	• wirtschaftliche Umwelt z. B. - Kapitalmärkte - Konjunktur • ökologische Umwelt z. B. - Energie - Umweltschutz • technologische Umwelt z. B. - Innovationen - Auto-matisierung • politische Umwelt z. B. - Wirtschafts-politik - Gesetzgebung	• Forschung und Entwicklung z. B. - Patente • Finanzen z. B. - Liquidität • Personal z. B. - Qualifikation • Rechnungs-wesen z. B. - Deckungs-beiträge • Organisation z. B. - Markt-orientierung • Produktion z. B. - Kapazität

Abb. 3: Untersuchungsbereiche der Marktforschung

skizzierten Untersuchungsbereichen der Marktforschung liegt ein assendes Verständnis des Marktbegriffes zugrunde. Neben Anbot, Nachfrage und Konkurrenten beeinflussen auch Umweltfaktoren und Gegebenheiten im eigenen Unternehmen das Marktgeschehen und den Markterfolg wesentlich. Im Gegensatz zu anderen Meinungen in der Literatur (vgl. Berekoven, L.; Eckert, W.; Ellenrieder, P., 1993, S. 30; Meffert, H., 1986, S. 12 oder Böhler, H., 1992, S. 18) wird deshalb nicht zwischen Marktforschung und Marketingforschung unterschieden, sondern Marktforschung als Oberbegriff für die Beschaffung, Auswertung und Interpretation von Marktdaten verwendet. Dieses weite Begriffsverständnis schließt die Vielfalt der in Theorie und Praxis gebräuchlichen Termini und Erscheinungsformen, wie z. B. Absatzforschung, Bedarfsforschung, Verbrauchsforschung oder Marketing-Research, mit ein (vgl. Meyer, P. W.; 1957, S. 17 ff.).

1.1.1 Datenbeschaffung

Ausgangspunkt von Marktforschungsaktivitäten sind Entscheidungsprobleme im Marketing und die damit verbundenen Informationsdefizite. Im Rahmen der Datenbeschaffung ist zunächst zu klären, aus welchen Quellen welche Daten zu erhalten sind.

1.1.1.1 Quellen der Marktforschung. Marktdaten können grundsätzlich aus Sekundärquellen (Sekundärforschung, desk research) und aus Primärquellen (Primärforschung, field research) gewonnen werden. In der Sekundärforschung wird auf bereits existierendes Datenmaterial zurückgegriffen, das zu einem früheren Zeitpunkt erhoben wurde. Im Gegensatz dazu ist die Erhebung von originären Daten für ein konkret anstehendes Problem das zentrale Kennzeichen der Primärforschung (vgl. Beuchtelmeyer, W.; Kaplitzer, G.; 1984, S. 303 ff.; Sand, H.; Hörner, W.; 1981, S. 13 ff.; Rogge, H.-J.; 1992, S. 49 ff.).

Am Beginn jeder Untersuchung sollte die Analyse von sekundären Informationsquellen stehen. Zum einen wird damit die Einarbeitung in ein Forschungsproblem erleichtert, zum anderen ist Sekundärmaterial tendenziell schneller und kostengünstiger verfügbar. Als wichtigste Grenzen der Verwendung von Sekundärdaten gelten mangelnde Aktualität und Differenzierbarkeit sowie die oft nicht nachvollziehbare Qualität der Daten (z. B. Objektivität, Methodik). Mit dem permanent wachsenden Informationsangebot (vgl. Dangel, J. W.; 1988, S. 258) stellt sich zudem das Problem der Intransparenz des Informationsmarktes und der ökonomischen Selektion von entscheidungsgerecht aggregierten Ergebnissen.

Innerhalb der Sekundärforschung sind interne und externe Quellen zu unterscheiden (vgl. Böhler, H.; 1992, S. 56 ff.). Jede Einzelwirtschaft verfügt über ein beachtenswertes Potential an unternehmensinternen Daten, die für Marktforschungszwecke genutzt werden können. Das

Rechnungswesen, innerbetriebliche Statistiken, Inventurunterlagen oder Berichte des Außendienstes sind nur einige Beispiele für interne Datenquellen aus dem Marketing und anderen Funktionsbereichen. Ein entscheidendes Kriterium für die Nutzbarkeit dieses Materials stellt das unternehmensinterne Informationsmanagement dar. Erst durch die systematische Erfassung, Aufbereitung, Verfügbarkeit und Pflege in internen Archiven, Datenbanken und Informationssystemen werden die Voraussetzungen für Akzeptanz und Verwertbarkeit der Informationen geschaffen (vgl. Heinzelbecker, K.; 1985, S. 17 ff.; Zehnder, C. A.; 1987, S. 9 ff.).
Externe Daten werden von verschiedenen Institutionen zum Kauf angeboten oder z.T. auch kostenlos zur Verfügung gestellt. Dazu gehören Veröffentlichungen von staatlichen Ämtern, Behörden oder Ministerien, Hochschulen, Fachzeitschriften, Organisationen und Verbänden der Privatwirtschaft. Desweiteren offerieren Marktforschungsinstitute, Informationsdienste, Verlage oder externe Datenbanken (vgl. Joas, A.; 1987, S. 54) Marktinformationen auf überwiegend kommerzieller Basis. Angesichts dieses umfassenden Angebotes liegt das Problem in der Regel nicht mehr in der Verfügbarkeit, sondern im Know-how, wo welche Daten zu welchen Konditionen recherchiert werden können.
Immer wenn ein Informationsbedarf durch die Sekundärforschung nicht in befriedigendem Maße gedeckt werden kann, ist die Erhebung von Primärdaten erforderlich. Wichtig erscheint in diesem Zusammenhang, daß die Entscheidung nicht zwischen Primär- oder Sekundärforschung fällt, sondern die Frage nach der Notwendigkeit zusätzlicher Primärforschung zu stellen ist.

1.1.1.2 Auswahlverfahren. Für jedes Informationsproblem, das durch Primärforschung gelöst werden soll, ist zunächst die relevante Grundgesamtheit (Erhebungsmasse, Gesamtmasse) zu bestimmen. In Abhängigkeit vom Forschungsproblem kann die Grundgesamtheit ganz unterschiedliche Größenordnungen annehmen. Beispielsweise ist in der Wahlforschung bundesweit von ca. 40 Millionen Stimmberechtigten auszugehen, einer Untersuchung der Zahnärzte liegt in der Bundesrepublik eine Grundgesamtheit von knapp 30.000 Personen zugrunde und für die Analyse von Messe- und Ausstellungsgesellschaften reduziert sich die Gesamtmasse im Bundesgebiet auf rund 350 Einheiten.
Wenn in einer Untersuchung bei allen Elementen der Grundgesamtheit Daten erhoben werden, liegt eine Vollerhebung vor. Da keine Auswahl getroffen werden muß, ist diese Vorgehensweise methodisch im Prinzip problemlos. Dennoch sind Ausfälle, z. B. durch mangelnde Auskunftsbereitschaft oder Erreichbarkeit, nicht auszuschließen. Falls die Größe der Grundgesamtheit, das Budget, die verfügbare Zeit oder die angestrebte Genauigkeit der Untersuchungsergebnisse gegen eine Vollerhe-

bung sprechen, kann eine Teilerhebung gewählt werden. Um die Übertragbarkeit der Aussagen der Teilerhebung auf die Grundgesamtheit sicherzustellen, muß eine repräsentative Teilmasse (Stichprobe, sample) gebildet werden. Eine Teilmasse ist immer dann repräsentativ, wenn sie in der Verteilung aller interessierenden Merkmale der Gesamtmasse entspricht, d. h. ein zwar verkleinertes, aber ansonsten realitätsgetreues Abbild der Grundgesamtheit darstellt. Zur Bildung von repräsentativen Stichproben dienen Auswahlverfahren, die sich in Verfahren der Zufallsauswahl und Verfahren der bewußten Auswahl unterscheiden lassen (vgl. Meyer, P. W.; 1957, S. 307 ff; Berekoven, L.; Eckert, W.; Ellenrieder, P.; 1993, S. 47 ff.). Abbildung 4 zeigt den Zusammenhang zwischen Grundgesamtheit und Auswahlverfahren.

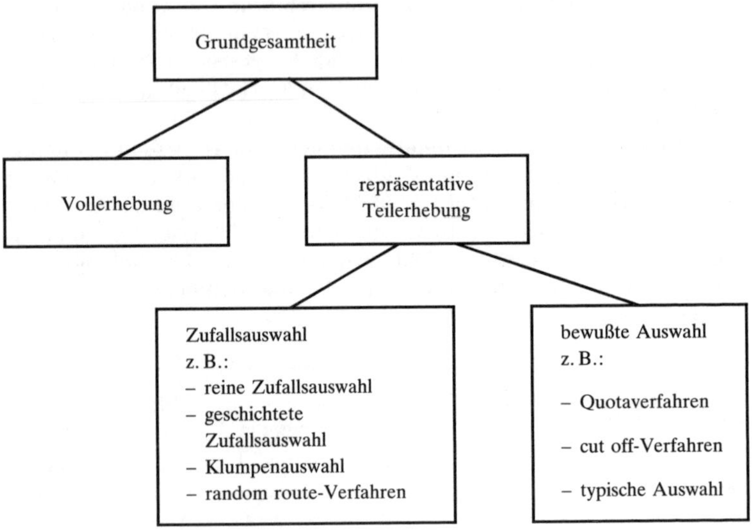

Abb. 4: Einordnung von Auswahlverfahren

Den Verfahren der Zufallsauswahl liegen wahrscheinlichkeitstheoretische Überlegungen zugrunde. Jede Einheit der Grundgesamtheit hat bei der Zufallsauswahl eine gleich große und berechenbare Chance, in die Stichprobe einbezogen zu werden. Beispiele für eine Auswahl nach dem Zufallsprinzip sind die reine Zufallsauswahl, die geschichtete Zufallsauswahl und das random route-Verfahren. Bei der reinen Zufallsauswahl wird die Stichprobe wie bei einer Lotterie (Urnenmodell) unmittelbar aus der Grundgesamtheit gezogen, die demnach vollständig

vorliegen muß. Vor allem für heterogen strukturierte Grundgesamtheiten ist die geschichtete Zufallsauswahl, als Verfeinerung der reinen Zufallsauswahl, geeignet. Durch die Bildung von homogenen Untergruppen (z. B. Bundesländer oder Kunden nach Umsatzgrößenklassen) soll der systemimmanente Zufallsfehler reduziert werden. Innerhalb der Untergruppen sind wieder gängige Zufallsverfahren anwendbar. Mit Hilfe einer disproportional zur Anzahl geschichteten Stichprobe kann der besonderen Relevanz einzelner Merkmalsträger (z. B. Großkunden) Rechnung getragen werden. Die Klumpenauswahl ist durch die Einteilung der Gesamtmasse in Untergruppen (Klumpen), wie z. B. Wohnbezirke einer Stadt, gekennzeichnet. Ein Teil der Klumpen geht durch zufällige Auswahl komplett in die Stichprobe ein, der Rest bleibt unberücksichtigt. Trotz forschungsökonomischer Vorteile ist die Gefahr der Verzerrung durch Abweichung der Merkmalsstrukturen in einzelnen Klumpen zu beachten. Das random route-Verfahren wird den Verfahren der Zufallsauswahl zugeordnet. Zur Datenerhebung werden Ausgangspunkte (z. B. Straßen) zufällig festgelegt. Von dort aus ist nach vorgegebenen Regeln (z. B. jeder vierte Haushalt auf der rechten Straßenseite) vorzugehen.
Bei den Verfahren der bewußten Auswahl wird die Stichprobe gezielt konstruiert, d. h. die Auswahl erfolgt nach bestimmten relevanten Merkmalen. Beispiele für eine derartige Stichprobenbildung sind das Quota-Verfahren, die typische Auswahl und das cut off-Verfahren. Dem Quota-Verfahren liegt der Abbildungsgedanke zugrunde. Anhand bekannter Strukturen der Grundgesamtheit werden Merkmals-

Untersuchungs-relevante Merkmale	Struktur in der Grundgesamtheit (Angaben in %)	Verteilung für eine 400er Stichprobe (absolute Anzahl)
Geschlecht		
– weiblich	47 %	188
– männlich	53 %	212
	100 %	400
Altersklassen		
– unter 20	18 %	72
– 21 bis 40	23 %	92
– 41 bis 60	34 %	136
– über 60	25 %	100
	100 %	400

Abb. 5: Beispiel für Stichprobenbildung nach dem Quotaverfahren

verteilungen in prozentuale Quoten umgesetzt, die in der Stichprobe entsprechend repräsentiert sein müssen. Ein Beispiel mit Quotierungen nach den Merkmalen Geschlecht und Alter zeigt Abbildung 5 für eine Stichprobe mit vierhundert Personen.
Im Fall der typischen Auswahl werden Untersuchungseinheiten bestimmt, die als besonders charakteristisch für die Grundgesamtheit gelten. Probleme entstehen bei der tendenziell subjektiven Einschätzung typischer Elemente (z. B. typischer WISO-Student, typisches Feinkostgeschäft). Das cut off-Verfahren ist nach dem Konzentrationsprinzip angelegt. Durch die Beschränkung auf Elemente, denen eine besondere Bedeutung zukommt (z. B. Großabnehmer, opinion leader), soll deren hoher Erklärungsbeitrag genutzt werden. Der oftmals zahlenmäßig größere Rest der Grundgesamtheit bleibt unberücksichtigt.
Die Verfahren der Zufallsauswahl und der bewußten Auswahl stehen gleichberechtigt nebeneinander. Ihre Anwendung ist von konkreten Forschungsproblemen und dem Kenntnisstand über die Grundgesamtheit (z. B. Merkmalsstruktur) abhängig. In der Praxis kommen oft mehrstufige kombinierte Verfahren zur Anwendung.
Der Umfang von Teilerhebungen (Stichprobengröße) hängt von verschiedenen Faktoren, wie z. B. der Größe der Grundgesamtheit oder der angestrebten Genauigkeit der Ergebnisse, ab. Für Zufallsverfahren läßt sich der Stichprobenumfang, in Abhängigkeit von Fehlertoleranz und Konfidenzintervall, rechnerisch ermitteln (vgl. Wettschureck, G.; 1974, S. 175 ff.). Praxisorientierte Anhaltspunkte liefern Erfahrungswerte von Marktforschungsinstituten, die für bundesweite Repräsentativuntersuchungen beispielsweise 2000 aus ca. 60 Millionen Personen oder bei regionalen Analysen zwischen zwei- und vierhundert Merkmalsträgern auswählen. Generell gilt es, einen problemgerechten Kompromiß zwischen dem Forschungsaufwand und der erforderlichen Genauigkeit der Forschungsergebnisse zu finden.

1.1.1.3 Meßprobleme und Skalenarten. Bei jeder Primärforschung entsteht das Problem der Messung von Merkmalsausprägungen. Zunächst sind Ordnungskriterien für die Merkmale der Untersuchungsobjekte/-subjekte (z. B. Geschlecht, Einkommen Beruf, Alter für Personen oder Branche, Umsatz, Mitarbeiterzahl für Unternehmen) festzulegen. Zur eigentlichen Messung (Operationalisierung) muß ein geeigneter Maßstab gefunden werden, der die Zuordnung von Werten auf einer Skala zuläßt.
Nach den Skalenarten sind Nominalskalen, Ordinalskalen, Intervallskalen und Verhältnisskalen zu unterscheiden. Die beiden erstgenannten werden in der Regel zur Messung von qualitativen Merkmalen verwendet und deshalb auch nicht-metrische Skalen genannt. Intervall- und Verhältnisskalen eignen sich dagegen auch für die Messung von

quantitativen (metrischen) Größen (vgl. Schnell, R.; Hill, P.; Esser, E.; 1988, S. 134 ff.). Mit zunehmendem Meßniveau steigt auch der Informationsgehalt der Daten, wie nachstehende Übersicht mit Kurzbeschreibung und Anwendungsbeispielen für die genannten Maßstabsarten verdeutlicht.

Maßstabsart, Meßniveau	Beschreibung	Anwendungsbeispiel
Nominal-Skalen	Zuordnung von Merkmalsausprägungen	Geschlecht, Augenfarbe, Nationalität, PKW-Besitz
Ordinal-Skalen	Rangreihe zur Ordnung von Merkmalsausprägungen ohne Abstandsangaben	Präferenz, Verwendungshäufigkeit, z. B. besser, größer, mehr, schlechter, kleiner, weniger
Intervall-Skalen	Rangreihe mit festen Abständen zwischen den Meßwerten	Notenskala von 1 bis 6, Tabelle im Sport
Verhältnis-Skalen	Rangreihe mit festen Abständen und einem absoluten Nullpunkt	Gewichts-Skalen, Längen-Skalen, Umsatz

Abb. 6: Maßstabsarten mit Anwendungsbeispielen

1.1.1.4 Erhebungsmethoden. Als klassische Methoden der Datenbeschaffung in der Marktforschung gelten Beobachtung, Befragung und Experiment. Während die Sekundärforschung stets durch Beobachtung erfolgt, können in der Primärforschung alle drei Methoden, einzeln oder kombiniert, angewendet werden.

Die Beobachtung gilt als eine der ältesten Methoden zur Datenbeschaffung (vgl. Meyer, P. W., 1957, S. 249). Durch die Wahrnehmung und Registrierung des Wahrgenommenen können Daten über Beobachtungssubjekte/-objekte gewonnen werden. Wichtigstes Kennzeichen der Beobachtung ist, daß nur sinnlich wahrnehmbare Sachverhalte erhoben werden können, während z. B. die Befragung auch nicht beobachtbare Inhalte, wie Einstellungen oder Motive, aufdecken kann. Andererseits können durch Beobachtungen sehr genaue Ergebnisse ermittelt werden, da die Daten unmittelbar am Beobachtungssubjekt/-objekt gewonnen werden und somit weniger Verfälschungseinflüssen (z. B. Auskunftswilligkeit) unterliegen (vgl. Atteslander, P.; 1993, S. 141).

Beobachtungsprozesse lassen sich durch die Strukturelemente Beobachter, Beobachtungsmittel, Beobachtungssubjekt/-objekt und die Art der Durchführung beschreiben. Als Beobachter fungiert der Mensch.

Die Wahrnehmung über die fünf menschlichen Sinne als Beobachtungsmittel und die Registrierung mit Hilfe eines Beobachtungsbogens kann durch technische Hilfsmittel (z. B. Kamera, Lichtschranke) unterstützt werden. Als potentielle Beobachtungssubjekte/-objekte kommen grundsätzlich alle Marktbeteiligten (z. B. Nachfrager, Handel) und aus deren Aktivitäten resultierende Objekte und Sachverhalte in Frage. Nach der Art der Durchführung ist die methodische Untersuchungsanlage zu konkretisieren. Differenzierungsansätze liefern die Rolle des Beobachters (Selbst- oder Fremdbeobachtung), die Sichtbarkeit der Beobachtung (offen, verdeckt oder maskiert), das Engagement des Beobachters (distanziert oder teilnehmend), die Wirklichkeitsnähe (Labor- oder Feldbeobachtung) und der zeitliche Geltungsbereich (zeitpunkt- oder zeitreihenbezogen) (vgl. Beike, P.; 1974, S. 554 ff.; Huber, O.; 1984, S. 125 ff.; Schnell, R. ; Hill, P.; Esser, E.; 1988, S. 356 ff.).
Im folgenden sollen einige ausgewählte Beispiele die Anwendungsmöglichkeiten der Marktbeobachtung verdeutlichen. Die Panelforschung stellt eine vor allem im Konsumgüterbereich genutzte Forschungsform dar. In bestimmten zeitlichen Abständen werden bei im Prinzip gleichbleibenden Untersuchungseinheiten dieselben Variablen bzw. Merkmale erhoben, um Entwicklungen und Veränderungen im Zeitablauf zu ermitteln (vgl. Meyer, P. W.; Hermanns, A.; 1984, S. 292). Zur Datenerhebung sind grundsätzlich alle drei Methoden verwendbar, in den besonders verbreiteten Handels- und Verbraucherpanels dominiert jedoch die Beobachtung. Ein Handelspanel umfaßt beispielsweise einen repräsentativ ausgewählten, gleichbleibenden Kreis von Handelsbetrieben, bei denen in regelmäßigen Abständen in erster Linie Lagerbestände und Warenbewegungen erhoben werden. Da die Wahrnehmung und Registrierung in der Regel von Mitarbeitern des durchführenden Marktforschungsinstituts vorgenommen wird, handelt es sich um eine Fremdbeobachtung. Die Auswertung der Daten liefert Aussagen über die im Sortiment angebotenen Versorgungsobjekte (z. B. Umsatz, Endverbraucherpreise, Umschlagskennzahlen) und deren Distribution (z. B. Distributionsgrad, gewichtete Distributionswerte), die von Herstellern und Handel für Marketingentscheidungen verwendet werden können (vgl. Kucher, E.; 1985, S. 10 ff.).
In Kombination mit Haushaltspanels (Analyse des Einkaufsverhaltens durch Selbstbeobachtung) entstehen durch die Integration von Warenwirtschaftssystemen, Scannerkassen, maschinenlesbaren Identifikationskarten und TV-verkabelten Privathaushalten erweiterte Möglichkeiten für die Marktforschung. Testsysteme wie „Telerim“ oder „GfK-Behavior-Scan“ liefern sozusagen aus einer Informationsquelle (single source-Ansatz) genaue Handels- und Käuferdaten mit hohem zeitlichen Detaillierungsgrad. Durch die gezielte Einspielung von Fernsehspots (targetable TV) sind im Rahmen der Werbewirkungsforschung exakte Responsemessungen in Test- und Kontrollgruppen durchführ-

bar (vgl. Meyer, P. W.; Joas, A.; 1988, S. 42 f.; Huppert, E.; 1984, S. 18 ff.; vgl. Griese, U.; 1993, S. 58 ff.; vgl. Milde, H.; 1993, S. 24 ff.)
Ein weiteres Anwendungsbeispiel für die Marktbeobachtung findet sich in der Konkurrenzanalyse. Auf Basis der Ermittlung relevanter Konkurrenten geht es vor allem um die Charakterisierung von Strategien, Verhalten und Ergebnissen der Wettbewerber, um daraus Anhaltspunkte für das eigene Marketing abzuleiten. Zu diesem Zweck können aus Primär- und Sekundärquellen durch Beobachtung z. B. Informationen über das Angebot, die Absatzwege, die Preisgestaltung oder kommunikative Maßnahmen gewonnen werden (vgl. Link, U.; 1988, S. 27 ff.)
Sogenannte Kundenlaufanalysen dienen der Erfassung der Kundenstruktur und der Analyse des Kundenverhaltens in Handelsunternehmen, wie z. B. in Warenhäusern oder Ansammlungen von Handelsunternehmen, wie z. B. in Einkaufspassagen (vgl. Weiß, M.; 1988, S. 3 ff.). In einem Warenhaus sind durch Beobachtung u. a. Informationen über Aufenthaltsdauer, gewählten Laufweg, Impulskäufe oder Reaktionen auf Sonderangebote sowie Geschlecht und ungefähres Alter zu ermitteln. Die Ergebnisse lassen sich z. B. für innerbetriebliche Standortentscheidungen verwerten.
Die Befragung stellt die in der Marktforschungspraxis am häufigsten verwendete Methode zur Datenerhebung dar. Es handelt sich dabei um eine besondere Art der interpersonellen Kommunikation, die sich zwischen einem Befrager und einem Befragten vollzieht (vgl. Meyer, P. W.; 1957, S. 266).
Strukturelemente dieses Prozesses sind der Befrager, die Befragungsmittel, der Befragte und die Fragen. Die Erscheinungsformen der Befragung sind vielfältig und können nach unterschiedlichen Kriterien systematisiert werden. Nach den Befragungsarten sind die mündliche, schriftliche, telefonische und computergestützte Befragung zu differenzieren. Die thematische Unterscheidung ergibt die Ausprägungen Einthemen(Exclusiv-)befragung und Mehrthemen(Omnibus-)befragung. Die Zahl der Befrager und Befragten trennt die Einzelbefragung (ein Befrager und ein Befragter) von der Gruppenbefragung (alle anderen Kombinationen). Das Kriterium Befragungsverfahren beschreibt die Freiheitsgrade des Interviewers bei der Fragestellung und des Befragten bei der Antwortformulierung. Als Ausprägungen sind mit abnehmendem Freiheitsgrad das Tiefeninterview (Exploration), das freie Befragungsgespräch, das strukturierte Interview und das standardisierte Interview zu nennen. Die Häufigkeit (Turnus) von Befragungen ermöglicht die Unterscheidung zwischen zeitpunktbezogenen Einfachbefragungen (Querschnittsanalyse) und zeitreihenorientierten Mehrfachbefragungen (Längsschnittanalyse) (vgl. Meyer, P. W.; 1957, S. 263 ff.; Schäfer, E.; Knoblich, H.; 1978, S. 276 ff.). Zu beachten ist dabei, daß diese eindimensionalen Systematisierungsansätze nach aus-

gewählten Kriterien in der Realität kombiniert vorkommen, wie das Beispiel einer standardisierten mündlichen Mehrthemenumfrage zeigt, die als Längsschnittanalyse in Form der Einzelbefragung durchgeführt wird. Durch die Verwendung dieser Kriterien wird die Einordnung jeder in der Praxis existenten Erscheinungsform der Befragung möglich.

Die Strukturelemente der Befragung kennzeichnen die jeweilige Ausgestaltung des Kommunikationsprozesses und stellen gleichzeitig auch potentielle Fehlerquellen dar. Beim Befragen können derartige Wirkungen von der Person (z.B. Alter, Geschlecht), deren Einstellungen (z.B. Vorurteile, Erwartungshaltung) und Auftreten (z.B. neutral, überlegen) ausgehen (vgl. Meyer, P.W.; 1988, S. 77ff.). Als Befragungsmittel dient vor allem der Fragebogen, evtl. unterstützt durch Hilfsmittel (z.B. Skalenvorlagen) oder bei weniger standardisierten Erscheinungsformen, etwa beim Befragungsgespräch, ein Interviewleitfaden. Verständlichkeit in der Formulierung, Eindeutigkeit, Umfang oder Antwortplatz sind Beispiele für kritische Faktoren bei der Gestaltung der Befragungsmittel. Antwortbereitschaft und -fähigkeit sowie die Befragungssituation (z.B. Ort, soziale Einflüsse) gelten als zentrale Fehlerquellen beim Strukturelement „Befragter". Besonders weitgehende Gestaltungsspielräume mit entsprechendem Fehlerrisiko bieten sich bei den Fragen bzw. der Fragestellung. Die Art der Fragen (z.B. Tatsachenfragen, Meinungsfragen) und der Frageformulierung (z.B. geschlossene Fragen mit Vorgaben von Antwortkategorien versus offene Fragen) sind in diesem Zusammenhang ebenso zu beachten wie die Grundsätze der Fragestellung (z.B. Neutralität, Genauigkeit) (vgl. Holm, K.; 1975, S. 32ff.; Atteslander, P.; 1993, S. 173ff.) Zur Fehlerreduktion eignen sich Maßnahmen wie Schulung, Motivation und Kontrolle der Interviewer und vor allem Pretests (in diesem Fall Probebefragung zur Überprüfung der Qualität der Befragungsmittel), die generell bei jeder Untersuchung angebracht sind.

Der methodischen Vielfalt der Befragung entsprechend sind die Anwendungsgebiete breit gestreut. Struktur, Motive und Verhalten von Zielgruppen, Absatzwegeanalysen, Expertenbefragungen, Befragungspanels, Imageanalysen, Wettbewerbsuntersuchungen oder die Kontrolle von einzelnen Marketingaktivitäten (z.B. Messen, Werbekampagnen) bilden eine keineswegs vollständige Aufzählung der Möglichkeiten. Im folgenden sollen ausgewählte Anwendungsbeispiele der Befragung als Methoden zur Datenerhebung vertiefend dargestellt werden.

Omnibusbefragungen beinhalten mehrere, evtl. voneinander thematisch unabhängige Fragenkomplexe, die im Verlauf eines Befragungsprozesses behandelt werden. Diese Mehrthemenumfragen sind eine Einrichtung der Institutsmarktforschung und werden oftmals in regelmäßigen Abständen angeboten. Sie eignen sich besonders für kurzfristig akute Probleme, die mit relativ wenigen Fragen angegangen werden können. Da die Untersuchungsanlage in der Regel konstant bleibt, sind sie für die Bildung von Zeitreihen in Längsschnittanalysen prädestiniert. Für die Omnibusbefragung sprechen vor allem wirtschaftliche Gesichtspunkte, da sich die Erhebungskosten auf mehrere Auftraggeber verteilen. Dadurch ergibt sich auch für Klein- und Mittelbetriebe die Möglichkeit, Marktforschungsaufgaben durch Massenbefragungen mit einem repräsentativen Forschungsansatz zu lösen.

Zunehmende Verbreitung finden in der Marktforschung Befragungssysteme mit Computereinsatz. Der technologische Entwicklungsstand in der elektronischen Datenverarbeitung ermöglicht die schnelle und ökonomische Erfassung großer Datenmengen sowie eine unmittelbare Auswertung (vgl. Dornach, F.; 1988, S. 5 ff.). Zu unterscheiden sind computergestützte und computerisierte Befragungssysteme. Bei ersteren werden die Fragen durch einen Inteviewer mündlich gestellt oder auf einem Bildschirm abgerufen und vom Befrager oder dem Befragten über einfache Tastengeräte in das Computersystem eingegeben (Mensch-Mensch-Dialog, z. B. computergestützte Gruppenbefragung im Labor). Dagegen werden bei computerisierten Befragungssystemen bereits die Fragen unmittelbar vom Computer präsentiert und die Antwort vom Befragten direkt eingegeben (Mensch-Maschine-Dialog, z. B. Interviewcomputer, Btx-Befragung). Vorteilen, wie Kostenreduktion, integrierte Datenauswertung oder Minimierung der Interviewereinflüsse, stehen Nachteile wie Investitions- und Programmieraufwand oder die Standardisierungsnotwendigkeit gegenüber (vgl. Berekoven, L.; Eckert, W.; Ellenrieder, P.; 1993, S. 111 ff.; Glagow, H.; 1984, S. 42 ff.)

Telefonumfragen bieten sich vor allem dann an, wenn der Informationsbedarf nicht allzu umfangreich ist und schnell gedeckt werden soll. Wie beim persönlich unmittelbar geführten Interview sind beidseitige Rückfragen möglich, jedoch ist der Aufwand durch die wesentlich einfachere Erhebungsarbeit (Feldkosten und -organisation) deutlich niedriger. Repräsentanzprobleme treten angesichts der hohen Telefonanschlußquoten der Privathaushalte und der gewerblichen Ansprechpartner ebenso in den Hintergrund wie Auswahlprobleme (z. B. nicht eingetragene Anschlüsse), die über das „Zufallszahlen-Wählen" (Random Digit Dialing) lösbar sind. Beschränkungen in Befragungsumfang und -thematik, mangelnde Kontrollmöglichkeiten (z. B. nonverbale Reaktionen) und Legitimationsprobleme gelten als wesentliche Grenzen der telefonischen Befragung (vgl. Meffert, H.; 1986, S. 38).

Das Experiment stellt die dritte eigenständige Methode zur Datenerhebung dar. Obwohl in Experimenten auf die Beobachtung oder die Befragung zurückgegriffen wird, unterscheiden sie sich dennoch durch eine bewußte Versuchsanordnung (Experimentaldesign) zur Überprü-

fung von angenommenen Kausalzusammenhängen von diesen Erhebungsmethoden. Dementsprechend sind Experimente durch das Vorliegen einer Kausalhypothese (z. B. der Preis beeinflußt die Absatzmenge), eine unabhängige Variable, auch Wirkfaktor genannt (z. B. Preis), eine abhängige zu beeinflussende Variable (z. B. Absatzmenge) und die kontrollierte Situation (z. B. konstante Rahmenbedingungen) gekennzeichnet. Allgemeiner ausgedrückt können prinzipiell alle Aktionsparameter im Marketing als unabhängige Variablen und alle Zielgrößen im Marketing als abhängige Variablen in Marktexperimenten überprüft werden. Ergebnisverzerrungen durch Störvariablen (z. B. Konkurrenzaktionen) sind möglichst auszuschalten oder zumindest bei der Ergebnisbewertung zu berücksichtigen (vgl. Stelzl, J.; 1984, S. 220 ff.; Backhaus, H.; 1977, S. 8 ff.).
Kriterien zur Systematisierung und Unterscheidung von Experimenten sind u. a. das experimentelle Umfeld (Feld- oder Laborexperiment), der Zeitpunkt der Versuchsanordnung (projektive und ex post-facto Experimente), die Messung der Variablenwirkung (Sukzessiv-, Simultan- oder simultane Sukzessivexperimente), die Teilnehmerzahl (Einzel- oder Gruppenexperimente) und die Sichtbarkeit (offene, verdeckte oder maskierte Experimente). Als wichtigste Grenzen von experimentellen Untersuchungen sind Verzerrungen durch den Experimentator, die Probanden und Fehler in der Versuchsanordnung zu nennen (vgl. Meyer, P. W.; 1957, S. 290 ff.; Schnell, R.; Hill, P., Esser, E.; 1988, S. 207 ff.). Ausgewählte Anwendungsbeispiele für Marktexperimente sollen die vielfältigen Anwendungsmöglichkeiten verdeutlichen.
Mit Hilfe von Produkttests wird untersucht, ob und inwieweit ein eingeführtes oder ein neu entwickeltes Versorgungsobjekt den Wünschen und Nutzenvorstellungen der Zielgruppe entspricht. Dabei kann die Leistung des Angebots insgesamt oder in einzelnen Komponenten überprüft werden. Als Wirkfaktoren kommen Objekteigenschaften (z. B. Problemlösungsansatz, Handhabung, Geschmack) in Frage, während die Übereinstimmung der angebotenen Leistung mit den Nutzenerwartungen der Zielgruppen als abhängige Variable zu sehen ist. Meistens über die Zwischenstufe „store test" (probeweiser Abverkauf in ausgewählten Handelsunternehmen) folgt nach den Produkttests ein sogenannter Markttest. Dabei handelt es sich um die experimentelle Überprüfung eines aufeinander abgestimmten Bündels von Marketingmaßnahmen in einem geographisch abgegrenzten Raum (Testmarkt). Ein typisches Beispiel ist der Markttest vor der Neueinführung von Versorgungsobjekten. Der Aussagewert dieses Experimentes hängt entscheidend von der Repräsentativität des Testmarkts (z. B. Zielgruppenmerkmale, Handels-, Konkurrenz- und Mediastruktur) ab. Als umfassendes Instrument zur Überprüfung von Marktchancen ermöglicht der Markttest durch seine flexible Anlage die Untersuchung von Verbraucher- und Handelsreaktionen mit einem hohen Validitätsgrad und

reduziert damit das Floprisiko erheblich (vgl. Höfner, K
S. 17 ff.).

Neben der skizzierten stufenweisen Überprüfung der Mar
Objekten liegt ein weiterer Schwerpunkt von Marktexperimente..
der Werbeforschung. Ziel von Pretests ist es, die Wirksamkeit von Werbebotschaften und Werbemitteln vor der Streuung zu testen. Pretests lassen sich prinzipiell für alle Arten von konservierten Werbebotschaften (z. B. Anzeigen, Plakate, Spots, Direkt-Werbebriefe) anwenden und dienen zur Analyse von Erinnerungswerten (z. B. Anzeigen-Kurzzeit-Test, Foldertest), Konzepten (z. B. Rough-Spot-Test, Plakattest) oder Zielgruppenreaktionen (z. B. Testaussendung in der Direktwerbung). Sogenannte Posttests erfolgen im Gegensatz zu Pretests nach der Streuung, um die Werbewirkung zu ermitteln. Aufmerksamkeitswirkung (z. B. Recognition Test) und Erinnerungswirkung (z. B. Recall-Test) können in diesem Zusammenhang beispielsweise zur Operationalisierung herangezogen werden (vgl. Hassinger, H.-P.; 1981, S. 49 ff.; Salcher, E. F.; 1978, S. 231 ff.; Rehorn, J.; 1988, S. 3 ff.).

Neben den dargestellten Erscheinungsformen von Beobachtung, Befragung und Experiment sind die einzelnen Datenerhebungsmethoden kombiniert anwendbar. Zusatzbefragungen zur Ermittlung von Motiven im Beobachtungspanel oder die Beobachtung von Körpersprachesignalen, um in Befragungsgesprächen Anhaltspunkte zur Auskunftswilligkeit zu erhalten, sollen als Beispiele genügen.

1.1.2 Datenauswertung

Nach Abschluß der Datenbeschaffung liegen Rohdaten aus Primär- und Sekundärquellen vor, die in der nächsten Stufe ausgewertet werden müssen. Ziel dieses Arbeitsschrittes ist die verdichtende Zusammenfassung des Datenmaterials und die Ermittlung von Strukturen, Zusammenhängen und Abhängigkeiten. Als Elemente der Datenauswertung sind die Vorbereitung der Datenanalyse, die Datenanalyse und die Ergebnisdarstellung zu unterscheiden. Sekundärmaterial kann entweder bereits in entscheidungsreifer Form aufbereitet vorliegen oder muß mehr oder weniger intensiv nochmals problembezogen selektiert und ausgewertet werden. Dagegen ist bei Primärdaten aus originären Erhebungen stets der im folgenden skizzierte Ablauf erforderlich.

1.1.2.1 Vorbereitung der Datenanalyse. Grundsätzlich können die erhobenen Daten entweder manuell oder mit Hilfe der elektronischen Datenverarbeitung (maschinell) ausgewertet werden. Welches Verfahren gewählt wird, hängt insbesondere von der Stichprobengröße, dem Fragebogenumfang und den Untersuchungsinhalten bzw. den dafür verwendeten Fragen ab. Tendenziell eignen sich manuelle Aus-

wertungen für kleine Stichproben (unter einhundert) und qualitative Untersuchungsinhalte, die sich i. d. R. nur bedingt standardisieren lassen. Dagegen kommen für große Stichproben mit überwiegend quantitativen und damit gut standardisierbaren Inhalten eher maschinelle Auswertungsverfahren zum Einsatz (vgl. Böhler, H.; 1992, S. 156 ff.).
Die Auszählung über Strichlisten stellt das einfachste manuelle Auswertungsverfahren dar. Neben der Grundauszählung sind auch differenzierte Auszählungen (z. B. nach Altersgruppen kategorisiert) per Hand im Prinzip möglich, jedoch bei einer größeren Zahl von Untersuchungseinheiten und Merkmalen sehr zeit- und arbeitsintensiv. Für die EDV-Auswertung müssen die Daten entweder auf maschinenlesbaren Datenträgern vorliegen (z. B. Lochkarten, Markierbeleg, maschinenlesbarer Fragebogen) oder von Hand und nach einem Codeplan verschlüsselt eingegeben werden. Während quantitative Angaben relativ leicht zu codieren sind (z. B. Zahlen von 1 bis 5 für fünf Altersklassen und 6 für „keine Angabe"), setzt die Verschlüsselung von qualitativen Inhalten (z. B. Nutzenerwartungen) eine möglichst objektive Vorstrukturierung durch den Marktforscher voraus.

1.1.2.2 Datenanalyse. Ziel der Datenanalyse ist es, das vorliegende Datenmaterial problembezogen zu komprimieren und zu transformieren. Nach der Zahl der verarbeiteten Variablen lassen sich univariate, bivariate und multivariate Verfahren zur Ergebnisgewinnung differenzieren (vgl. Böhler, H.; 1992, S. 161 ff.; Meffert, H.; 1986, S. 70 ff.). Für Daten aus Zufallsstichproben (Wahrscheinlichkeitsauswahl) ist mit Hilfe von statistischen Verfahren zur Ergebnisüberprüfung darüber hinaus zu ermitteln, ob die Ergebnisse der Stichprobe auf die Grundgesamtheit übertragen werden können.
Mit univariaten Auswertungen können Häufigkeitsverteilungen, Lageparameter und Streuungsparameter ermittelt werden. Die Verteilung einer einzigen Variable über alle Untersuchungseinheiten läßt sich in absoluten, relativen und kumulierten Häufigkeiten ausdrücken (z. B. Altersstruktur, Kaufhäufigkeit). Zu beachten ist, daß bei einer Stichprobengröße unter einhundert nur absolute Häufigkeiten verwendet werden sollten, da von Hundert-Angaben (Prozentangaben) durch die Überbetonung einzelner Elemente evtl. ein verzerrtes Bild vermitteln. Die Angabe der Basis (Anzahl der Untersuchungseinheiten für das analysierte Merkmal) und der Hinweis auf mögliche Mehrfachnennungen sollten bei jeder Auswertung zu den Selbstverständlichkeiten gehören. Lageparameter ermöglichen eine zusätzliche Verdichtung einzelner Merkmale, wobei unterschiedliche Meßniveaus (Skalenniveaus) die Verwendbarkeit einzelner Parameter determinieren. Das arithmetische Mittel darf nur für kardinalskalierte Daten benutzt werden und ist aus der Summe der Merkmalswerte dividiert durch die Anzahl der Merkmalsträger zu berechnen. Weitere Lageparameter sind der als

häufigster Wert definierte Modus (nominales Skalenniveau) und der Median, der dadurch gekennzeichnet ist, daß mindestens 50 % der Merkmalswerte kleiner oder gleich und mindestens 50 % der Merkmalswerte größer oder gleich diesem Zentralwert sind. Zu beachten ist, daß höhere Meßniveaus die Verwendung von Parametern für niedrigere Meßniveaus einschließen, der umgekehrte Weg jedoch nicht möglich ist (z. B. sind für Kardinalskalen auch Modus und Median zulässig). Wichtige Streuungsparameter sind die Spannweite, definiert als die Differenz zwischen niedrigstem und höchstem Meßwert, die Varianz, auch mittlere quadratische Abweichung genannt, und die Standardabweichung (Quadratwurzel der Varianz). Streuungsparameter sind nur für kardinale Daten zulässig und erklären in Erweiterung der Lageparameter die Streuung der Merkmalswerte (z. B. um einen Mittelwert) (vgl. Berekoven, L.; Eckert, W.; Ellenrieder, P.; 1993, S. 197 f.)

In bivariaten Verfahren zur Ergebnisgewinnung werden zwei Variablen gleichzeitig berücksichtigt. Häufige Verwendung finden vor allem Verhältniszahlen, Kreuztabellierungen und einfache Korrelations- und Regressionsanalysen. Verhältniszahlen entstehen durch die Division von zwei Variablen und können in Gliederungszahlen (z. B. Umsätze nach Ländern), Beziehungszahlen (z. B. PKWs im Verhältnis zur Einwohnerzahl) und Meßzahlen zur Veranschaulichung von dynamischen Entwicklungen (z. B. Preisentwicklung in unterschiedlichen Regionen) aufgeteilt werden.

Die Kreuztabellierung (Kreuzauswertung) stellt ein einfaches Verfahren zur Veranschaulichung von Zusammenhängen zwischen zwei Variablen dar, indem die Ausprägungen eines Merkmals gegen die eines anderen ausgezählt und in einer Matrix dargestellt werden (vgl. Böhler, H.; 1992, S. 182 f.). Abbildung 7 zeigt ein Beispiel für den Zusammenhang zwischen Markenwahl und Geschlecht mit absoluten Häufigkeiten (Basis: 400 Personen).

Geschlecht / Marke	weiblich	männlich	Gesamt
Marke A	84	16	100
Marke B	102	198	300
Gesamt	186	214	400

Abb. 7: Kreuzauswertung für die Merkmale „Markenwahl" und „Geschlecht"

Mit bivariaten Korrelationsanalysen sind über Korrelationskoeffizienten wechselseitige Beziehungen zwischen zwei Variablen und die

Stärke dieses Zusammenhangs darstellbar (z. B. Zusammenhang zwischen Werbeetat und Umsatz). Dagegen können mit Regressionsanalysen nur einseitige Abhängigkeiten berechnet werden (z. B. Abhängigkeit des Getränkekonsums von der Außentemperatur).
Wenn Beziehungen zwischen mehr als zwei Variablen untersucht werden sollen, kommen multivariate Verfahren zur Ergebnisgewinnung zum Einsatz (vgl. Hüttner, M.; 1978, S. 33 ff.; Meffert, H.; 1986, S. 81 ff.).

Art des Verfahrens	Bezeichnung	Anwendungsbeispiel
Verfahren zur Abhängigkeitsanalyse	Multiple Regressionsanalyse	Veränderung der Absatzmenge bei 10 %iger Werbeetaterhöhung und 5 %iger Preissenkung
	Varianzanalyse	Einfluß der Absatzwegewahl auf die Lieferzuverlässigkeit und Liefergenauigkeit
Verfahren zur Klassifizierung und Typisierung	Clusteranalyse	Lesertypen einer bestimmten Zeitschrift
	Diskriminanzanalyse	Unterschiede zwischen Rauchern und Nichtrauchern
Verfahren zur Zusammenhangsanalyse	Faktorenanalyse	Reduktion der Nutzenerwartungen beim Autokauf auf wenige relevante Faktoren
	Korrelationsanalyse	Zusammenhang zwischen Einzelimages von Abteilungen eines Warenhauses

Abb. 8: Wichtige Verfahren der multivariaten Datenanalyse

Beim Einsatz der Verfahren sind bestimmte Voraussetzungen (z. B. Variablenzahl, Skalenniveau, Verteilungsannahmen) zu beachten. Desweiteren können unterschiedliche Verfahren zu voneinander abweichenden Ergebnissen führen, weshalb wichtige Ergebnisse stets mit mehreren Verfahren getestet werden sollten.
Die elektronische Datenverarbeitung ermöglicht die Anwendung von speziellen Programmpaketen für die oben beschriebenen Verfahren zur Datenanalyse, die entweder als Standardprogramme (z. B. NCSS,

SPSS) angeboten werden (vgl. Fisk, R. P.; 1988, S. 219 ff.) oder für spezielle Anwendungen programmiert werden müssen.

1.1.2.3 Ergebnisdarstellung. Der letzte Schritt in der Datenauswertung beinhaltet die Ergebnisdarstellung. Zu unterscheiden sind die Darstellung in schriftlicher Form (Text), zahlenmäßig aufbereitete Ergebnisse (Tabellen) und bildhafte Visualisierungen (Abbildungen, Diagramme, Graphiken). In der Regel werden Untersuchungsergebnisse in einem Berichtsband zusammengefaßt, der die Zielsetzung der Analyse, die angewandte Methodik, einen zusammenfassenden Textteil mit ausgewählten Illustrationen und eine vollständige Ergebnisdokumentation im Tabellenteil (evtl. auch als gesonderter Tabellenband) beinhalten sollte. Häufig ist zusätzlich auch eine mündliche Präsentation sinnvoll, in der die Ergebnisse komprimiert vorgestellt und diskutiert werden können. Beim Einsatz von Präsentationshilfsmitteln, wie z. B. Overhead-Charts oder Dias, ist unbedingt auf eine hohe Qualität (z. B. Lesbarkeit, Darstellungsform, Prägnanz) zu achten, da daraus unmittelbar auch auf die Qualität der Gesamtuntersuchung geschlossen wird (vgl. Zelazny, G.; Wiesbaden 1986, S. 9 ff.).
Nach der Dokumentation und Präsentation stellt die unternehmensinterne Weiterverwertung des Informationsmaterials eine wichtige Aufgabe dar. Marktforschungsergebnisse sind eine der zentralen Quellen für Marketing-Informationssysteme und Marketing-Datenbanken, die erst durch systematisches Informationsmanagement und Verfügbarkeit auf entscheidungsgerechtem Aggregationsniveau dauerhaft sinnvoll genutzt werden können (vgl. Dornach, F.; 1988, S. 45).

1.1.3 Dateninterpretation

Die Interpretation der Untersuchungsergebnisse stellt die letzte Stufe im Marktforschungsprozeß dar. Auf Basis der vorliegenden Resultate gilt es, weiterführende Aussagen, Ableitungen und Erkenntnisse zu generieren. Die Herausarbeitung wesentlicher Schlußfolgerungen bezieht sich stets auf die Untersuchungsergebnisse. Als Hilfsmittel für Marketingentscheidungen können diese Erkenntnisse einen wertvollen Beitrag liefern, determinieren aber die Entscheidungen nicht notwendigerweise.
Zeigt eine Untersuchung beispielsweise, daß der Bekanntheitsgrad eines Markenartikels gestützt bei 20 % liegt, so ist dieses Ergebnis im Vergleich mit ebenfalls ermittelten Bekanntheitsgraden und Kommunikationsmaßnahmen von Konkurrenzprodukten evtl. als unbefriedigend zu interpretieren. Hinsichtlich der Marketingentscheidung kann dieses Ergebnis Anhaltspunkte für die Intensivierung oder Modifikation der eigenen Kommunikationsmaßnahmen liefern.
Die Interpretation von Untersuchungsergebnissen sollte möglichst objektiv gehalten sein. Subjektive oder aus dem Zusammenhang geris-

sene Aussagen durch den Marktforscher (z. B. „erfreulich geringe Reklamationsquote") sind zu vermeiden, da zudem oft die Vertrautheit mit spezifischen Problemen eines konkreten Marktes oder Unternehmensbereich fehlt. Andererseits ist die Interpretationsarbeit, insbesondere bei qualitativ angelegten Untersuchungen, ein notwendiges Bindeglied zwischen der Informationsbeschaffungsseite des Marketing und der Nutzung der Informationen in den anderen Funktionsbereichen des Marketing.

Literaturverzeichnis

Atteslander, P.; Methoden der empirischen Sozialforschung, 7. Auflage, Berlin, New York 1993.

Backhaus, H.; Das Marktexperiment, Methodologie und Forschungstechnik. Frankfurt, Zürich 1977.

Behrens, K. Chr.; Die demoskopische Marktforschung, Wiesbaden 1966.

Beike, P.; Beobachtung als Instrument der empirischen Marktforschung, in: Handbuch der Marktforschung, hrsg. von K. Chr. Behrens, 1. Halbband, Wiesbaden 1974, S. 547–568.

Berekoven, L.; Eckert, W.; Ellenrieder, P.; Marktforschung. Methodische Grundlagen und praktische Anwendung, 6. Auflage, Wiesbaden 1993.

Beuchtelmeyer, W.; Kaplitzer, G.; Die Sekundäranalyse, in: Sozialwissenschaftliche Methoden, hrsg. v. E. Roth, München 1984, S. 303–318.

Böhler, H.; Marktforschung. 2. Auflage, Stuttgart u. a. 1992.

Daumenlang, K.; Querschnitt und Längsschnittmethoden, in: Sozialwissenschaftliche Methoden, hrsg. v. E. Roth, München 1984, S. 319–336.

Dangel, J. W.; Wirtschaftsdatenbanken, in: Management Zeitschrift, Nr. 5/1988, S. 258–262.

Dornach, F.; Der Einsatz von computergestützten Systemen zur Datenerhebung bei der Befragung, Bd. 15 der Arbeitspapiere zur Schriftenreihe Schwerpunkt Marketing, hrsg. v. P. W. Meyer und dem Lehr- und Forschungsteam Marketing an der Universität Augsburg, 3. Auflage, Augsburg 1988.

Dornach, F.; Marketing-Informationssysteme, in: Thexis Nr. 5/1988, S. 45–49.

Fisk, R. P.; Eight Statistics Packages for te IBM-PC: From procrustean to flexible, in: Journal of Marketing Research, May 1988, S. 219–228.

Green, P. E.; Tull, D. S.; Albaum, G.; Research for Marketing Decisions, 5. Auflage, New Jersey 1988.

Griese, M.; Single Source. Neue Möglichkeiten für Mediaplanung und Analyse, in: planung und analyse 6/1993, S. 58–62.

Hamman, P.; Erichson, B.; Marktforschung, 2. Auflage, Stuttgart, New York 1990.

Heinzelbecker, K.; Marketing-Informationssysteme, Stuttgart u. a. 1985.

Höfner, K.; Der Markttest für Konsumgüter in Deutschland, Stuttgart 1966.

Holm, K. (Hrsg.); Die Befragung 1, Der Fragebogen – Die Stichprobe, München 1975.

Huber, O.; Beobachtung, in: Sozialwissenschaftliche Methoden, hrsg. v. E. Roth, München, Wien 1984, S. 124–143.

Hüttner, M.; Multivariate Methoden im Marketing, München 1978.
Huppert, E.; Scanning: Elektronische Handels- und Konsumentenpanels, in: Neue Informations- und Kommunikationstechnologien in der Marktforschung, hrsg. von J. Zentes. Berlin u. a. 1984, S. 18–41.
Joas, A.; Marktstudien am PC, in: Thexis, Nr. 3/1987, S. 54–57.
Kreilkamp, E.; Strategisches Management und Marketing. Markt- und Wettbewerbsanalyse, Strategische Frühaufklärung, Portfolio-Management, Berlin, New York 1987.
Kucher, E.; Scannerdaten und Preissensitivität bei Konsumgütern, Wiesbaden 1985.
Link, U.; Strategische Konkurrenzanalyse im Konsumgütermarketing, Theoretische Grundlagen und Operationalisierung, Idstein 1988.
Meyer, P. W.; Die machbare Wirtschaft, Essen 1973.
Meyer, P. W.; Marktforschung. Ihre Möglichkeiten und Grenzen, Düsseldorf 1957.
Meyer, P. W.; Markt- und Meinungsforschung. Materialen zu den Grundlagen des Marketing, Band 3, 4. Auflage, Augsburg 1987.
Meyer, P. W.; Hermanns, A.; Panel-Untersuchungen, in: Sozialwissenschaftliche Methoden, hrsg. v. E. Roth, München 1984, S. 292–302.
Meyer, P. W.; Joas, A.; Informationstechnologien als Instrument des Marketing: Wettbewerbsvorteile jetzt sichern, in: Gablers Magazin, Nr. 4/1988, S. 39–43.
Milde, H.; Single Source. Ein neuer Ansatz in der Marketing-Forschung macht Einkaufsentscheidungen transparent, in: planung und analyse 1/1993, S. 24–29.
Nieschlag, R.; Dichtl, E.; Hörschgen, H.; Marketing, 15. Auflage, Berlin 1988.
Rehorn, J.; Werbetests, Neuwied 1988.
Rogge, H.-J.; Marktforschung, Elemente und Methoden betrieblicher Informationsgewinnung, 2. Auflage, München, Wien 1992.
Salcher, E. F.; Psychologische Marktforschung, Berlin, New York 1978.
Sand, H.; Hörner, W.; Praktische Beispiele erfolgreicher Marktforschung vom Schreibtisch aus, Kissing 1981.
Schäfer, E.; Knoblich, H.; Grundlagen der Marktforschung, 5. Auflage, Stuttgart 1978.
Schnell, R.; Hill, B.; Esser, E.; Methoden der empirischen Sozialforschung, München, Wien 1988.
Stelzl, J.; Experiment, in: Sozialwissenschaftliche Methoden, hrsg. v. E. Roth, München 1984, S. 220–237.
Weiß, M.; Chancen und Probleme von Einkaufspassagen in der Bundesrepublik Deutschland, Band 19 der Arbeitspapiere der Schriftenreihe SCHWERPUNKT MARKETING, hrsg. von Prof. Dr. Paul W. Meyer und dem Lehr- und Forschungsteam Marketing an der Universität Augsburg, 2. Auflage, Augsburg 1988.
Wettschurek, G.; Grundlagen der Stichprobenbildung in der demoskopischen Marktforschung, in: Handbuch der Marktforschung, hrsg. v. K. Chr. Behrens, 1. Halbband, Wiesbaden 1974, S. 173–205.
Zehnder, C. A.; Informationssysteme und Datenbanken, Stuttgart 1987.
Zelazny, G.; Wie aus Zahlen Bilder werden, Wirtschaftsdaten überzeugend präsentiert, Wiesbaden 1986.

1.2 Das Absatzmarktprogramm

von ANTON MEYER*

Die vierte Unterfunktion der Absatzvorbereitung beinhaltet die Erstellung eines Marktprogrammes für die Teilnahme einer Einzelwirtschaft am Marktprozeß (vgl. Meyer, P. W.; 1973, S. 61 und ders.; 1978, S. 27).
Der logischen Abfolge der inhaltlichen Ausgestaltung dieser Unterfunktion entspricht die Beantwortung folgender Fragenkomplexe:
Was bedeutet und beinhaltet die Aufgabe der Programm-Erstellung im Rahmen des Absatz-Marketing?
Wie wird diese Funktion von anderen Parametern (funktionalen, system- und situationsspezifischen Besonderheiten etc.) beeinflußt?
Welches sind die Teilaufgaben und Teilentscheidungen im Rahmen der Erstellung eines solchen Programmes?

Darauf und auf das vorangehende Kapitel über Marktforschung aufbauend kann dann im folgenden Kapitel das Management (das konkrete »Wie«) der Absatzvorbereitung (Marktforschung und Programmerstellung) dargestellt werden.

1.2.1 Grundlagen und Umfang des Absatzmarktprogrammes

1.2.1.1 Die integrierte Aufgabe der Absatzmarktprogramm-Erstellung im Rahmen der Programm-Erstellung von Einzelwirtschaften. Die Programmerstellung ist eine Aufgabe, die für alle Arten von Einzelwirtschaften, in allen Versorgungssystemen (Markt, Zuteilung, Zuwendung, Selbst- und Teil-Selbstversorgung) mit der Vielfalt aller möglichen wirtschaftlichen Versorgungsobjekte (Waren, Dienste, Chancen und Objektsysteme) und auf allen Funktionsebenen Einzelwirtschafts-Programm, Hauptfunktions-Programm (z. B. Absatzprogramm), Teilfunktions-Programm (z. B. Abschluß-[Verkaufs-]programm) und Maßnahmen-(Instrumental)Programm (z. B. Verkaufsförderungsprogramm) besteht und erfüllt werden muß.
Das hier darzustellende Absatzmarktprogramm stellt somit eine Spezifizierung und eine damit verbundene gleichzeitige beispielhafte Ausformulierung der allgemeinen Aufgabe der Programmerstellung in folgender Hinsicht dar:

---

* Dipl. oec., Dr. rer. pol. Anton Meyer, Ordinarius für Betriebswirtschaftslehre an der Ludwig-Maximilians-Universität München und Sprecher des Vorstandes der Fördergesellschaft Marketing (FGM) e. V. an der Universität München.

1. Erstellung eines Programmes für die Hauptfunktion »Absatz«; dabei gilt es jedoch, die Einflüsse und Wirkungen der Erstellung des Absatzprogrammes auf das vorgelagerte Einzelwirtschafts-Programm, die anderen gleichgelagerten Hauptfunktionsprogramme (Beschaffungs-, Leistungserstellungs- und Leitungsprogramm) und die nachgelagerten Teil- und Instrumentalprogramme zu berücksichtigen.
2. Beschränkung der Ausrichtung des Absatzprogrammes auf ein Versorgungssystem, und zwar auf das in den meisten westlichen Industrienationen gegenwärtig dominierende Versorgungssystem »Markt«.

Die getroffene Einschränkung auf das Versorgungssystem »Markt« dient der praxisbezogenen Konkretisierung der inhaltlichen Aussagen insbesondere was die erläuternden Beispiele betrifft. Die wesentlichen Kerninhalte der Programmerstellung sollen jedoch versorgungssystemneutral gültig sein. Damit wird neben der theoretischen Allgemeingültigkeit dieser Darstellung u.a. der Tatsache Rechnung getragen, daß Einzelwirtschaften, die in anderen Versorgungssystemen tätig sind, durch zunehmenden Wettbewerb oder gesellschaftliche Kritik bedingt, systematische Programmentwicklung und -erstellung betreiben müssen. Beispielhaft seien hier kirchliche Organisationen, Verbände, Spendenorganisationen, Universitäten, Volkshochschulen, Polizei und Bundeswehr genannt (vgl. Holscher, C.; 1976, S. 156ff.; Kotler, P.; 1987 und Meyer, A.; 1983).
Die vertikale »Zwitterstellung« des Absatzmarktprogrammes zwischen Einzelwirtschaftsprogramm und Teilfunktions- bzw. Instrumentalprogrammen einerseits und die engpaßabhängige horizontale Gleich-, Unter- oder Überordnung des Absatzmarktprogrammes im Verhältnis zu anderen Hauptfunktionsprogrammen andererseits erfordert zwangsläufig eine inhaltlich- und personell-integrierte und koordinierte Erstellung des Absatzprogrammes mit den obengenannten Programmen. Die besonderen Aufgaben und Anforderungen an die Erstellung des Absatzmarktprogrammes sind dabei im wesentlichen:
- Konkretisierung der absatzbezogenen Ziele und Inhalte des Einzelwirtschaftsprogrammes
- Abstimmung mit den anderen Hauptfunktionsprogrammen
- Koordination und Determination der nachgelagerten Teilfunktions- und Instrumentalprogramme.

Die Erfüllung dieser Aufgaben erfordert zwingend eine schriftliche Fixierung jedes Absatzmarktprogrammes. Die Vorteile eines derart fixierten Absatzmarktprogrammes liegen dabei in folgenden Auswirkungen:

- Detaillierte Absatzmarktprogramme sind zielbezogene Handlungsanweisungen mit Richtliniencharakter für Maßnahmen im Absatzbereich und entlasten damit die Führungsebene einer Einzelwirtschaft von zeitraubenden Einzelentscheidungen.
- Die Koordinationsfunktion zwischen den verschiedenen Funktionen und Maßnahmenplanungen im Absatzbereich und die Abstimmung mit anderen Einzelwirtschaftsfunktionen schafft und ermöglicht eine Ausnutzung von Synergieeffekten auf beiden Ebenen.
- Systematisch entwickelte Absatzmarktprogramme reduzieren die längerfristigen Marketingentscheidungen inhärenten Risiken und sparen durch die Reduzierung von Impulsentscheidungen im Absatzbereich Zeit und Kosten einer etwaigen erforderlichen Revidierung solcher Entscheidungen.
- Der Einsatz notwendiger Finanz- und Marketing-Ressourcen kann durch ein Absatz-Marktprogramm genauer vorausgeschätzt und geplant werden. Die dabei fixierten Sollgrößen für die Absatzziele stellen die notwendige Basis für Absatzmarkt- bzw. Absatzmarktprogramm-Kontrollen und darauf aufbauende Programmanpassungen dar.

1.2.1.2 Definition des Absatzmarktprogrammes. Die definitorische Bestimmung des Absatzmarktprogrammes resultiert aus den oben ausgeführten Aufgaben und Anforderungen:

Absatzmarktprogramme sind schriftliche oder gedankliche Zusammenstellungen von Marketing-Entscheidungen, die die zukünftige Ausgestaltung aller Absatz-Marketingfunktionen einer Einzelwirtschaft determinieren (programmieren). Basis der Erstellung von Marktprogrammen sind die Ergebnisse der vorangehenden Marktforschungen und die einzelwirtschaftlichen Zielvorgaben aus dem Einzelwirtschaftsprogramm. Art und Umfang des jeweiligen Marktprogrammes hängen von den spezifischen funktionalen, situationalen, organisationalen und systemorientierten Gegebenheiten der Einzelwirtschaften ab.
Konstitutive Bestandteile jedes Absatzmarktprogrammes sind Entscheidungen über die zukünftige Programmstruktur, das Objekt- und das Zielgruppenprogramm sowie die darauf aufbauende zielgruppenspezifische Objektpositionierung.
Die diese Bestandteile ergänzenden und darauf basierenden integrativ-funktionalen Bestandteile betreffen Programmvorgaben (insbesondere Zielsetzungen und Grundsatzentscheidungen) für die Ausgestaltung der Programme der anderen Absatzfunktionen bzw. diese betreffende Maßnahmen-(Instrumental-)Programme sowie auf der Grundlage von Aussagen über die zukünftigen Absatzerträge die Vorgaben und Verteilung der Absatzaufwendungen für diese Funktionen bzw. Maßnahmen (vgl. Abb. 9).

Diese Auffassung über das Wesen von Marktprogrammen basiert im wesentlichen auf der Definition von Meyer und Hermanns (vgl. Meyer, P. W.; 1973, S. 61 und Hermanns, A.; 1978, S. 44 ff.). Sie erweitert diese hinsichtlich der den konkreten Objektprogramm- und Zielgruppenprogramm-Entscheidungen vorgelagerten, langfristig, strategischen und damit strukturbestimmenden Entscheidungen über das Marktprogramm (Objekt- und Marktwahl mit grundsätzlichen Budgetentscheidungen).[1]
Die Abgrenzung zu den in diesem Zusammenhang in der Praxis häufiger gebrauchten Begriffen (Absatz-)Marketingkonzept(ion) bzw. (Absatz-)Marketingplan (vgl. Becker, J.; 1993, S. 2 ff. und 72 ff. und Lessing, R.; Groeger, H.; 1982, S. 202) ist nun auch möglich. Das (Absatz-)Marktprogramm ist der Kern und die Keimzelle dieser beiden Aufgaben. Ein Absatz-Marketingkonzept umfaßt darüber hinaus konkretisierte Vorstellungen über die nachgelagerten anderen (Absatz-) Funktionen und sie realisierende (Absatz-)Marketingmaßnahmen.
Ein Absatz-Marketingplan (oft auch Absatzplan tituliert) bezieht neben dem Inhalt eines Absatz-Marketingkonzeptes, die in einem vorgelagerten Managementprozeß im Einzelwirtschaftsprogramm auf der Leitungsebene festgelegten Absatzziele der einzelnen Planungsperioden mit ein. Damit muß dieser bei seiner Festlegung durch das Management grundsätzlich mit dem Erstellungs-(Produktionsplan) und Beschaffungsplan sowie den aus diesen drei Plänen resultierenden Finanz- und Erfolgsplänen erstellt und harmonisiert werden (vgl. Busse v. Colbe, W.; u.a.; 1985, S. 304 ff.).

---

1 Lessing und Groeger kommen in ihrem Erfahrungsbericht über ein Marketing-Pilotprojekt mit zehn Industrieunternehmen in der Schloß- und Belagindustrie ebenfalls zu dem Ergebnis, daß an erster und zweiter Stelle in einer Marketingkonzeption die Leistungsprogramm- und Marktprogramm-Konzeption stehen muß (vgl. Lessing, R.; Groeger, H.; 1982, S. 95 ff.).

Unsere Vorgehensweise ist damit identisch mit der im wesentlichen auf Produkt-/Markt-Kombinationen basierenden und aus der »Ansoff-Matrix« hergeleiteten Bestimmung von strategischen Geschäftsfeldern der verschiedenen Portfolio-Techniken (vgl. Ansoff, I. H.; 1957, S. 49 ff.; Becker, J.; 1993, S. 149 ff.; Kotler, P.; 1995, S. 106 ff. und Lippmann, H.; 1984, S. 48). Gleichzeitig räumen auch die Vertreter instrumentaler Marketingansätze der Produktpolitik eine Dominanz bei der Koordination von Marketingentscheidungen im Rahmen der Planung des Marketing-Mix ein (vgl. Meffert, H.; 1979, S. 478) bzw. betonen: »Die produktbezogene Vorauswahl im Hinblick auf Zielgruppen ist eine zwangsläufige Folge der im Marketing geforderten bewußten Marktorientierung (Meffert, H.; 1979, S. 492).

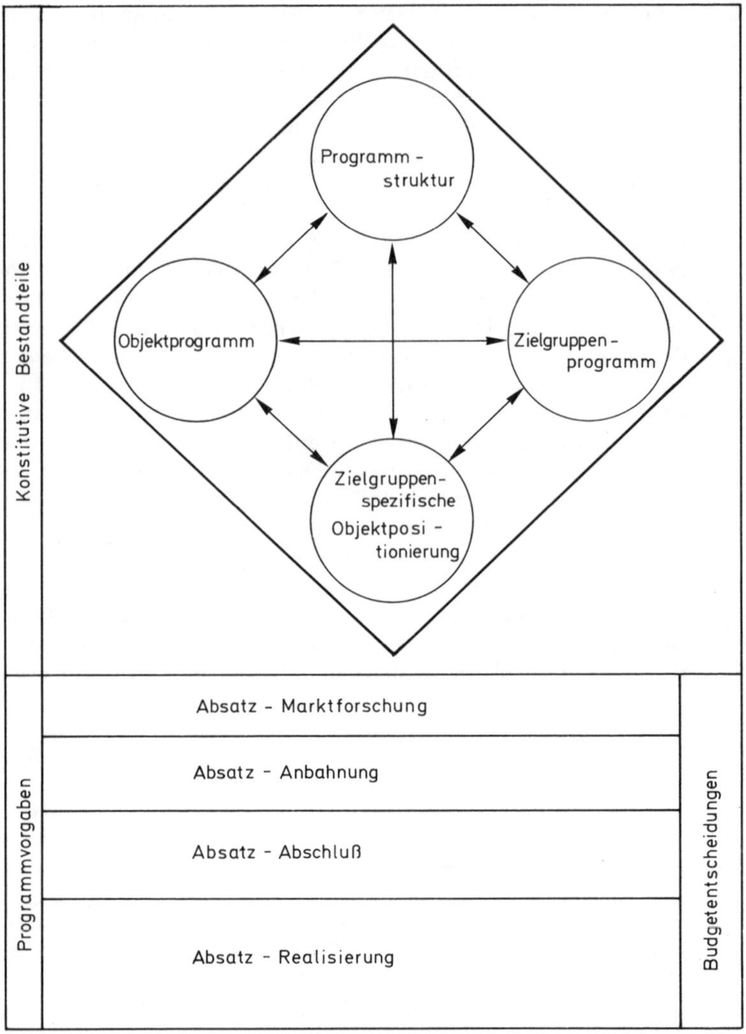

Abb. 9: Bestandteile der Absatzmarktprogramme.

1.2.1.3 Art und Umfang der die Erstellung des Marktprogrammes beeinflussenden Parameter. Art und Umfang der konkreten Ausformulierung des Absatzmarktprogrammes einer Einzelwirtschaft hängen von verschiedenen Parametern

- systemspezifischer
- situativer
- funktionaler und
- organisatorischer

Art ab. Gleichzeitig beeinflußt das konkrete Marktprogramm diese wiederum; damit liegt ein wechselseitiges Verhältnis vor (vgl. Hermanns, A.; 1978, S. 44 ff.).

In *systemspezifischer Hinsicht* unterscheiden sich beispielsweise Marktprogramme von industriellen Anbietern, von Händlern oder von Anbietern von Dienstleistungen inter- aber auch intrasystemspezifisch durch die Spezifika der angebotenen Objekte, der unterschiedlichen Verknüpfung von Leistungserstellung und Absatz und der möglichen Systeme der Marktbearbeitung dieser Einzelwirtschaften (vgl. Meyer, P. W.; 1973, S. 107 ff. und S. 127 ff. und Meyer, A.; 1983, S. 68 und S. 96 ff.). Als Beispiel für intersystemspezifische Unterschiede soll auf Marktprogramme von Herstellern von Zahncreme im Vergleich zu Anbietern von Reinigungsdienstleistungen bzw. für intrasystemspezifische Unterschiede auf Marktprogramme von Lebensmittelgroßhandelsgenossenschaften im Vergleich zu Spezialversendern bzw. von in Auftragsproduktion arbeitenden Anlagenherstellern im Vergleich zu Getränkeherstellern verwiesen werden. Zusammengenommen bewirken diese systemspezifischen Unterschiede spezielle Schwerpunktsetzungen in bestimmten Bestandteilen des Marktprogrammes in Relation zu seinen anderen Bestandteilen.

Insbesondere die im Rahmen der Festlegung der zukünftigen Programmstruktur (vgl. 1.2.2.1) getroffenen Entscheidungen zur Entwicklung neuer Objekte bzw. Bearbeitung völlig neuer Märkte oder zur Diversifikation einer Einzelwirtschaft sind wichtige Parameter in *situativer Hinsicht,* die Art und Umfang eines Marktprogrammes beeinflussen. In den Extremfällen der Gründung oder dem wirtschaftlichen Ende einer Einzelwirtschaft wird dies besonders deutlich. Daneben stellen einschneidende Veränderungen in der Konkurrenzsituation (z.B. Fusion von zwei Wettbewerbern) oder der Umweltsituation (z.B. rechtlicher Art, politischer Art, konjunktureller Art) ebensolche situative Einflußfaktoren auf die Programmerstellung dar.

Mit steigender *funktionaler* Verflochtenheit und Bezogenheit (vgl. Hermanns, A.; 1978, S. 45) von im Marktprogramm festgelegten Maßnahmen einer Einzelwirtschaft steigt die Komplexität eines Marktprogrammes. Die zeitlichen, räumlichen, qualitativen und quantitativen Abstimmungs- und Optimierungsprobleme mit anderen Funktionen und Programmen einer Einzelwirtschaft nehmen dabei zu. Viele Auto-

ren räumen in diesem Kontext dem Absatzmarktprogramm eine besonders starke bzw. dominierende Position ein.
Rohlmann spricht bei der »Programmpolitik« von »echten Führungsentscheidungen«, von einer Sonderstellung der Programmpolitik im Marketing-Mix, weil die Marketingaktivitäten »letztlich produkt- bzw. programmbezogen« sind bzw. von »einem engen Zusammenhang mit der Marketingkonzeption eines Unternehmens« (vgl. Rohlmann, P.; 1977, S. 24). Majer betont die Verflochtenheit: »Neben der engen Verbindung der Programmpolitik mit der Produktions- und Vertriebspolitik bestehen wechselseitig Abhängigkeiten zwischen der Programmpolitik und anderen Teilpolitiken, insbesondere der Einkaufs- und Lagerpolitik, der Forschungs- und Entwicklungspolitik, der Investitions-, Personal- und Finanzierungspolitik. Die Programmpolitik setzt in der Regel Daten für die anderen Teilpolitiken, d.h. daß eine Vorrangstellung der Programmgesichtspunkte gegenüber Einflußfaktoren aus anderen Bereichen besteht. Bei Engpaßsituationen, z.B. in den Bereichen der Finanzierungs-, Personal- oder Einkaufspolitik, können jedoch durch diese Teilpolitiken auch programmpolitische Entscheidungen maßgeblich beeinflußt werden« (Majer, W.; 1969, S. 23).
Die stärkste funktionale Verflechtung der Programmerstellung besteht sicherlich mit der Marktforschung, denn diese liefert die für die Entscheidungen im Rahmen der Programmerstellung notwendigen Daten und umgekehrt stellt die Programmerstellung einen Großteil der Aufgaben für die Marktforschung. Dies begründet auch die gemeinsame funktionale Einordnung in die Absatzvorbereitung.
Letztendlich bestimmen Art und Umfang der *organisatorischen* Institutionalisierung und hierarchischen Einordnung des Absatzmarketing und speziell der Programmerstellung nicht unwesentlich Art und Umfang der Ausformulierung eines Absatzmarktprogrammes. Eine empirische Untersuchung über den Stand der strategischen Unternehmensführung in der Bundesrepublik Deutschland und West-Berlin läßt eine starke Abhängigkeit der Wahrnehmung und Organisation dieser Funktionen von der Unternehmensgröße und Branchenzugehörigkeit eines Unternehmens erkennen (vgl. Esser, W. M.; u.a.; 1983, insbesondere S. 18). Am weitesten gehen Lessing und Groeger, wenn sie die Funktion der Absatzmarkt-Programmerstellung zukünftig als die organisatorische Koordinationsstelle für die zwei getrennten Funktionen Produktmanagement (produktbezogene Führung) und Marktmanagement (marktbezogene Führung) betrachten (vgl. Lessing, R.; Groeger, H.; 1982, S. 93).

1.2.2 Konstitutive Maßnahmen und Entscheidungen im Absatzmarktprogramm

Hermanns betont, daß das Marktprogramm dadurch gekennzeichnet ist, »daß es sich bei ihm um die Festlegung bzw. Entscheidung von grundsätzlichen und konkreten strategischen Maßnahmen handelt, die das zukünftige Handeln – unter Berücksichtigung von Erträgen und Aufwendungen – der Einzelwirtschaft im Absatzmarkt determinieren« (Hermanns, A.; 1978, S. 44). Diese Maßnahmen sind deshalb Grundsatzregelungen (grundlegende Prädispositionen) mit strategischem, strukturbestimmendem (konstitutivem) Charakter für das Absatzmarketing. Sie sind mittel- bis langfristig orientiert, oft nur verzögert bzw. in Stufen wirksam und schwer korrigierbar. Dadurch sind sie eindeutig von operativen und taktischen Marketing-Maßnahmen bzw. -Entscheidungen abgrenzbar (vgl. Becker, J.; 1993, S. 48 ff.). Deshalb müssen sie sehr sorgfältig und abgesichert erarbeitet werden, um nicht durch eine falsche Kanalisierung der nachgelagerten Marketing-Funktionen und -Mittel bzw. -Instrumente ihren Beitrag zu den Absatz- und Einzelwirtschaftszielen zu verfehlen (vgl. Becker. J.; 1993, S. 48 ff.).

1.2.2.1 Festlegung der Programmstruktur. Orientiert an den einzelwirtschaftlichen Zielen und konkretisiert durch die Programmvorgaben des Einzelwirtschaftsprogrammes sind in einem ersten Schritt die Art der Aktivitäten in den durch Objekt/Markt-Kombinationen strukturierten Absatzmärkten einer Einzelwirtschaft festzulegen (objektmarktbezogene Strategiewahl). Parallel dazu werden durch Budgetrahmenentscheidungen die dabei notwendigen Aktivitätengrade ermöglicht. Mit dieser Vorgehensweise wird die zukünftige Struktur des Absatzmarktprogrammes festgelegt.

Der Kern des Einzelwirtschaftsprogrammes besteht aus allgemeinen Einzelwirtschaftszielen und -grundsätzen (-werten, -leitlinien). Daraus leiten sich neben Programmvorgaben für andere Hauptfunktionen Programmvorgaben für das Absatzmarketing ab. Dies sind im wesentlichen Absatz-Marketingziele und -grundsätze. »Marketingziele konkretisiert als Umsatz-, Absatz- oder Ertragsziele sowie als Marktanteils- oder Marktpositionsziele, haben eine Mittel-Zweck-Beziehung zu den übergeordneten Unternehmenszielen, d.h. sie haben, wie andere Funktionsziele auch, einen Beitrag zur Erreichung der übergeordneten Unternehmensziele zu leisten« (Lippmann, H. J.; 1984, S. 51).

Die einzelwirtschaftszielkonforme und realistische Festlegung der Absatz-Marketingziele in den Programmvorgaben setzt eine Positionsbestimmung, insbesondere der strategischen Ausgangsposition einer Einzelwirtschaft voraus. Da nur wenige Einzelwirtschaften mit einem oder wenigen Objekten auf einem klar abgrenzbaren Teilmarkt tätig sind, ist eine nach abgrenzbaren Objekt/Markt-Bereichen differenzierte Analyse der Absatzaktivitäten und darauf aufbauend differenzierte Festle-

gung der Absatz-Marketingziele und strategischen Umsetzungsmöglichkeiten angebracht.
Voraussetzung für eine solche differenzierte Festlegung der Absatz-Marketingziele ist eine sinnvolle Zerlegung aller Absatzaktivitäten einer Einzelwirtschaft nach Tätigkeits-/Aktivitätsfeldern. Die Bezeichnungen für diese Aktivitätsfelder sind vielfältig: (strategische) Geschäftsfelder, strategische Geschäftseinheiten, strategische Business Units, Strategic Business Areas, Divisions, Handlungs- oder Vertriebsformen (im Handel), Dienstleistungs-Sparten oder -Bereiche (im Dienstleistungsbereich) (vgl. Becker, J.; 1993, S. 353 ff.). Für diesen strategischen Segmentierungsprozeß gibt es keinen Algorithmus. Zu große Einheiten gestatten keine einheitliche und konkrete Ziel- und Strategie-Festlegung; zu eng definierte Einheiten haben keine strategische Autonomie. Die wichtigsten Abgrenzungskriterien sind Marktbezogenheit und relative Unabhängigkeit (vgl. BASF; 1979, S. 6 f.).
Die so definierbaren Objekt/Markt-Kombinationen müssen folgenden Kriterien genügen:
- »Sie sollen firmenintern homogen sein, so daß ein einheitliches strategisches Konzept entwickelt und später mit einem speziellen Maßnahmenprogramm realisiert werden kann
- Sie sollen eine homogene Palette von Produkten oder Dienstleistungen umfassen, die der Befriedigung von Bedürfnissen klar beschreibbarer Zielgruppen dienen
- Sie sollen sich auf einen klar abgrenzbaren Markt mit einheitlicher Wettbewerbssituation beziehen« (Lippmann, H. J.; 1984, S. 48; vgl. Becker, J.; 1983, S. 198 f., der die herrschenden Meinungen von Hinterhuber, Dunst und Roventa zusammenfaßt; Laukamm, T.; Steinthal, N.; 1985, S. 10 und Lessing, R.; Groeger, H.; 1982, S. 23 ff. und 38 ff.).

Nach einer solchen Geschäftsfeldsegmentierung (oder auf andere Art und Weise wie etwa durch gewachsene Strukturen) können verschiedene Objekt/Markt-Kombinationen festgelegt werden. Nach einer geschäftsfeldspezifischen Positionsbestimmung (u.U. mit Hilfe von Verfahren der strategischen Analyse, vgl. Becker, J.; 1993, S. 149 ff.) sind für diese verschiedenen Objekt/Markt-Kombinationen spezifische Programmvorgaben für das Absatzmarketing insbesondere für die Ausgestaltung des zukünftigen Absatzmarktprogrammes im Einzelwirtschaftsprogramm (u. U. mit Hilfe von Verfahren der Strategieselektion, vgl. Becker, J.; 1993, S. 347 ff.) festzulegen.
Für eine systematische Erarbeitung der Maßnahmen und Entscheidungen im Absatzmarktprogramm ist es sinnvoll, diese absatzbezogenen Programmvorgaben aus dem Einzelwirtschaftsprogramm danach zu differenzieren, in welchen Teilen eines Absatz-Marktprogrammes sie strategische Umsetzungen bewirken. Damit ergeben sich folgende Arten

von Programmvorgaben (Beispiele für einen Zigarettenhersteller in Klammern) des Einzelwirtschaftsprogrammes für das Absatzmarktprogramm[2]:

I. Umsetzungen in den konstitutiven Bestandteilen des Absatzmarktprogrammes bewirkende Programmvorgaben
1. Umsetzungen in der Marktprogrammstruktur bewirkende Vorgaben (z.B. Diversifikation zum Anbieter von alkoholischen Getränken)
2. Umsetzungen im Objektprogramm bewirkende Vorgaben (z.B. Ausdifferenzierung der Marke »West« zu einer Produktfamilie)
3. Umsetzungen im Zielgruppenprogramm bewirkende Vorgaben (z.B. Verstärkung der Markentreue bei Käufern der Marke »West«)
4. Umsetzungen in der zielgruppenspezifischen Objektpositionierung bewirkende Vorgaben (z.B. stärkere Abhebung der Marke »West« von der Konkurrenzmarke »Marlboro«)

II. Vorgaben des Einzelwirtschaftsprogrammes, die Teilfunktions-Programme direkt betreffen (z.B. keine werblichen Maßnahmen bei Personen unter 18 Jahren).

Die Detaillierung dieser Programmvorgaben kann einzelwirtschaftsspezifisch sein; auf jeden Fall aber sollte sie Programmvorgaben für die Struktur des Absatzmarktprogrammes enthalten. Der Grund dafür liegt in der langfristigen und strategischen Bedeutung dieser Struktur für die gesamte Einzelwirtschaft.
Das gegenwärtige Absatzmarktprogramm kann als Summe aller Objekt/Markt-Kombinationen definiert werden. Seine Strukturierung ergibt sich aus einer zweidimensionalen Verknüpfung:
- Die eine Dimension wird durch die Summe der gegenwärtig angebotenen Objekte, die im Objektprogramm zusammenfaßbar sind, repräsentiert und
- die andere Dimension wird durch die Summe der mit den jeweiligen Objekten bearbeiteten Märkte, Teilmärkte, Marktsegmente oder anvisierten Zielgruppen, die im Zielgruppenprogramm[3] zusammenfaßbar sind, gebildet.

---

2 Die Diskussion der Problematik der Festlegung von Programmvorgaben (insbesondere Absatz-Marketingzielen) wird in Kapitel 1.3 stattfinden.

3 Zur Festlegung von Geschäftsfeldern und für (strategische) Analysezwecke ist es günstiger von Märkten zu sprechen, weil diese Sichtweite stärker die Konkurrenzanalyse berücksichtigt. Zur Formulierung und Ausgestaltung eines konkreten zukünftigen Absatzmarktprogrammes besitzt das Zielgruppendenken u.E. aber Priorität vor dem Konkurrenzdenken (dieses wird im Rahmen der zielgruppenspezifischen Positionierung der Objekte im Markt in einem Folgeschritt nach der Festlegung des Objektprogrammes und des Zielgruppenprogrammes berücksichtgt); deshalb sprechen wir vom Zielgruppenprogramm.

Die Umsetzungen in der Struktur des Absatzmarktprogrammes bewirkenden Programmvorgaben des Einzelwirtschaftsprogrammes können zu einer Beibehaltung oder Änderung der bestehenden Programmstruktur führen. Beide Möglichkeiten können sich auf das Objektprogramm oder Zielgruppenprogramm oder beide Programme gleichzeitig beziehen. Die Richtung der Änderung kann zu einer Straffung oder Erweiterung der Programme führen.
Damit ergibt sich eine 2 × 2-Matrix für Entscheidungen bei der Festlegung der zukünftigen Absatzmarkt-Programmstruktur einer Einzelwirtschaft (vgl. Abb. 10).

Zielgruppen-programm / Objekt-programm	Beibehaltung	Änderung
Beibehaltung	Struktur-fortschreibung	Zielgruppenprogramm-straffung oder erweiterung
Änderung	Objektprogramm-straffung oder erweiterung	Reduktion Diversifikation

Abb. 10: Auswahlmatrix (Entscheidungsfeld) für programmstrukturbezogene (strategische) Entscheidungen.

Diese Matrix unterscheidet sich von der bekannten, auch als »Wachstums- oder Expansionsmatrix« bezeichneten »Ansoff-Matrix« (vgl. Abb. 11) dadurch, daß sie auch eine Straffung des Marktprogrammes (Programmbereinigung) vorsieht, damit nicht unter dem »Wachstumspostulat« steht und sich andererseits auf strukturelle Entscheidungen beschränkt[4].

4 Kotler und Becker berufen sich insbesondere auf die Ansoff-Matrix, wobei Becker zwar die einseitige wachstumsorientierte Ausrichtung der Ansoff-Matrix kritisiert, daraus aber keine Konsequenzen ableitet (vgl. Becker, J.; 1993, S. 149 f und Kotler, P.; 1982, S. 76 ff.). Die Aspekte der Programmeinschränkung werden in der Literatur bislang noch von wenig Ausnahmen abgesehen, kaum diskutiert (vgl. Majer, W.; 1969 und Rohlmann, P.; 1977; Graumann. J.; Weissmann, A.; 1984, S. 78 ff. und Lessing, R.; Groeger, H.; 1982, S. 127 ff. sowie ansatzweise auch Hinterhuber, H. H.; Mak, O. F.; 1983, S. 89 ff.; Meffert, H.; 1983, S. 193 ff. und Scholz, C.; 1984, S. 16 ff.).

Bereich \ Produkt	Gegenwärtig	Neu
Gegenwärtig	Marktdurchdringung	Produktentwicklung
Neu	Marktentwicklung	Diversifikation

Abb. 11: Produkt/Markt-Expansionsmatrix von Ansoff (Ansoff, H. J.; 1966, S. 132).

Die in der Matrix in Abb. 10 dargestellten Arten von Entscheidungen sind als Grundformen zu verstehen. D.h., eine Einzelwirtschaft kann gleichzeitig für verschiedene Objekt-Zielgruppenkombinationen gleiche oder verschiedene dieser Entscheidungen treffen; in der Praxis sind also alle Kombinationsmöglichkeiten zwischen diesen Formen möglich. Im folgenden sollen die einzelnen Basisformen mit Beispielen näher erläutert werden:

I. Beibehaltung der Struktur des Marktprogrammes (Programmfortschreibung)
Beibehaltung der bestehenden Struktur des Objektprogrammes und des Zielgruppenprogrammes in Form der Fortschreibung der bestehenden Marktprogrammstruktur bedeutet, daß sich mögliche Änderungen ohne strukturverändernde Wirkung in folgenden Bereichen vollziehen können:

- Änderungen bei einzelnen Objekten im Objektprogramm: Modifikationen bei der Objektgestaltung (z.B. Relaunch, Revival, Objektverbesserung, Objektvereinfachung) und/oder
- Änderungen bei einzelnen Zielgruppen im Zielgruppenprogramm: Modifikationen bei der Zielgruppenbearbeitung (z.B. Verfeinerung der Segmentierung, Vergröberung der Segmentierung) und/oder
- Änderungen bei der zielgruppenspezifischen Objektpositionierung: Positionierungs-Änderungen (z.B. Anpassung der Positionierung, Umpositionierung) und/oder
- Änderungen bei den integrativ-funktionalen Vorgaben für die Maßnahmen-/Mixprogramme: Extensivierung/Intensivierung von Marketing-Maßnahmen (im Bereich Werbung, Verkauf, Distribution); letzteres entspricht der Marktdurchdringung im Ansoff'schen Sinne.

II. Änderungen der Struktur des Marktprogrammes
Diese Entscheidung beinhaltet die Straffung/Erweiterung der Struktur des Objektprogrammes oder Straffung/Erweiterung der Struktur des

Zielgruppenprogrammes oder Straffung/Erweiterung der Struktur des Objekt- und Zielgruppenprogrammes. Im einzelnen bedeutet dies:

- Alleinige Änderung der Struktur des Objektprogrammes
  - Erweiterung der Objektprogramm-Struktur (z. B. Objektinnovation für bereits bearbeitete Zielgruppen; z. B. Top Job von Procter & Gamble)
  - Straffung der Objektprogramm-Struktur (z. B. Elimination von Objekten bei bereits bearbeiteten Zielgruppen, wie die Reduzierung der Artikelzahl von 1200 Artikeln auf 600 bei Aldi-Süd bzw. 800 bei Aldi-Nord mit dem Ziel der Rationalisierung im Sortimentsbereich)
- Alleinige Änderung der Struktur des Zielgruppen-Programmes
  - Erweiterung der Zielgruppen-Programm-Struktur (z. B. Zielgruppeninnovation, d. h. Bearbeitung neuer Zielgruppen mit bestehenden Objekten; z. B. Alete-Kost für Rentner; Regenschutzbekleidung für Arbeiter auch im Freizeitbereich)
  - Straffung der Zielgruppen-Programm-Struktur (z. B. Zielgruppen-Eliminierung (Bereinigung), d. h. nicht mehr Bearbeiten von bestimmten Zielgruppen mit bestehenden Objekten; z. B. Großhandel beliefert bestimmte »Tante-Emma-Läden« nicht mehr)
- Gleichzeitige Änderungen der Struktur des Zielgruppen-Programmes und des Objektprogrammes
  - Erweiterung der Objektprogramm-Struktur und der Zielgruppen-Programm-Struktur (Diversifikation, d. h. Bearbeitung neuer Zielgruppen mit neuen Objekten; z. B. Hin und Mit bei Möbel-Krügel)
  - Straffung der Objektprogramm-Struktur und der Zielgruppen-Programm-Struktur (Reduktion, d. h. Nichtmehr-Bearbeitung bestehender Zielgruppen mit bestimmten Objekten; z. B. Rückzug der Deutschen Bundesbahn aus bestimmten Nahverkehrsbereichen; zukünftige Beschränkung einer Sortimentsbrauerei auf Spezialbrauvorgänge beispielsweise für Weizenbier; Möbelfachgeschäfte, die sich zu Schlafzimmerspezialisten weiterentwickeln; Pharma-Unternehmen, die bestimmte Produktbereiche nicht mehr anbieten).

Auf diese Entscheidungen abgestimmt müssen nun die für die zukünftige Erreichung der angestrebten Programmstruktur für die einzelnen Objekt/Zielgruppen-Kombinationen zur Verfügung stehenden Absatzmarketing-Aufwendungen unter Berücksichtigung der erwarteten Absatz-Erträge bestimmt werden. Im Gegensatz zu der nach Absatzmarketing-Funktionen differenzierten Budgetierung, geht es in diesem Fall um ein »horizontales Budget« oder um die »strategische Budgetierung« (vgl. Laukamm, T.; Steinthal, N.; 1985, S. 32 f.). Es geht hier also nicht um eine Aufteilung des Marketing-Budgets nach einzelnen Marketingfunktionen, sondern nach Objekt/Markt-Kombinationen. Bedingt durch das zu diesem Zeitpunkt nur strukturell festgelegte Absatz-

Marktprogramm haben diese so festgelegten Absatzaufwendungen/-erträge in erster Linie einen Orientierungs- bzw. Niveaufestlegungscharakter für die Bestimmung des Marketing-Aktivitätenniveaus (vgl. Becker, J.; 1993, S. 155 ff.).

1.2.2.2 Festlegung des Objektprogrammes. Die Festlegung des Objektprogrammes als Teil des Marktprogrammes umfaßt alle Marketing-Maßnahmen und -Entscheidungen, die sich auf Versorgungsobjekte als solche beziehen und deren zukünftiges Angebot determinieren. Dies gilt sowohl für Versorgungsobjekte, die bereits angeboten wurden, als auch für solche, die neu angeboten werden sollen. Gleichzeitig ist zwischen zwei Maßnahmen- und Entscheidungsebenen zu unterscheiden:

I. Maßnahmen und Entscheidungen, die sich auf die Zusammensetzung des Objektprogrammes beziehen; diese können mit dem Begriff der *»Programmgestaltung«* umschrieben werden (in der Literatur wird diese Diskussion auch unter den Termini Sortimentspolitik, Programmpolitik, Angebotspolitik etc. geführt).

II. Maßnahmen und Entscheidungen, die sich auf die Gestaltung der einzelnen Objekte beziehen; umschreibbar mit dem Begriff *»Objektgestaltung«* (vgl. Bidlingmaier, J.; 1973, S. 229 ff.; Hermanns, A.; 1978, S. 47 ff.; Kotler, P.; 1995, S. 659 f. und Meffert, H.; 1979; in der Literatur oft auch als Produkt-/Leistungspolitik bezeichnet).

Als Objekte gelten alle Versorgungsobjekte nach Paul W. Meyer: Waren, Chancen, Dienste und Objektsysteme. Kotler argumentiert ähnlich und spricht von einem Produktbegriff im weitesten Sinne und schlägt u.a. den Überbegriff »Angebot« vor (vgl. Kotler, P.; 1995, S. 8 f).
Welche Aufgaben sind nun im Rahmen der *Objektprogrammgestaltung* zu erfüllen? Die Gestaltung von Objektprogrammen, seien es Produktionsprogramme, Dienstleistungsprogramme oder Handelssortimente, erfordert zum einen Grundsatzentscheidungen über die Ausrichtung (Prinzipien, Leitlinien der Programmgestaltung) des Objektprogrammes und zum anderen Entscheidungen über die zukünftige Struktur des Objektprogrammes.
Als grundsätzliche *Leitlinien* für die *Objektprogrammgestaltung* können beispielsweise im Handel die Beschaffungsorientierung (Herkunftsorientierung), die Orientierung an bestimmten Käuferpräferenzen oder Bedarfen bzw. die Preisorientierung beobachtet werden. Industrielle Anbieter können sich bei der Gestaltung von Objektprogrammen an Vorprodukten, Materialien, Produktionsverfahren, Know-How-Verfahren etc. orientieren (vgl. Nieschlag, R.; u.a.; 1994, S. 206 ff.).

Hinsichtlich der zukünftigen *Struktur des Objektprogrammes* ergibt sich aus der vorgelagerten Festlegung der Marktprogrammstruktur entweder eine Erweiterung, Beibehaltung oder Straffung des Objektprogrammes. Zur Konkretisierung dieser Entscheidung bietet sich in systematischer Hinsicht die Differenzierung des Objektprogrammes nach Breite und Tiefe an. Der Fall der Aneinanderreihung vieler unterschiedlicher Objekte (Objektgruppen, Artikelgruppen, Warengruppen, Produktlinien, Dienstleistungssparten) kennzeichnet die Programmbreite; diese bietet den Nachfragern eine additive Auswahl. Der andere Fall, die Ausdifferenzierung eines oder weniger Objekte in unterschiedlichen Formen, Varianten, Qualitäten, Typen, Modellen, Sorten, Preislagen etc. kennzeichnet die Programmtiefe; diese bietet den Nachfragern eine alternative Auswahl (vgl. zur Programmgestaltung im Konsumgüterbereich Kotler, P.; 1995, S. 667; im Handelsbereich Gümbel, R.; 1963, S. 62 und im Dienstleistungsbereich Meyer, A.; 1983, S. 55 und S. 96).
Beide strukturverändernden Maßnahmen, die Programmerweiterung und die Programmstraffung, können hinsichtlich der beiden Dimensionen Breite und Tiefe erfolgen. Die Programmerweiterung hinsichtlich der Programmbreite wird durch die Entwicklung und/oder Aufnahme neuer Objekte (Standardmaßnahme: Objektinnovation, vgl. Schmitt-Grohé, J.; 1973) und hinsichtlich der Programmtiefe durch die Entwicklung und/oder Aufnahme zusätzlicher Varianten/konkurrierender Objekte (Standardmaßnahme: Objektdifferenzierung, vgl. Bauer, E.; 1976, S. 96 ff. und Meyer, A.; 1985, S. 99 ff.) vollzogen.
Die Alternativen zur Programmstraffung sind hinsichtlich der Programmtiefe die Reduzierung der Anzahl der Varianten/konkurrierenden Objekte (Standardmaßnahme: Objektstandardisierung, vgl. Majer, W.; 1969, S. 38 ff.) und hinsichtlich der Programmbreite die Elimination bestimmter Objektgruppen, Produktlinien, Warengruppen (Standardmaßnahme: Objektelimination, vgl. Majer, W.; 1969, S. 37 ff. und Rohlmann, P.; 1977, S. 144 ff.). Daneben besteht noch die Möglichkeit ohne Veränderung von Programmtiefe und -breite durch die Veränderung, Verbesserung bestehender Objekte (Objektmodifikation, Relaunch, Revival; vgl. Rohlmann, P.; 1977, S. 121 ff. und Birkigt, K.; 1971, S. 286 f.) bzw. den Ersatz, Austausch (Objektsubstitution) bestehender Objekte durch neue Objekte gestalterisch in das Objektprogramm einzugreifen; dies kann u.a. eine Umsetzung der Strategie »Programmstruktur-Fortschreibung« (vgl. Abb.10) sein.
Einen Überblick über die Zusammenhänge gibt die Abb. 12.
Der argumentative Bezug auf Entscheidungen über die Marktprogrammstruktur bei der Darstellung des Entscheidungskomplexes über die Objektprogrammgestaltung zeigt bereits die Interdependenzen zwischen den konstitutiven Entscheidungen im Rahmen der Marktprogrammerstellung auf. Gleichzeitig bestehen diese Interdependenzen

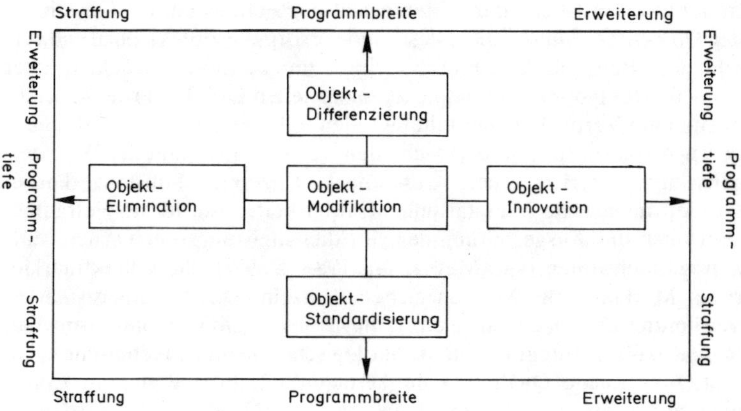

Abb. 12: Standardmaßnahmen im Rahmen der Objekt-Programmgestaltung.

zwischen allen Entscheidungen und konstitutiven Teilen (vgl. Abb. 9). Beispielsweise beinhaltet ein Objektrelaunch gleichzeitig Positionierungs- und Gestaltungsänderungen und die Objektdifferenzierung mit Dienstleistungen unter Umständen ebenso Zielgruppen- und Positionierungsentscheidungen.

Der zweite Maßnahmen- und Entscheidungsbereich im Rahmen der Festlegung des Objektprogrammes betrifft die *Objektgestaltung,* die Elemente und Mittel der Gestaltung einzelner Objekte.

Die Spannweite möglicher Maßnahmen der Objektgestaltung ist sehr groß. Dies wird augenscheinlich, wenn man die davon betroffenen Objekte näher betrachtet: Objektgestaltung bezieht sich auf »einfache« Waren, komplexe Objektsysteme wie Industrieanlagen, immaterielle Objekte wie Dienstleistungen und Chancen. Damit ist klar, daß es hier nur darum gehen kann, möglichst allgemeingültig die wesentlichen Parameter der Objektgestaltung aufzuführen.

Neben der Unterscheidung nach vier Kategorien von Versorgungsobjekten eignet sich u.E. eine Unterscheidung des Objektbegriffes nach drei Ebenen für eine detaillierte Darstellung der wesentlichen Parameter der Objektgestaltung am besten (vgl. Kotler, P.; 1982, S. 363 ff.). Im Zentrum des Objektes steht der *Objektkern* (vgl. Abb.13). Dabei geht es um die Entscheidung über die zentralen Nutzen. Kotler spricht auch von Kernvorteilen, Meffert von Produktfunktion (vgl. Kotler, P.; 1995, S. 660 und Meffert, H.; 1979, S. 336) des Objektes für den Nachfrager. Diese können allgemeingültig nach den vier Nutzenkategorien Grundnutzen, persönlicher, soziologischer und magischer Nutzen weiterdifferenziert werden (vgl. Meyer, P. W.; 1973, S. 48 ff.).

In der zweiten Ebene der Objektgestaltung geht es um die Gestaltung der *Objektgrundmerkmale.* Diese sind versorgungsobjektspezifisch verschieden. Beispielsweise muß bei einem immateriellen Objekt wie der Dienstleistung oder bei komplexen materiellen Objekten wie Automobilen keine Verpackung gestaltet werden. Objektgrundmerkmale, über deren Ausgestaltung stets entschieden werden muß, sind die Objekteigenschaften (z.B. Geruch, Geschmack, Rezeptur, Substanz, Farbe, Größe, technische Ausstattung, Haltbarkeit, Variationsspielräume, aber auch die Ausgestaltung der vier dienstleistungsspezifischen Marketingdimensionen [vgl. Meyer, A.; 1983, S. 97]), die Objektmarkierung (Markenname, Markenzeichen, Einzelmarke, Sortimentsmarke, Markenfamilie, Dachmarke etc.), die Objektqualität (Qualitätsniveau, Dauerqualität, Integralqualität, ökologische Qualität, technische Qualität, funktionale Qualität, Fähigkeitsqualität, Prozeßqualität, Ergebnisqualität etc., [vgl. Backhaus, K.; 1992, S. 17 f.; Grönroos,

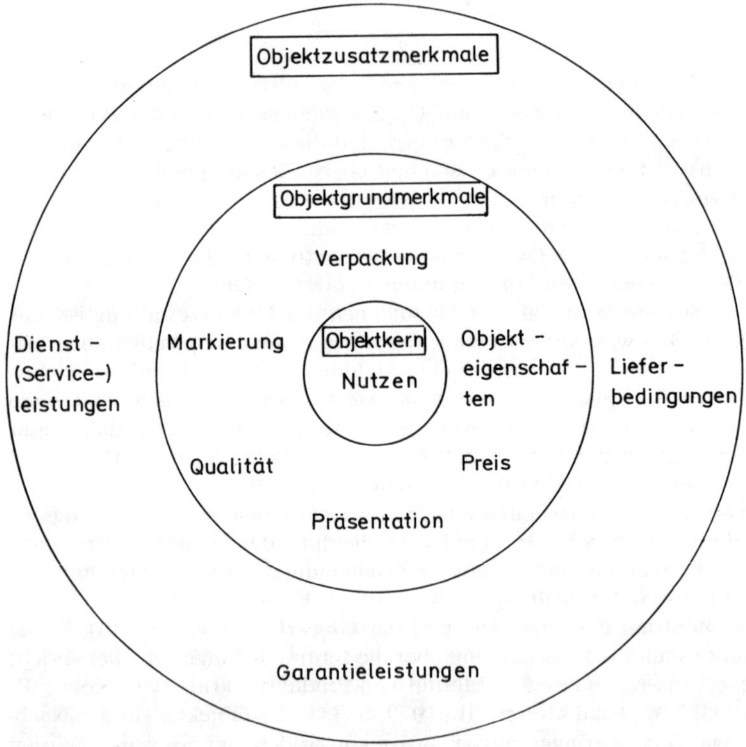

Abb. 13: Ebenen und Parameter der Objektgestaltung.

C.; 1980, S. 6f. und Meyer, A.; 1983, S. 26] und der Objektpreis (aktive/passive Preispolitik, Preislagen, Preisfolgen, Preislinien, Preisdifferenzierung, Preisvariationen, Zahlungskonditionen, [vgl. dazu den vollständigen Überblick bei Diller, H.; 1985, S. 184 ff. sowie ergänzend Simon, H.; 1982, S. 3 ff.]. Daneben sind noch Verpackungs- und Präsentations(Design-)entscheidungen fallweise zu den Objektgrundmerkmalen hinzuzurechnen. Diese können aber durchaus bei Einzelwirtschaften, wie Handelsbetrieben, die aufgrund ihrer Zwischenanbieter-/nachfragerfunktion am Objekt selbst wenig Manipulationen vornehmen, neben den Objektzusatzmerkmalen von zentraler Bedeutung bei der Objektgestaltung sein.

In der dritten Ebene der Objektgestaltung geht es schließlich um die *Gestaltung von Zusatzmerkmalen* des Objektes. Kotler bezeichnet diese Ebene als das »erweiterte Produkt«, das »die Gesamtheit der Vorteile, die der Käufer mit dem Erwerb des formalen Produktes erhält oder erfährt« (Kotler, P.; 1995, S. 660) umfaßt. Dazu zählen insbesondere Lieferbedingungen, Garantieleistungen, Dienst-(Service) Leistungen (vgl. Meyer, A.; 1985, S. 99 ff.).

Bei komplexen Objektsystemen (wie Anlagen, Maschinen) vollziehen sich, ausgehend von einer Definition der zentralen Nutzen (Problemlösung) des gesamten Systems und der Teil-/Systemnutzung der einzelnen Systemelemente, die folgenden Gestaltungsprozesse für jedes einzelne Objekt des Objektsystems und koordinativ für das gesamte Objektsystem (vgl. Kapitel 1.3).

1.2.2.3 Festlegung des Zielgruppenprogrammes. Die Entscheidungen über die zukünftige Ausgestaltung des Objektprogrammes einer Einzelwirtschaft stehen in engem Zusammenhang mit den Entscheidungen darüber, welche Zielgruppen für diese Objekte in Zukunft in Frage kommen sollen. Diese Problemstellungen der Zielgruppenbestimmung, -festlegung und -bearbeitung können mit Hilfe der Marktsegmentation gelöst werden. Deswegen werden diese Begriffe in der Literatur häufig gleichgesetzt. Daneben werden mit der Problematik der Marktsegmentierung genauso häufig auch Problemstellungen der Objektpositionierung (vgl. 1.2.2.4) in einem Kontext betrachtet. Aufgrund ihrer verschiedenen Aufgabenstellungen und trotz methodischer Gemeinsamkeiten soll hier deren Behandlung getrennt vorgenommen werden (vgl. Freter, H.; 1983, S. 41 ff.).

Grundsätzlich sind Zielgruppen im Marketing Einzelwirtschaften (Personen, Haushalte, Organisationen, Unternehmen etc.), die direkt oder indirekt die von anderen Einzelwirtschaften beabsichtigten Wirkungen hervorbringen oder beeinflussen. Bezogen auf die Zielrichtungen des Absatzmarketing und aufgrund der Differenzierung nach der Art der angestrebten Wirkung, direkt oder indirekt, ist zwischen *Finalzielgruppen* und *subfinalen* Zielgruppen weiter zu unterscheiden.

Finalzielgruppen im Absatzmarketing sind alle Einzelwirtschaften, die hinsichtlich nachfragerelevanter Merkmale homogen sind und bezogen auf die angebotenen Objekte als letzte Nachfrager bzw. letzte Verwender oder Nutzer angesprochen werden.
Subfinale Zielgruppen sind alle Einzelwirtschaften, die bezogen auf die angebotenen Objekte oder auf die Anbieter nach einflußrelevanten Merkmalen homogen sind, die Realisierung der Zielsetzung direkt oder indirekt beeinflussen oder als Zwischenanbieter oder Zwischennachfrager erst ermöglichen. Subfinale Zielgruppen können damit für die folgenden Absatzteilfunktionen (z.B. Werbung) finale Zielgruppen sein.
Finale Zielgruppen sind also die aktuellen bzw. potentiellen Letzt-Nachfrager eines Anbieters in einem Marktsegment (Zielmarkt, Konsumentenzielgruppe, Käuferzielgruppe etc.). Subfinale Zielgruppen umfassen etwaige Zwischenanbieter/-nachfrager (Händler, Absatzwege/-stufen/Absatzmittler, vgl. Meffert, H.; 1979, S. 397) bei indirekter Marktbearbeitung und Markt-/Systembeeinflusser (Markthelfer, Marktberater, Meinungsbildner, Verwender von Objekten, vgl. Meyer, P. W.; 1973, S. 88 f.).
Somit muß zwischen einer Zielgruppenbestimmung, bezogen auf die Finalzielgruppen (Marktsegmentierung) und auf die subfinalen Zielgruppen (Absatzwegewahl und Selektion von Absatzmittlern sowie Meinungsbeeinflussern) unterschieden werden.
Dabei erfolgt die Bestimmung der Finalzielgruppen in der Regel vor den Entscheidungen über die subfinalen Zielgruppen bzw. ist beim Direktabsatz ohne Einschaltung von Marktbeeinflussern singulär; diese Nachordnung der subfinalen Zielgruppenentscheidung ist jedoch ohne Wertung hinsichtlich der Intensität der Bearbeitung. Da die Entscheidungen über subfinale Zielgruppen zudem noch in den nachfolgenden Beiträgen eingehender diskutiert werden müssen, wird im folgenden nur von der Bestimmung von Finalzielgruppen die Rede sein und die Begriffe Zielgruppe und Finalzielgruppe werden gleichgesetzt[5].
Die Festlegung des Zielgruppenprogrammes umfaßt damit also die Definition und Festlegung der Finalzielgruppen und gegebenenfalls subfinaler Zielgruppen für einzelne Objekte, Objektprogrammteile, bzw. das gesamte Objektprogramm einer Einzelwirtschaft. Die Struktur eines Zielgruppenprogrammes kann analog zum Objektprogramm

5 Auf die Möglichkeit durch neuere Verfahren der »Regionalen Segmentausschöpfung« eine kombinierte Analyse und Ausschöpfung von Finalzielgruppen und subfinalen Zielgruppen vorzunehmen, soll hingewiesen werden (vgl. zu den »Acron-« und »Local-«Verfahren, o.V.; 1984b, S. 43 und zu den »Thematischen Landkarten«, Kühn, H.-J.; Kickuth, U.; 1983, S. 1 ff.).

wiederum nach den beiden Dimensionen Breite und Tiefe bestimmt werden.

Die *Breite des Zielgruppenprogrammes* bezeichnet die Anzahl gleichartiger (additiver) mit bestimmten Objekten bearbeiteter Finalzielgruppen (Extremfälle: Differenzierte versus konzentrierte Marktbearbeitung); die *Tiefe des Zielgruppenprogrammes* bezeichnet die Anzahl alternativ (konkurrierender) mit bestimmten Objekten bearbeiteter (zwischengeschalteter) subfinaler Zielgruppen (Extremfälle: Mehrstufige, indirekte versus einstufige, direkte Marktbearbeitung).

Situativ ist wiederum analog zum Objektprogramm zwischen der Neufestlegung (erstmaligen Festlegung) von Zielgruppen für ein neues Objekt und der Überarbeitung/Veränderung der Festlegung von Zielgruppen für bestehende Objekte zu differenzieren.

Die strukturellen Zielgruppen-Programm-Veränderungen ergeben sich wiederum aus der vorgelagerten Marktprogramm-Strukturentscheidung: Zielgruppenprogramm-Erweiterung, -Straffung und -Beibehaltung jeweils hinsichtlich Programmbreite (Finalzielgruppen) und Programmtiefe (subfinale Zielgruppen).

Neben der Modifikation, d.h. der Änderung in der Beschreibung und Bearbeitung von bestehenden Zielgruppen (ohne völlige Neudefinition) liegen damit wiederum die möglichen Entscheidungen und Maßnahmen im Rahmen der Gestaltung eines Zielgruppenprogrammes fest (vgl. Abb. 14).

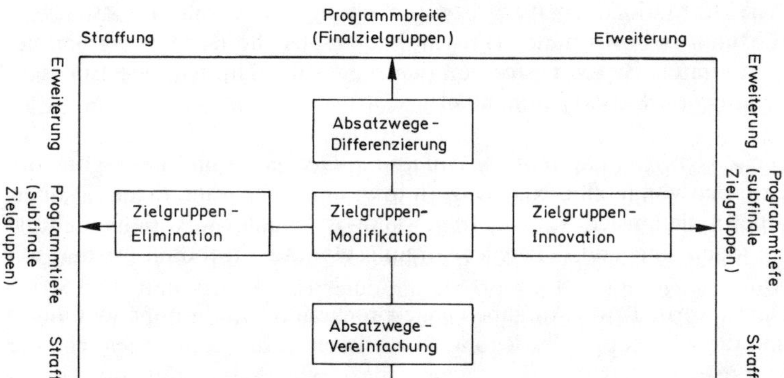

Abb. 14: Standardmaßnahmen im Rahmen der Gestaltung des Zielgruppenprogrammes.

Zur Verdeutlichung der dargestellten Standardmaßnahmen (ohne die bereits erklärte Zielgruppenmodifikation) im Rahmen der Gestaltung des Zielgruppenprogrammes sollen folgende Beispiele dienen:

- Straffung der Programmbreite
  Elimination bislang alleine konzentriert bearbeiteter Zielgruppen bzw. Umstellung von einer differenzierten Marktbearbeitung auf eine selektiv-differenzierte bzw. konzentrierte Marktbearbeitung (Segmentfusion z.B. »Auf einen Blick – Illustrierte und Programmzeitschrift in Einem« oder »Ziel – Mundwasser und Zahncreme zugleich«). Koppelmann spricht in diesem Zusammenhang auch von einer Zielgruppenreduzierung (vgl. Koppelmann, U.; 1978, S. 297).
- Erweiterung der Programmbreite
  Zielgruppeninnovation, d.h. erstmalige Bearbeitung einer völlig neuen Zielgruppe (z.B. Auslandsmarkt) bzw. Umstellung auf eine stärkere Differenzierung der Marktbearbeitung. Koppelmann unterscheidet in diesem Fall zwischen Zielgruppenausweitung, -ergänzung und -differenzierung (vgl. Koppelmann, U.; 1978, S. 297 ff.)
- Straffung der Programmtiefe
  Absatzwegevereinfachung, d.h. Umstellung von indirekter auf direkte Marktbearbeitung unter Ausschaltung aller Zwischenstufen bzw. Verringerung der Anzahl der Zwischenanbieter durch horizontale Selektion wie die zukünftige Nichtbelieferung bestimmter Handlungsformen, etwa SB-Märkte oder vertikale Selektion wie die Ausschaltung des Großhandels.
- Erweiterung der Programmtiefe
  Absatzwegedifferenzierung, d.h. Umstellung von direkter auf indirekte Marktbearbeitung bzw. Erhöhung der Anzahl der Zwischenstufen in horizontaler Hinsicht wie zusätzliche Belieferung von bestimmten Handlungsformen oder vertikaler Hinsicht wie Einschaltung von Exportgroßhändlern.

Die *Zielgruppenbestimmung* umfaßt die Definition und Festlegung der Gruppen von letzten Nachfragern bzw. einzelner Nachfrager (Zielpersonen), die hinsichtlich nachfrage-(kauf-)relevanter Kriterien möglichst homogen sind und denen Versorgungsobjekte angeboten werden sollen.

Damit werden zwei Aufgaben angesprochen, die Zielgruppendefinition und die Zielgruppenfestlegung (-bearbeitung) bzw. in der Sprache der Marktsegmentierung, die segmentspezifische Markterfassung (Informationsseite der Marktsegmentierung – ein Marktforschungsproblem) und die segmentspezifische Marktbearbeitung (Aktionsseite der Marktsegmentierung – ein vorwiegend strategisches Marketingproblem; vgl. Freter, H.; 1980, S. 453 ff.).

Vorstufe oder erste Stufe im Rahmen der Zielgruppendefinition stellt die Bestimmung des »relevanten Marktes« dar. Dies ist vor allem ein

Ab- bzw. Eingrenzungsproblem. Eine zu weite Marktabgrenzung hat den Vorteil der Erkennung von bislang unbefriedigten Bedürfnissen (Marktlücken) bzw. zusätzlicher Anwendungsmöglichkeiten für bestehende Objekte; die Nachteile liegen in zu wenig detaillierten Aussagen für die Umsetzung von Marketingmaßnahmen. Eine zu enge Marktabgrenzung leistet konkretere Ansatzpunkte für den Einsatz zukünftiger Marketingmaßnahmen; sie kann allerdings zur Außerachtlassung wichtiger Wettbewerber und zur Überschätzung der eigenen Position im Markt führen (vgl. Freter, H.; 1983, S. 19f.; Kotler, P.; 1995, S. 26f. und Lippmann, H.; 1984, S. 99).

Daneben ist vor der Zielgruppenbestimmung u. U. noch eine weitere Einengung nach potentiellen Käufern (Verwendern) und Nicht-Käufern (Nicht-Verwendern) sinnvoll (vgl. Freter, H.; 1983, S. 20).

Die »eigentliche« Zielgruppendefinition über die Identifikation möglicher Zielgruppen mittels nachfrage-(kauf-)relevanter Merkmale setzt an dieser Stelle ein. Durch Gruppenbildung und -abgrenzung werden mögliche Zielgruppen gebildet und daraus einzelne oder mehrere für die Marktbearbeitung festgelegt.

Gerade die Koordination beider Aufgaben (der Zielgruppendefinition und -festlegung) stellt ein Problem dar. Eine Hilfestellung dabei liegt in der Formulierung eines Kataloges von bearbeitungsbezogenen Anforderungen an Merkmale zur Zielgruppenbestimmung.

»Die Begriffe Trenn- oder Diskriminierungsvariable betonen dabei mehr die Abgrenzungsaufgabe, während sich der Begriff Deskriptorvariable mehr auf die Beschreibungsfunktion« (Freter, H.; 1983, S. 43) einer Zielgruppe bezieht.

Hinsichtlich der an diese Kriterien zu postulierenden Anforderungen besteht, abgesehen von nuanciellen Unterschieden in der Literatur, Übereinstimmungen (vgl. Freter, H.; 1983, S. 43ff. und Kuhlmann, E.; 1979, S. 2ff.).

Insbesondere unter Integration der Ausführungen von Freter und Kuhlmann fassen wir diese *Anforderungen* in vier Beurteilungsfaktoren zusammen:

1. Meßbarkeit (Operationalität) der Merkmale und Kosten der Messung
   - Zugänglichkeit (indirekte/direkte Messung)
   - Meß(skalen)niveau (qualitative/quantitative Messung)
   - Kosten der Messung
   - Schnelligkeit der Messung
   - Häufigkeit der Messung
   - Verfügbarkeit der Meßdaten durch primäre oder sekundäre Datenbeschaffung.
2. Kaufverhaltensrelevanz der Merkmale (Indikationsleistung)
   - Indikationsstabilität

  - Indikationsstärke
- qualitative Erklärungskraft hinsichtlich des Kaufverhaltens

3. Aussagefähigkeit und Erreichbarkeit für zielgruppenspezifische Marktprogramme und Marketingmaßnahmen
   - Adressierbarkeit (Zugänglichkeit, Erreichbarkeit)
   - Gestaltbarkeit und Differenzierbarkeit (Erklärungsgehalt, Beeinflußbarkeit, Variierbarkeit)
   - zeitliche Stabilität
   - Kontrollierbarkeit (Anzeigefunktion für Marketingmaßnahmen, d. h. Identifizierbarkeit und Zurechenbarkeit, Absatzsegmentierung)
4. Wirtschaftlichkeit der Zielgruppensegmente
   - Segmentgröße (Marktvolumen), Absatzvolumen, Anzahl der Nachfrager, Nachfrageintensität)
   - Segmentwachstum (Marktpotential, Absatzpotential)
   - Segmentbesetzung (Verteilung der Marktanteile)
   - Segmentierungskosten/-erträge.

Welche *Merkmale zur Zielgruppendefinition* bzw. -identifikation werden nun in Theorie und Praxis eingesetzt?
Klammert man spezifische Identifikationsmerkmale bzw. Verfahren für besondere Märkte bzw. Anlässe wie Identifikationsmerkmale zur Marktsegmentierung auf Investitionsgütermärkten (vgl. Gröne, A.; 1977, S. 34 ff. und Plank, R. E.; 1985, S. 79 ff.), mikrogeografische Verfahren im Direktmarketing (vgl. Meyer, A.; 1989, S. 342 ff.) oder für Auslandsmärkte (vgl. Schneider, D. J. G.; 1985, S. 10 ff. und Stahr, G.; 1985, S. 60 ff.) aus, so kann zwischen personenbezogenen Merkmalen und Merkmalen des beobachtbaren Kaufverhaltensprozesses unterschieden werden (vgl. Kuhlmann, E.; 1979, S. 6 ff. und Weissmann, A.; u. a.; 1983, S. 37 ff.). Die Aufstellungen in den nachfolgenden Abbildungen 15 und 16 geben einen Überblick über die gängigen Identifikationsmerkmale.
Die klassischen Zielgruppenmerkmale (demo-, sozio- und geographische Kriterien) dienen insbesondere der quantitativen Bestimmung von Zielgruppen und ihrer Beschreibung. Vor-, in der Regel aber psychographischen Segmentierungen nachgelagert, sind sie eine unerläßliche Ergänzung zu deren Erklärungskraft auf der Objekt- und Markenebene. In der Praxis stellen sie oftmals die einzigen Merkmale dar, die angewandt werden. Die Merkmale des beobachtbaren Verhaltens sind gut geeignet, um psychographische Segmentierungen vorzustrukturieren, um die qualitative Entwicklung von Marktsegmenten weiter zu verfolgen und um Hinweise auf die erfolgte oder projektive Reaktion von Zielgruppen auf Marketing-Maßnahmen zu geben (vgl. dazu ausführlich Freter, H.; 1983, S. 96 ff.; Kuhlmann, E.; 1979, S. 6 ff. und Weissmann, A.; u. a.; 1983, S. 2 ff.). Insbesondere im Rahmen der Me-

	Personenbezogene Merkmale
Geographische	Grenzen (Staats-, Landes-, Naturgrenzen, natürliche Wirtschaftsräume) Stadtgebiete (Groß-, Mittel-, Zentral-, Kleinstadt); Landgebiete (nach Ortsgrößen) Wohngegenden (offene/geschlossene Bebauung, Gartenanlagen) Freizeitwert, Klima, Niederschlagsmengen, Himmelsrichtungen, Bodenbeschaffenheit Nielsen-Gebiete, GfK-Regionalgliederungen
Demographische	Alter, Geschlecht, Familienstand, Zahl der Kinder Lebenszyklus der Familie, Haushaltsgröße
Soziographische	Einkommen, Kaufkraft, formale Bildung, Berufstätigkeit, Referenzgruppen-, soziale Schichtzugehörigkeit, Besitzmerkmale (bestimmter Objekte)
Psychographische	Motive Einstellungen (generell: z.B. GfK-Einstellungsskalen; objektspezifisch) Nutzenerwartungen (objektspezifisch über das Kaufprozeßmodell von P. W. Meyer) Life-Style, Zielgruppenstudien von Verlagen Werte Präferenzen Kaufabsichten Persönlichkeitsmerkmale

Abb. 15: Personenbezogene Merkmale zur Zielgruppenbestimmung.

diaselektion finden sie in Kombination mit den klassischen Merkmalen häufig Verwendung in der Praxis.
Diese mehrstufigen Segmentierungsverfahren könnten zukünftig durch eine Kombination von Datenerfassungsmethoden in Form von sog. »Single-Source-Ansätzen« (basierend im wesentlichen auf der Nutzung von Scannerdaten) in Kombination mit allgemeingültigen Kaufprozeßmodellen zu integrierten Segmentierungsansätzen hin verbessert werden (vgl. Weissmann, A.; u.a.; 1983, S. 46 ff. und Meyer, P. W.; Meyer, A.; 1981, S. 122 ff.).

	Verhaltensmerkmale
Informationsverhalten	Mediennutzung, -gewohnheiten Kommunikationsverhalten (Meinungsführerschaft)
Kaufverhalten	Einkaufsstättenwahl Markenwahl Markentreue Kaufintensität Preisbewußtsein Verpackungswahl Kaufverbundenheit
Verwendungsverhalten	Verwendungsart Verwendungsintensität Verwendungszeit Verwendungsumfeld Lagerhaltung Wartungsverhalten

Abb. 16: Verhaltensmerkmale zur Zielgruppenbestimmung.

Aufbauend auf der erfolgten Definition möglicher Zielgruppen sind nun Art und Anzahl der mit spezifischen Marktprogrammen und Marketingmaßnahmen/-instrumenten zu bearbeitende Zielgruppen als zukünftige Bestandteile des Zielgruppenprogrammes festzulegen. Freter differenziert dabei zwischen vier grundsätzlichen Arten von zielgruppenspezifischen Marktbearbeitungsstrategien und beschreibt deren Vor- und Nachteile (vgl. Abb. 17).
Von besonderer Bedeutung ist dabei die Entscheidung, inwiefern sich diese Differenzierung der Marktbearbeitung auf das Objektprogramm (u. a. auf Objekt- und Marktdifferenzierung), die Objektpositionierung und die nachgelagerten Teilfunktions- bzw. Instrumentalprogramme bezieht. Einen ersten Denkanstoß in diese Richtung gibt Schyberger (vgl. Schyberger, B. W.; 1973, S. 81).

1.2.2.4 Festlegung der zielgruppenspezifischen Objektpositionierung. Mit zunehmender Marktsättigung, Objektdifferenzierung, Marktsegmentierung und Konkurrenz (Verdrängungswettbewerb) wächst die Bedeutung der Objektpositionierung. In solchen Situationen werden Forderungen erhoben, erst die Positionierung festzulegen und zu testen und dann erst das Objekt zu entwickeln (vgl. Haller, P.; 1984, S. 526).

Abdeckung des Marktes \ Grad der Differenzierung	Undifferenziert	Differenziert
Vollständig	Undifferenzierte Marktbearbeitung	Differenzierte Marktbearbeitung (Gesamtmarkt)
Teilweise	Konzentrierte Marktbearbeitung	Selektiv differenzierte Marktbearbeitung (Ausgewählte Segmente)

Abb. 17: Arten der zielgruppenspezifischen Marktbearbeitung nach Freter (vgl. Freter, H.; 1983, S. 110 ff.).

Die Begründung liegt in der Behauptung, daß man mit me-too-Objekten in solchen Situationen bestehen kann, mit me-too-Positionierungen aber nicht.

Objektpositionierung bedeutet die zielgruppenspezifische Festlegung der nachfrage-(kauf-)relevanten Nutzenversprechungen, der eigenen Objekte im Vergleich zu den zielgruppenspezifischen Nutzenserwartungen an Idealobjekte und nachfrage-(kauf-)relevanter Nutzenversprechungen eventueller Konkurrenzobjekte. Sie bezieht sich vorrangig auf Finalzielgruppen, abhängig von der Bedeutung subfinaler Zielgruppen ist jedoch auch bei diesen eine Positionierung des Objektes festzulegen.

Peddie beschreibt die Aufgabe der Positionierung aus der Sicht der Praxis: »Unter Positioning versteht man den Vorgang, daß der Verbraucher ein Produkt geistig auf ganz bestimmte Weise einordnet, oder anders, daß sich das Produkt im Geiste des Verbrauchers einen bestimmten Platz sucht. Man kann es auch so ausdrücken, Positionierung ist ganz einfach der Nettoeindruck, den der Verbraucher von einem Produkt oder einer Marke hat. Was offenbar das erste ist, woran der Verbraucher denkt« (Peddie, P.; 1983, S. 22).

Die Positionierung hat im Gegensatz zur zielgruppenspezifischen Marktsegmentierung deshalb keinen Subjekt- sondern einen klaren Objektbezug (vgl. Freter, H.; 1978, S. 64).

Zur Verbesserung der Anschaulichkeit werden Positionierungen oft in sog. Positionierungsmodellen graphisch dargestellt. Die einzelnen Positionen in solchen Modellen werden durch die Koordinatenwerte der

Objekt- und Nachfragerpositionen in den relevanten Positionierungs-Eigenschaften dargestellt. Damit weist die Positionierung, wie auch ihre modellhafte Darstellung, drei Kernprobleme und -elemente auf (vgl. Freter, H.; 1983, S. 34 ff.):

I. Eigenschaften: Das sind die aus Nachfragersicht relevanten Nutzenerwartungen/-sversprechungen.
II. Realobjektpositionen (Markenpositionen, -profile): Das sind die hinsichtlich der relevanten Eigenschaften von den Nachfragern wahrgenommenen Nutzensversprechungen von den eigenen und Konkurrenzobjekten.
III. Idealobjektpositionen (Konsumentenpositionen, Anforderungsprofile): Das sind die hinsichtlich der relevanten Eigenschaften an ein ideales Objekt von den Nachfragern gestellten Nutzenerwartungen.

Daneben ist es für die Interpretation von Positionierungen noch wichtig, die Abstände (Distanzen) zwischen den Positionen der Ideal- und Realobjekte und die Bedeutungsgewichte der relevanten Eigenschaften zu betrachten (vgl. Abb. 18).

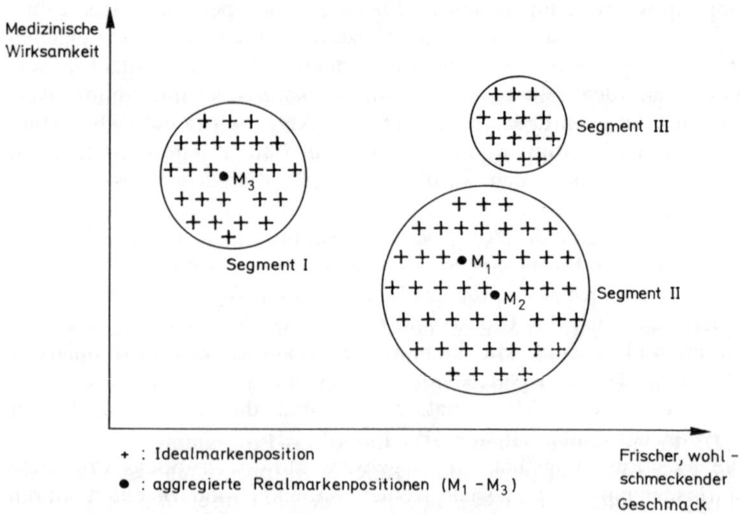

Abb. 18: Idealtypische, beispielhafte Positionierung von Real- und Idealmarken in einem zweidimensionalen Positionierungsmodell.

Die beispielhafte Darstellung in Abb. 18 macht vor allem drei Aspekte deutlich:

- Hinsichtlich der beiden Nutzenerwartungen »Frischer Geschmack« und »Medizinische Wirksamkeit« besteht in Segment III noch eine Positionierungslücke.
- Marke 3 hat eine Alleinstellung; Marke 1 und 2 eine me-too-Positionierung hinsichtlich der betrachteten Merkmale.
- Diese modellhafte Darstellung nimmt eine Reihe von Vereinfachungen vor. In der Praxis können
  - nicht alle Nachfrager alle Objekte positionieren,
  - nicht alle Nutzenerwartungen und -sversprechungen in der Beurteilung durch die Nachfrager zu einem Wert aggregiert werden (»statistisch natürlich schon!«),
  - mehrere Objekte meist nur über mehr als zwei Eigenschaften positioniert werden (in unserem Beispiel etwa zusätzlich: »Kosmetische Wirkung«, »Reinigungswirkung«, »Forschungskompetenz«, »Preisgünstigkeit« usw.).

In strategischer Hinsicht sind verschiedene Positionierungsstrategien möglich (vgl. detailliert, Freter, H.; 1983, S. 117 ff.):

- Einzelmarkenstrategien
  - Abhebungsstrategien (Marktnischenstrategien)
  - Imitationsstrategien (me-too-Positionierungen) in Form von Verdrängungsstrategien oder Partizipationsstrategien
- Mehrmarkenstrategien.

Die Suche nach Alleinstellungseigenschaften wird vielfach mit dem Begriff der »Unique Selling Proposition« (USP) umschrieben. In der hier gebotenen Kürze soll darauf hingewiesen werden, daß dabei zwischen echten, natürlichen mehr rationalen USP's und durch Marketingmaßnahmen gemachten, konstruierten künstlichen mehr emotionalen USP's unterschieden werden muß. Deren besondere Problematik liegt in der glaubhaften Begründung (»Reason why«) und kommunikativen Übermittlung (»Tone of voice«). Damit vor allem die starke Bedeutung der kommunikativen Marketing-Maßnahmen zur Umsetzung von Positionierungsvorhaben (Erst-, Um- oder Depositionierung) nochmals sehr deutlich (vgl. Eichholz, R. E.; 1984, S. 1.).

1.2.3 Programmvorgaben für Teilfunktions-Programme

Die Erarbeitung erfolgversprechender Marktprogramme ist Voraussetzung für den Markterfolg, aber erst deren Umsetzung in konkrete Marktbearbeitungsmaßnahmen schafft diesen Erfolg. Die Festlegung von Programmvorgaben für die der Marktprogramm-Erstellung nachgelagerten Teilfunktions-Programme und Instrumentalprogramme setzt an diesem kritischen Punkt an.

In der Praxis werden damit die Konflikte zwischen Markentechnikern und Verkaufsleitern, Produkt-Management und Werbeagentur, strategischer Planung und Außendienststeuerung bzw. Distribution offenbar (vgl. Disch, W. K. A.; 1985, S. 216 ff. und Lettau, H. G.; 1984, S. 565 ff.).

Die Festlegung von solchen Programmvorgaben erfordert deshalb noch stärker wie die Erarbeitung von Marktprogrammen die Integration der Positionen und Vorstellungen der betroffenen Funktionsverantwortlichen.

Programmvorgaben im Rahmen der Absatzmarktprogrammerstellung sind deshalb im wesentlichen Rahmen-/Grobvereinbarungen über Ziele und Grundsätze für die anderen Absatzmarketingfunktionen und deren programmatische Konzipierung. Hermanns bezeichnet sie deshalb auch als integrativ-funktionale Maßnahmen und Entscheidungen (vgl. Hermanns, A.; 1978, S. 34 und S. 46).

Eine wichtige Aufgabe besteht in diesem Zusammenhang in der funktions- und/oder objekt/markt-bezogenen Differenzierung der im Rahmen der Festlegung der Programmstruktur bestimmten Absatzmarketing-Etats und eine Vereinbarung/Vorgabe der geplanten Absatzerträge nach Objekt/Markt-Kombinationen und hinsichtlich Mengen, Preisen und Anzahl Verträgen (vgl. Diller, H.; 1980a, S. 115 ff. und Schwartzer, U.; 1979, S. 407 ff.).

Der zweite Aufgabenkomplex beinhaltet Rahmenvereinbarungen/Vorgaben für die anderen Funktionen, insbesondere Teilfunktionen des Absatzes:

- Rahmenvereinbarungen für die Marktforschung
  - Ziele und grundsätzliche Aufgaben der Marktforschung
  - Grundsatzentscheidungen über die Organisation der Marktforschung.
- Rahmenvereinbarungen für die Absatz-Anbahnung
  - Anbahnungs-Ziele, -Zielgruppen und -Objekte
  - Anbahnungsphilosophie (-stil) und Grundsatzentscheidungen über Kommunikationsformen und Organisation der Absatzanbahnung.
- Rahmenvereinbarungen für den Absatz-Abschluß
  - Abschluß-Ziele, -Zielgruppen und -Objekte[6]
  - Abschlußphilosophie (-stil) und Grundsatzentscheidungen über Abschlußformen und deren Organisation.

---

6 Vgl. dazu den methodischen Ansatz der Erarbeitung von Kundenportfolios bei Lettau, H. G.; 1984, S. 565 ff. und die Ausrichtung von Marketingstrategien nach unterschiedlichen Kundenerfahrungsgraden bei Debruicker, S. F. und Summe, G. L.; 1985, S. 40 ff.

– Rahmenvereinbarungen für die Absatz-Realisierung
  – Realisierungs-Ziele, -Zielgruppen und -Objekte
  – Realisierungsphilosophie (-stil) und Grundsatzentscheidungen über Realisierungsformen und deren Organisation.

Diese Rahmenvereinbarungen besitzen einen länger- bis mittelfristigen Richtlinien-/Orientierungscharakter für die anderen Absatzfunktionen und haben dementsprechend einen relativ hohen Abstraktionsgrad. Sie dienen insbesondere der Umsetzung, Koordination und Harmonisierung zwischen längerfristigen/strategischen und operativ/taktischen Marketingentscheidungen und -maßnahmen. Ihre praktische Interpretation, Detaillierung und Umsetzung ist Aufgabe der betreffenden Funktionen.

Literaturverzeichnis

Ansoff, H. J. (1966); Management-Strategie, München 1966.

Backhaus, K. (1992); Investitionsgüter-Marketing, 3. überarb. Auflage, München 1992.

BASF (Hrsg.) (1979); Strategische Planung bei BASF, Wesentliche Aussagen und Schaubilder des Referates von Dr. Cordes, Manuskript, Ludwigshafen 1979.

Bauer, E. (1976); Markt-Segmentierung als Marketing-Strategie, Berlin 1976.

Becker, J. (1993); Marketing-Konzeption. Grundlagen des strategischen Marketing Management, 5. verb. und erg. Auflage, München 1993.

Birkigt, K. (1971); Relaunch, Revival- oder was sonst, in: Marketing-Journal, 4/1971, S. 286–287.

Busse v. Colbe, W.; Hammann, P.; Laßmann, G. (1985); Betriebswirtschaftstheorie, Band 2, Absatztheorie, zweite, revidierte und erweiterte Auflage, Berlin u.a. 1985.

Debruicker, S. F.; Summe, G. L. (1985); Aus Kunden Stammkunden machen, in: Harvard Manager, 3/1985, S. 40–47.

Diller, H. (1980a); Budgetierungstechniken, in: Marketingplanung, hrsg. v. H. Diller, München 1980, S. 115–125.

Diller, H. (1985); Preispolitik, Stuttgart u.a. 1985.

Disch, W. K. A. (1985); Zu Gunsten der Marke, Konflikte zwischen Markentechniker und Verkaufsleiter abbauen, in: Marketing-Journal, 3/1985, S. 216–218.

Eichholz, R. E. (1984); Alleinstellung, in: Blick durch die Wirtschaft v. 6. 12. 1984, S. 1.

Esser, W. M.; Höfner, K.; Kirsch, W.; Wieselhuber, N. (1983); Der Stand der strategischen Unternehmensführung in der Bundesrepublik Deutschland und West-Berlin, München 1983.

Freter, H. (1978); Möglichkeiten und Grenzen der Marktsegmentierung unter spezieller Berücksichtigung der Produkt-Positionierung, in: Handbuch Marketing, Band 1, hrsg. v. J. Koinecke, Gernsbach 1979, S. 563–574.

Freter, H. (1980); Strategien, Methoden und Modelle der Marktsegmentierung bei der Markterkundung und Marktbearbeitung, in: Die Betriebswirtschaft, 3/1980, S. 453–463.

Freter, H. (1983); Marktsegmentierung, Stuttgart u.a., 1983.

Graumann, J.; Weissmann, A. (1984); Vertriebs- und Marketingstrategien im Verdrängungswettbewerb, Marketing-Report 24, München 1984.

Gröne, A. (1977); Marktsegmentierung bei Investitionsgütern, Wiesbaden 1977.

Grönroos, C. (1980); An applied service marketing theory, working-paper Nr. 57 der Institutionen für marknadsekonomie, Helsingfors 1980.

Gümbel, R. (1963); Die Sortimentspolitik in den Betrieben des Wareneinzelhandels, Köln, Obladen 1963.

Haller, P. (1984); Erst die Positionierung, dann das Produkt – Denn: Mit Me too-Produkten kann man leben, mit Me too-Positionierungen aber nicht, in: Marketing-Journal, 6/1984, S. 526–532.

Hermanns, A. (1978); Funktionen des Absatzmarketing, I. Absatzvorbereitung, in: Integrierte Marketingfunktionen, Absatz, Beschaffung und Öffentlichkeitsarbeit, hrsg. v. P. W. Meyer u. A. Hermanns, 1. Aufl., Stuttgart u.a. 1978, S. 32–56.

Hinterhuber, H. H.; Mak, O. F. (1983); Strategische Alternativen in schrumpfenden Branchen, in: Harvard manager, 4/1983, S. 89–98.

Holscher, C. (1978); Sozio-Marketing; Mittel zur Lösung gesellschaftlicher Probleme, in: Praxisorientiertes Marketing, Ansätze und Perspektiven, hrsg. von P. W. Meyer u. A. Hermanns, 1. Aufl., Stuttgart u.a. 1976, S. 156–170.

Koppelmann, U. (1978); Grundlagen des Produktmarketing. Zum qualitativen Informationsbedarf von Produktmanagern, Stuttgart u.a. 1978.

Kotler, P. (1987); Andreasen, A.; Strategie Marketing for Non-Profit-Organizations, 3. Aufl. Englewood Cliffs, New Yersey, 1987.

Kotler, P.; Bliemel, F.; Marketing-Management, Analyse, Planung und Kontrolle, 8. völlig neubearbeitete Aufl., Stuttgart 1995.

Kühn, H. J.; Kickuth, U. (1983); Know How bringt Licht ins Dunkel, hrsg. v. Geo GmbH, München 1983.

Kuhlmann, E. (1979); Die Selektion von Segmentierungsmerkmalen, Arbeitspapier zum Marketing Nr. 4, hrsg. v. W. H. Engelhardt u. P. Hammann, Bochum 1979.

Laukamm, T.; Steinthal, N. (1985); Methoden der Strategieentwicklung und des strategischen Managements – Von der Portfolio-Planung zum Führungssystem, in: Management im Zeitalter der strategischen Führung, hrsg. v. Arthur D. Little, International, Wiesbaden 1982, S. 7–36.

Lessing, R.; Groeger, H. (1982); Führen mit strategischen Geschäftseinheiten, Praxiskonzept und Anleitung für Mittelbetriebe mit Erfahrungsbericht über das Pilotobjekt der EBM-Industrie, absatzwirtschaft-Schriften zum Marketing, Band 6, Düsseldorf u.a. 1982.

Lettau, H. G. (1984); Strategische Planung, die Inhalte für den Außendienst herunterbrechen, in: Marketing-Journal, 6/1984, S. 565–567.

Lippmann, H. (1984); Strategische Marketing-Planung aus der Sicht des Beraters, in: Zukunftsorientiertes Marketing für Theorie und Praxis, Festschrift zum 60. Geburtstag von P. W. Meyer, hrsg. v. A. Hermanns u. A. Meyer, Berlin 1984, S. 43–55.

Majer, W. (1969); Programmbereinigung als unternehmenspolitisches Problem, Wiesbaden 1969.
Meffert, H. (1983); Strategische Planungskonzepte in stagnierten und gesättigten Märkten, in: Die Betriebswirtschaft, 2/1983, S. 193–209.
Meyer, A. (1983); Dienstleistungs-Marketing, Erkenntnisse und praktische Beispiele, Augsburg 1983.
Meyer, A. (1985); Produktdifferenzierung durch Dienstleistungen, in: Marketing, Zeitschrift für Forschung und Praxis, 2/1985, S. 99–107.
Meyer, A. (1989): Mikrogeografische Marktsegmentierung – Grundlagen, Anwendung und kritische Beurteilung von Verfahren zur Lokalisierung und gezielten Ansprache von Zielgruppen; in: Jahrbuch der Absatz- und Verbrauchsforschung, 4/1989, S. 342–365.
Meyer, P. W. (1973); Die machbare Wirtschaft, Grundlagen des Marketing, Essen 1973.
Meyer, P. W. (1978); Die Marketingfunktionen im Rahmen des integrativen Marketing-Ansatzes, in: Integrierte Marketingfunktionen, Absatz, Beschaffung und Öffentlichkeitsarbeit, hrsg. v. P. W. Meyer u. A. Hermanns, 1. Aufl., Stuttgart u.a. 1978, S. 13–31.
Meyer, P. W.; Meyer, A. (1981); Markenführung mit Modellcharakter, in: absatzwirtschaft, 4/1981, S. 122–129.
Nieschlag, R.; Dichtl, E.; Hörschgen, H. (1994), Marketing, 17. völlig neubearbeitete Auflage, Berlin 1994.
o.V. (1984b); Das richtige Segment vor Augen?, in: absatzwirtschaft, 12/1984, S. 40–48.
Peddie, R. (1983); Produktpolitik, zehn Arten und Weisen, wie man ein altes Produkt mit neuen Kniffen aufpolieren kann, in: Der Kontakter, 38/1983, S. 22–28.
Plank, R. E. (1985); A critical Review of Industrial Market Segmentation, in: Industrial Marketing Management, 14/1985, S. 79–91.
Rohlmann, P. (1977); Marketing in der Rezession, Ein Beitrag zur antizyklischen Produkt- und Programmpolitik, Wiesbaden 1977.
Schneider, D. J. G. (1985); Marktselektion im internationalen Marketing für Investitionsgüter, in: Der Betriebswirt, 1/1985, S. 10–16.
Scholz, C. (1984); Strategisches Rezessionsmanagement, in: Harvard manager, 1/1984, S. 16–28.
Schwarzer, U. (1978); Marketingetats in der Praxis, in: Handbuch Marketing, Band 1, hrsg. v. J. Koinecke, Gernsbach 1978, S. 407–413.
Schyberger, B. W. (1973); Market Segmentation. An Overview and critical analysis, Department of Business Administration, Stockholms University, 1973.
Simon, H. (1982); Preismanagement, Wiesbaden 1982.
Stahr, G. (1985); Schrittweise zu erfolgreichen Segmenten, in: absatzwirtschaft, 4/1985, S. 60–67.
Weissmann, A.; Tröger, G.; Adlwarth, W. (1983); Psychographische Marktsegmentierung, Arbeitspapier Nr. 3, hrsg. v. L. Berekoven, Nürnberg 1983.

1.3 Das Management der Absatzvorbereitung

von ANTON MEYER

Die Ablauffunktionen Konzeption, Planung, Ausführung und Kontrolle differenzieren den Ablauf bzw. die Ablaufphasen/-stufen des Managements der Teilfunktion Absatzvorbereitung und ihrer Unterfunktionen.[7] Dieser generelle Entscheidungsablauf zur Verwirklichung bzw. Erfüllung der Aufgaben im Rahmen der Absatzvorbereitung soll in diesem Kapitel behandelt werden.
Konzeption, Planung, Ausführung und Kontrolle als allgemeines Schema des Ablaufes, der Verwirklichung, von Funktionen kann grundsätzlich sowohl auf einzelne Aufgaben und Unterfunktionen der Absatzvorbereitung als auch auf die gesamte Teilfunktion Absatzvorbereitung angewandt werden. In diesem Beitrag werden wir uns, wie in den beiden vorangehenden Kapiteln, im wesentlichen auf das *Management* der *Marktforschung* und der *Programmerstellung* konzentrieren; eine differenziertere Analyse des Managements einzelner Aufgaben der Absatzvorbereitung wird die Ausnahme sein.
Die bezogen auf die vier Ablauffunktionen getrennte Darstellung des Managements der Marktforschung und der Marktprogrammerstellung rechtfertigt sich aus dem verschiedenen Grundcharakter beider Funktionen: Die Marktforschung ist ihrem Wesen nach eher eine Analyse-/Diagnosefunktion; die Programmerstellung ist eher eine Planungs-/Entscheidungsfunktion im Rahmen der Vorbereitung des Absatzes.
Da aber Entscheidung Planung und Planung Analyse voraussetzt, liegen die Interdependenzen zwischen Marktforschung und Programmerstellung und damit gleichzeitig auch ihres Managements auf der Hand. Diese Verflochtenheit zwischen Marktforschung und Programmerstellung zieht sich durch alle vier Ablauffunktionen Konzeption, Planung, Ausführung und Kontrolle.
Auch in der Praxis liegt in dieser mangelnden Zusammenarbeit zwischen den Aufgabenträgern in der Marktforschung und der Programmerstellung oft der Grund für Mißerfolge bei der Absatzvorbereitung. Bei der Entwicklung neuer Objekte wird dies besonders deutlich. Hoffmann (vgl. Hoffmann, K.; 1979, S. 48) nennt u.a. als wesentliche Gründe für ›Flops‹ in der Praxis:

- Produktentwicklung formuliert die Aufgabenstellung an die Marktforschung zu ungenau
- Produktentwicklung hat nicht genügend Marktforschungs-Kenntnisse

---

7 Vgl. zum Managementbegriff und zur ausführlichen Diskussion dieser vier Ablauffunktionen Riegl, G. F.; 1982, S. 21 ff.

- Marktforschungspotential wird nicht genügend genutzt
- Marktforscher kann sich gegenüber anderen Entscheidungsträgern nicht durchsetzen bzw. verliert seine Unabhängigkeit.

Um diesen Mangel auszugleichen, werden wir im Rahmen der Darstellung der Planung der Absatzvorbereitung die Verzahnung der Marktforschung und Programmerstellung am Beispiel des Managements von Objektinnovationen darstellen.
Die Managementaufgaben im Rahmen der Absatzvorbereitung und damit gleichbedeutend auch der Grad der Ausdifferenzierung der vier Ablauffunktionen sind darüber hinaus stark situationsabhängig und -geprägt. Die Anforderungen an das Management von innovativen Aufgaben im Rahmen der Absatzvorbereitung, beispielsweise von Objekt-Innovationen bei der Programmerstellung oder Methoden-Innovationen bei der Marktforschung bzw. im Extremfall bei der Gründung einer Einzelwirtschaft, sind ungleich höher als beim Management von ›Standard-/Routineaufgaben‹ wie periodischen Paneluntersuchungen oder der Weiterentwicklung im Markt befindlicher Objekte.
Gleichzeitig wird die Ausgestaltung des Managements der Absatzvorbereitung vom konkreten Marketingsystem (z.B. Marketingsystem der Dienstleistungs-, Konsumgüter-, Investitionsgüteranbieter oder des Handels) beeinflußt.
Diese starke Situations- und Systemabhängigkeit spiegelt sich in der organisatorischen Implementierung der Managementaufgaben der Absatzvorbereitung wider: Informations-, Marktforschungs-, Produkt-, Projekt-, Innovations- oder Neuproduktmanagement sind praktische Verwirklichungen und Beleg für diese Abhängigkeiten.

1.3.1 Die Konzeption der Absatzvorbereitung

»Die Konzeption als erste Ablauffunktion umfaßt die Motivation und Zielsetzung; sie kann als gedankliche Antizipation einer zukünftig angestrebten Absatzentwicklung mit Hilfe von Zielen für die Absatzvorbereitung bezeichnet werden« (Hermanns, A.; 1978, S. 50).
Die angestrebte Entwicklung erfährt eine Begründung (Motivation). Generell liegt diese in der notwendigen Erfüllung der Absatzvorbereitung als Voraussetzung für eine Teilnahme am Markt. Die speziellen Begründungen für bestimmte Zielsetzungen der Absatzvorbereitung ergeben sich aus der jeweiligen Situation und den zukünftigen Vorstellungen einer Einzelwirtschaft, insbesondere bezogen auf ihre Absatzmärkte. Damit wird deutlich, daß die Zielsetzung selbst ein Planungsproblem und die ihr vorgelagerte Zielfindung ein Analyseproblem ist. Dies erklärt die in der Management-Literatur häufig anzutreffende Integration der Zielfindung in die Planung[8], wenngleich sie diese nicht

---

8 Vgl. die Diskussion dieser Problematik bei Graf und Riegl (Graf, W.; 1984,

rechtfertigt, denn Planung und daraus resultierende Strategien können nicht Zielersatz sein (vgl. Becker, J.; 1995, S. 74).
Die *Ziele der Absatzvorbereitung* lassen sich aus den Marketingzielen ableiten und haben damit derivativen Charakter. »Entsprechend den allgemeinen Anforderungen sollten sie operational (Festlegung nach Inhalt, angestrebtem Ausmaß sowie zeitlichem Bezug) und kompatibel sein« (Hermanns, A.; 1978, S. 50).
Die *Ziele der Marktforschung* beziehen sich im wesentlichen auf die Bereitstellung von Daten für das zukünftig geplante Absatz-Marketing und dessen Kontrolle nach erfolgter Realisierung.
Marktprogrammziele können sich gleichzeitig oder separat auf alle vier konstitutiven Elemente Programmstruktur (z.B. Vorbereitung einer Diversifikation), Objektprogramm (z.B. Pflege des bestehenden Sortimentes), Zielgruppenprogramm (z.B. verstärkte Bearbeitung einer bestimmten Zielgruppe) und zielgruppenspezifische Objektpositionierung (z.B. deutlichere Abhebung von einer Konkurrenzmarke) beziehen. Ihre Bestimmung setzt einen entsprechenden Informationsstand durch vorausgehende Marktforschung voraus und programmiert damit wiederum spezielle Zielsetzungen der Marktforschung, die beispielsweise in Form von Programm-, Sortiments-, Segment-, Projekt- oder Kundenanalysen realisiert werden können. Marktprogrammziele werden aufgrund ihres derivativen Charakters insbesondere durch die absatzbezogenen Programmvorgaben (Zielvorgaben) aus den Einzelwirtschaftsprogrammen (vgl. 1.2.2.1) bestimmt.
In der Praxis können Marktprogrammziele vielfach nicht isoliert von übergeordneten Hauptfunktionszielen bzw. Zielen anderer Absatzfunktionen betrachtet werden. Sie sind vielmehr oft integrierter Bestandteil dieser Ziele und werden damit von diesen Zielen ebenso beeinflußt wie sie diese selbst beeinflussen. Zur Vermeidung bzw. Reduzierung von Zielkonflikten bietet sich eine Aufstellung und Abstimmung eines Zielkataloges für alle Marketingziele an, in dem die Ziele der Absatzvorbereitung direkt integriert sind bzw. aus dem sie sich ergeben (vgl. Hinse, D.; 1978, S. 378). Lessing und Groeger gliedern diesen nach Objekt(Produkt-)-Zielen, Zielgruppen (Markt-)-Zielen und Führungszielen und listen beispielhaft eine Vielzahl solcher Ziele auf (vgl. Lessing, R.; Groeger, H.; 1982, S. 121 ff.; vgl. Abb. 19).

1.3.2 Die Planung der Absatzvorbereitung

Planung ersetzt »unter keinen Umständen die Konzeption. Konzeption ist gedankliche Vorwegnahme zukünftiger Entwicklungen, Planung die Umsetzung in Schritte und Sollvorgaben« (Meyer, P. W.; 1973, S. 78)

S. 60 und Riegl, G. F.; 1982, S. 24) und ausführlich zu Zielentscheidungen im Marketing Bidlingmaier, J.; 1973a, S. 131 ff.

Produkt-Ziele	Markt-Ziele	Führungsziele
1. Umsatzrendite	1. Marktanteil	1. ROI
2. Deckungsbeitrag	2. Distribution	2. Kosten
3. Absatz	3. Firmenimage	3. Gemeinkosten
4. Umsatz	4. Bekanntheitsgrad	4. Personalaufwand
5. Variable Produktkosten	5. Vertriebskosten	5. Produktivität
6. Preis	6. Außendienstkosten (Fix)	6. Umsatz/Kopf
7. Produktqualität	7. Absatzförderungskosten (Variable)	7. Leistungsfähigkeit (Effizienz in der Marktbearbeitung)
8. Kundendienst	8. Verkäuferische Qualifikation der Handelspartner	8. Motivation
9. Produkteinsatzbereiche		9. Kommunikation
10. Preis-Leistungsverhältnis		10. Anpassungsfähigkeit
11. Produktentwicklungszeit		11. Kreativität
12. Lieferfristen		12. Abwicklung
13. Lagerhaltung		13. Personalqualifikation im Hinblick auf die Erfüllung des Anforderungsprofils
14. Auftragseingang		14. Planungsgenauigkeit
Ein Ziel anstreben heißt, einen Zustand – »verbessern« – »halten« – »verschlechtern«		15. Kontrollfunktion
		16. Synergieeffekte zwischen Verkauf, Anwendungstechnik und Kundendienst

Abb. 19: Katalog für strategische- und Marketingziele.

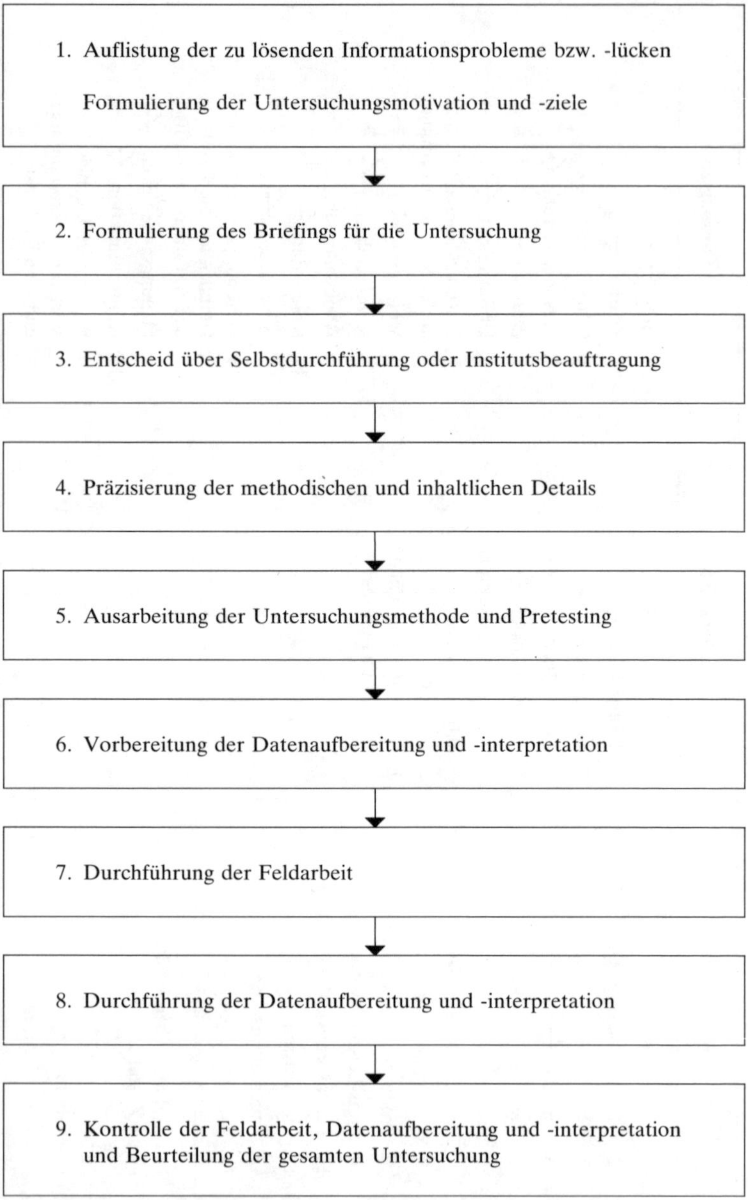

Abb. 20: Systematischer Ablauf einer Marktforschungsuntersuchung.

und »Planung ohne Konzeption ist Verlängerung der Vergangenheit in die Zukunft« (Meyer, P. W.; 1973, S. 77). Diese Aussagen verdeutlichen den Zusammenhang von Konzeption und Planung.
Das Wesen der Planung besteht in der gedanklichen Antizipation der Wirkungen bestimmter Handlungen zum Erreichen von vorgegebenen Zielen.
Ebenso wie die gesamte Marketingplanung hat die Planung im Rahmen des Managements der Absatzvorbereitung die Aufgaben der Steuerung, Koordination, Risikoreduktion und Effizienzsteigerung (vgl. Diller, H.; 1980b, S. 5).
Bezogen auf die Absatzvorbereitung bedeutet Planung die Umsetzung der Konzeption der Absatzvorbereitung in einzelne Schritte und Sollvorgaben für zukünftige Maßnahmen im Rahmen der Marktforschung und Marktprogrammerstellung.
Die *Planung der Marktforschung* bezieht sich sowohl auf die Planung der Gesamtheit aller Marktforschungsmaßnahmen einer Planungsperiode als auch auf die Planung einzelner Marktforschungsmaßnahmen. Letztere beinhaltet insbesondere die Design-Phase einer Marktforschungsmethode einschließlich der davon abhängigen Aufbereitungsmethoden und -schritte sowie des Interpretationsvorganges.
Die Darstellung des idealtypischen *Ablaufes einer Marktforschungsaufgabe* (mündliche Befragung; vgl. Abb. 20) verdeutlicht u. a. diese einzelnen Planungsaufgaben (Schritte 2–6) im Rahmen des Managements der Marktforschung.

Eigenforschung

Vorteile	Nachteile
Bessere Vertrautheit mit dem zu lösenden Problem	»Betriebsblindheit«
weniger Koordinationsprobleme	methodische Rückständigkeit
bessere Ausnutzung bereits vorhandener teilweise nicht schriftlich fixierter Informationen	geringere Objektivität
besserer Informations- und Datenschutz nach Projektabschluß	oft höhere Kosten
Synergieeffekte durch oftmals längere Erfahrungen mit dem speziellen Problem	

Forschung durch beauftragte Institute	
Vorteile	**Nachteile**
Einsatz von Spezialisten	Erfolgszwang
hohe Methodenerfahrung	mögliche Ergebnisverfälschungen
oft Kostenersparnisse	
Synergieeffekte durch Ergebnisvergleich (Erfahrungen) mit anderen Untersuchungen	Koordinationsprobleme Auftraggeber/Institut
Kommunikation mit anderen Instituten	Daten- und Ergebnisschutz nach Projektabschluß nicht hundertprozentig gewährleistet
ausgebildeter Interviewerstab	zu hohe Standardisierung und Routinierung
größere Objektivität	

Abb. 21: Vor- und Nachteile der Eigen- und Auftragsforschung.

Im Rahmen der Planung der Marktforschung muß u. a. festgelegt werden, ob eine Untersuchung selbst oder durch ein Marktforschungsinstitut (vgl. Abb. 20, Schritt 3) durchgeführt werden soll (vgl. Hermanns, A.; 1978, S. 51). Die wesentlichen Vor- und Nachteile der *Eigen-* und *Auftragsforschung* verdeutlicht Abb. 21.
Bei der Beauftragung eines Marktforschungsinstituts bzw. für die vorgelagerte Einholung von vergleichbaren Angeboten von Instituten ist ein schriftliches *Institutsbriefing* unerläßlich (vgl. Abb. 22). Dies gilt mit geringfügigen Änderungen auch für die Beauftragung einer Marktforschungsuntersuchung im eigenen Unternehmen.

Formale Anforderungen
1. Einfachheit und Verständlichkeit der Sprache
2. Gliederung und Ordnung des Aufbaues
3. Kürze und Prägnanz der Ausführungen

Abb. 22: Inhalte eines Institutsbriefing.

Inhaltliche Anforderungen
1. Klare Zielformulierung und Aufgabenstellung (Problemfragenkatalog)
2. Bitte um methodische Vorschläge (evtl. eigene methodische Vorstellungen enthaltend)
3. Angaben zur Zielgruppe/Grundgesamtheit (evtl. Vorhandensein von Karteien/Adressen)
4. Terminvorgaben bezüglich Durchführung, Berichtsabgabe und Präsentation und vor allem Termin der Angebotsabgabe
5. Bitte um Angabe einer relativ detaillierten Kalkulation mit folgender Minimalaufgliederung: Untersuchungsanlage und Vorarbeiten, Pretests, Feldarbeiten (Kosten pro Einheit), Auswertung (Standard-/Sonder-/Zusatz-auszählungen), Berichtabfassung, Präsentation, Gesamtkosten und Termin Rechnungsstellung und evtl. Teilzahlungen
6. Angabe eventueller Eigenleistungen des Auftraggebers

Abb. 22: Inhalte eines Institutsbriefing.

Die *Marktprogrammplanung* bezieht sich auf die Planung der vier konstitutiven Programmteile. Daneben kommt der Ertrags-, Budget- und Zeitplanung insofern besondere Bedeutung zu, als die dabei beteiligten Variablen zum Teil als Rahmenbedingungen (vgl. Hermanns, A.; 1978, S. 51) für diese Bereiche und die Planung der anderen Absatzteilfunktionen gelten.

Als Hilfsmittel, Instrumente der Marktprogrammplanung kann eine Vielzahl von qualitativen und quantitativen Analysemethoden und Denkmodellen eingesetzt werden. Die Spannweite der Planungsinstrumente reicht von »einfachen Checklisten« bis zu computergestützten Planungsmethoden.[9]

Esser u. a. haben in einer empirischen Studie über den Stand der strategischen Unternehmensführung bei deutschen Unternehmen auch die praktische Bedeutung von verschiedenen *Instrumenten zur strategischen Planung* erforscht. Da diese im wesentlichen auch für die Planung von Marktprogrammen Anwendung finden können, sollen sie in Abbildung 23 wiedergegeben werden.

9 Für einen kompakten Überblick mit weiterführenden Literaturhinweisen über die verschiedenen Planungsinstrumente vgl. Nieschlag, R.; u.a.; 1994, S. 841 ff. sowie detailliert zu ausgewählten Planungstechniken, vgl. die Beiträge in Diller, H.; 1980b, S. 17 ff.

Rang	Art des Planungs-Instrumentes
1	Konkurrentenanalyse
2	Stärken-/Schwächenanalyse
3	Kosten-/Nutzenanalyse
4	Analyse der Produktteilmärkte
5	ABC-Märkte
6	Portfolio-Analyse
7	Brainstorming
8	Trendextrapolation
9	Risiko-Analyse
10	Produkt-Markt-Matrizen
11	Lebenszyklusanalyse
12	Gap-Analyse
13	Szenario-Methode
14	Sensitivitätsanalyse
15	Simulation
16	Kataloge von Normstrategien
17	Multivariate Verfahren
18	Sozialbilanzen
19	Delphi-Methode
20	Morphologischer Kasten
21	PIMS-Modelle

Abb. 23: Instrumente der strategischen Planung (geordnet nach abnehmender Nennungshäufigkeit von 149 deutschen Unternehmen mit strategischer Planung, übernommen von Esser, W. M.; u. a.; 1983, S. 60).

Beim Einsatz solcher Planungsmethoden im Rahmen der Marktprogrammplanung sollte vor allem auf eine ausgewogene Methodenkombination/-Mix geachtet werden, um methodenbedingte Fehlentscheidungen zu vermeiden. Eine notwendige Ergänzung zur Objekt-Programmanalyse nach Deckungsbeiträgen im Rahmen der Objektprogrammplanung kann beispielsweise die Lebenszyklusanalyse darstellen, denn eine Programmgestaltung oder Programmbereinigung »allein aufgrund der Reihenfolge der Erzeugnisse nach Deckungsbeiträgen würden jedoch u.U. zu einer Eliminierung gerade derjenigen Produkte führen, die langfristig die höchsten Gewinnbeiträge erwarten lassen, weil sie sich zum Zeitpunkt der Analyse noch in der Einführungsphase befinden« (Pinnekamp, H. J.; 1980, S. 379).
Stellvertretend für die Vielzahl der Planungsinstrumente im Rahmen der Marktprogrammplanung soll ein »Denkmodell«, das sich in Theorie und Praxis besonderer Beliebtheit erfreut, gleichzeitig aber auch hinsichtlich seines Aussagewertes für die Planung von Marktprogram-

men heftig umstritten ist, ausführlicher dargestellt werden: Das *Produkt-Lebenszyklus-Modell*[10].

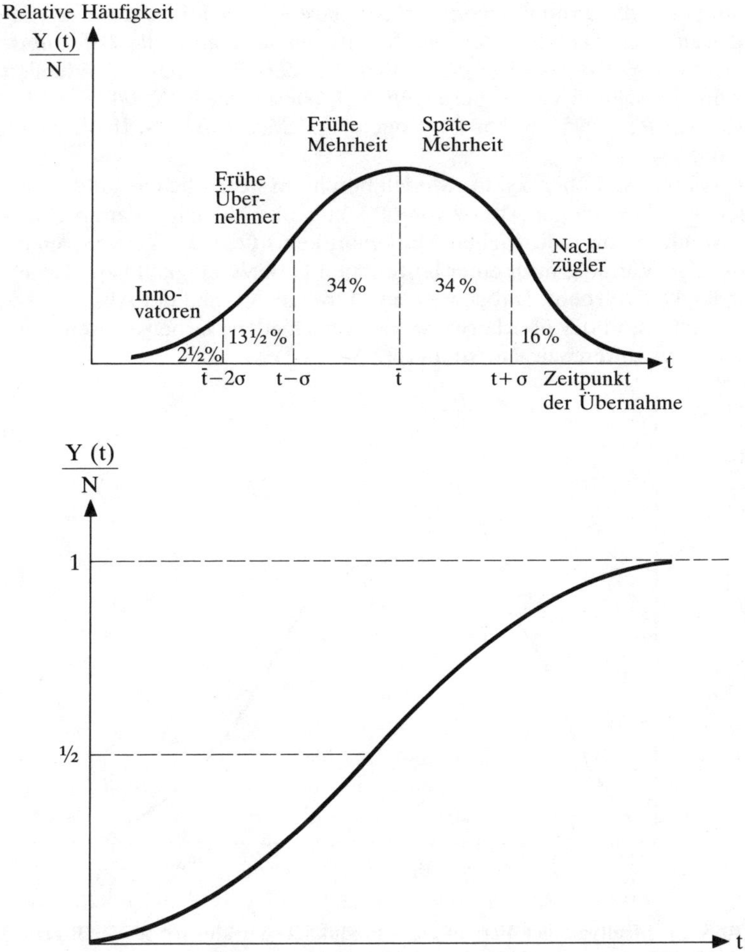

Abb. 24: Übernahmeverteilung bei landwirtschaftlichen Innovationen (nach Rogers) und Diffusionskurve bei landwirtschaftlichen Neuerungen (übernommen von Kaas, K. P.; 1973, S. 21).

10 Vgl. zum Produkt-Lebenszyklus-Modell: Birkigt, K.; 1978, S. 22 ff. und ders.; 1980, S. 79 ff.; Dhalla, N. K.; Yuspeh, S.; 1980, S. 69 ff.; Huppert, E.;

Ein weiterer Grund für die Darstellung des Produktlebenszyklus-Konzeptes liegt darin, daß die gegenwärtig modernen Produkt-Portfolio-Ansätze u. a. auf diesem Konzept aufbauen (vgl. 1.2.2.1). Gleichzeitig integriert das Produktlebenszyklus-Konzept hinsichtlich seiner Hypothesen über das Verhalten der Nachfrager u. a. auch die *Diffusionstheorie* von Rogers über die statistische Verteilung der individuellen Adoptionszeiten von Neuerungen (vgl. Nieschlag, R.; 1994, S. 170 f.; Kotler, P.; 1995, S. 550 f.; Rogers, E. M.; 1962, S. 161 ff.; vgl. Abb. 24).

Das Produkt-Lebenszyklus-Modell beruht im wesentlichen auf der Annahme, daß sich der Absatz von Objekten als abhängige Variable (insbesondere von industriellen Markenartikeln) über die Zeit, als unabhängige Variable nach einer bestimmten Gesetzmäßigkeit bzw. Regelmäßigkeit vollzieht. Dabei wird ein s-förmiger Verlauf der Absatzkurve unterstellt, in der üblicherweise vier verschiedene Lebensphasen eines Objektes differenzierbar sind (vgl. Abb. 25):

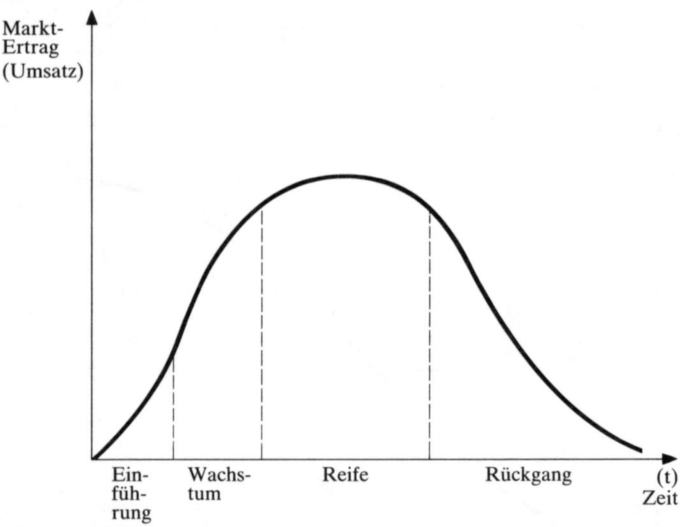

Abb. 25: Idealtypischer Verlauf eines Produktlebenszyklus (ohne Verlängerung der Lebensphasen durch Marketing-Maßnahmen).

1978, S. 416 ff.; Kotler, P.; 1995, S. 557 ff.; Meffert, H.; 1974, S. 85 ff.; Pinnekamp, H. J.; 1980, S. 358 ff.; Pfeiffer, W.; Bischof, P.; 1974, S. 635 ff. und Meyer, P. W.; 1973, S. 71 ff., der dieses konzept sowohl auf Lebensphasen von Versorgungsobjekten als auch von Einzelwirtschaften anwendet und die Quantifizierung dieser Lebensphasen detailliert an den Faktoren der Marktertragsformel aufzeigt.

- Einführung (Schaffung)
- Wachstum (Ausweitung)
- Reife (Erhaltung)
- Rückgang (Einschränkung)

Von manchen Autoren wird zwischen Reife und Rückgang noch eine fünfte Phase, die Sättigungsphase, dazwischengeschaltet.
Für die Einführungsphase ist ein niedriger, nur langsam zunehmender Umsatz kennzeichnend. Die Wachstumsphase wird charakterisiert durch schnelles Umsatzwachstum, das sich in der Reifephase soweit verlangsamt, bis es schließlich stagniert und in der Rückgangsphase dann der Umsatz bis auf Null zurückgeht. Die Verfechter des Konzeptes charakterisieren die einzelnen Phasen noch durch weitere Merkmale und schlagen phasenspezifische Marketing-Maßnahmen vor (vgl. Abb. 26).

	Einführung	**Wachstum**	**Reife**	**Rückgang**
Merkmale				
Umsätze	Niedrig	Schnelles Wachstum	Langsames Wachstum	Abnahme
Gewinne	Nicht beachtenswert	Spitzenwerte	Absinkend	Niedrig oder Null
Cash Flow	Negativ	Mäßig	Hoch	Niedrig
Kunden	Innovativ	Massenmarkt	Massenmarkt	Nachzügler
Konkurrenten	Wenige	Zunehmend mehr	Viele	Zunehmend weniger
Maßnahmen				
Hauptstrategie	Markt ausdehnen	Markt-penetration	Marktanteil verteidigen	Produktivität
Marketing-Ausgaben	Hoch	Hoch (bzw. ab-nehmend, %)	Abfallend	Niedrig
Nachdruck auf:	Bekannt-machung	Marken-präferenz	Markentreue	Selektiv
Distribution	Löchrig	Intensiv	Intensiv	Ansteigend
Preis	Hoch	Niedriger	Am Tiefpunkt	Rationalisiert
Produkt	Grundmodell	Verbessert	Differenziert	

Abb. 26: Phasenbezogene Merkmale und Maßnahmen im Produkt-Lebenszyklus (nach Kotler, P.; 1995, S. 586).

Die Untersuchung realer Produktlebenszyklen zeigt, daß eine Einführungsphase fehlen kann, ebenso, daß nach der Wachstumsphase sofort die Rückgangsphase folgen kann und umgekehrt, daß bedingt durch verstärkte Marketing-Anstrengungen nach der Reifephase nicht zwangsläufig die Rückgangsphase, sondern neue Wachstumsphasen folgen können, wie die klassischen Beispiele Persil oder Odol schon mehrfach bewiesen haben (vgl. Huppert, E.; 1978, S. 420 ff.). Die größte Problematik des Lebenszykluskonzeptes besteht in der eindeutigen Phasenidentifikation und -abgrenzung und in der zu stark produkt- weniger marktbezogenen Betrachtungsweise. Sein größter Vorteil liegt in der Erkenntnis, daß diese Lebensphasen sich durch Marketing-Maßnahmen außer Kraft setzen lassen (vgl. Birkigt, K.; 1980, S. 82; Meyer, P. W.; 1973, S. 72) um Objekte länger am Leben und im Wachstum zu halten. Weitere Vorteile liegen in seiner Veranschaulichung von längerfristigeren Absatz-Entwicklungen von Objekten im Markt und in seiner Verwendung zur Analyse der Objekt-Programmstruktur einer Einzelwirtschaft nach der Stellung der einzelnen Objekte im Lebenszyklus, um Programmüberalterungen zu vermeiden (vgl. Dichtl, E.; 1970, S. 69 f.).

Das Produkt-Lebenszyklus-Modell ist deshalb vorrangig ein Analyseinstrument, das im Rahmen der Objektprogrammplanung eingesetzt werden kann; sein Aussagewert hinsichtlich phasenbezogener spezifischer Marketing-Maßnahmen ist zumindest wesentlich geringer (vgl. Hoffmann, K.; 1972, S. 118 ff.).

Diese Aussagen gelten im Grundsatz auch für die auf höherem Verdichtungsniveau arbeitenden, modernen Portfolio-Ansätze; diese sind im wesentlichen gute Analyseinstrumente, die im Rahmen der Planung von Marktprogrammen Entscheidungen über die zukünftige Programmstruktur systematisch vorbereiten können. Unger kommt nach einer kritischen Analyse der Identität verschiedener Portfolio-Analysen zu dem Schluß: »Die Portfolio-Analyse liefert keine objektiv ›wahre‹ Analyse der Ist-Situation. Sie ist vielmehr das Resultat von Entscheidungen für das eine oder andere Portfolio-Modell bzw. für die eine oder andere Definition der beiden erforderlichen Dimensionen ... Die Portfolio-Technik stellt insgesamt eine mögliche Technik der Analyse dar. Die Resultate liefern uns Hinweise für mögliche Strategien. Ein direktes Ableiten von Strategien ist allein aus dieser Portfolio-Analyse nicht möglich. Erforderlich ist eine Methodenvielfalt in der Unternehmungs-Analyse« (Unger, F.; 1985, S. 223; vgl. Becker, H.; 1993, S. 370).

Wesentlich schwieriger und riskanter ist vielmehr im Rahmen der Marktprogrammplanung die Teilaufgabe für einzelne Märkte konkrete Objekte zu entwickeln, die am Markt erfolgreich sind (Link, J.; 1985, S. 250) und den von der Portfolio-Analyse vorgezeichneten Weg vom »Fragezeichen« zum »Stern«, vom »Stern« zur »Milchkuh« und von der

»Milchkuh« zum »Armen Hund« vollständig beschreiten und nicht die Abkürzung vom »Fragezeichen« zum »Armen Hund« zu wählen.
Aus diesem Grund soll die Planung von *Objektinnovationen* (Neuproduktmanagement, Innovationsmanagement) im folgenden ausführlicher behandelt werden.
Vor dem Hintergrund der Zielsetzung dieses Beitrages wird ein relativ enger Innovationsbegriff gewählt. Dies bedeutet, daß unter Objektinnovations-Prozessen in einer Einzelwirtschaft »nur« solche Prozesse verstanden werden, deren Ergebnisse zukünftige Absatzobjekte dieser Einzelwirtschaft darstellen sollen. Andere Innovationsprozesse, vor allem in anderen Hauptfunktionen einer Einzelwirtschaft wirksame Innovationsprozesse wie rechtliche Innovationen (z.B. neue Rechtsform), Fertigungs-/Verfahrensinnovationen (z.B. Einsatz von Robotern), Innovationen in der Beschaffung (z.B. neue Lieferanten), Innovationen im Finanzwesen (z.B. neue Finanzierungsformen), Innovationen im Personalbereich (z.B. neue Entlohnungssysteme) oder Innovationen im Organisationsbereich (z.B. neue Verkaufsaußendienstorganisation) sind nicht unmittelbarer Gegenstand der Marktprogrammplanung und werden deshalb hier nicht betrachtet (vgl. Schnedlitz, P.; 1985, S. 139 ff.).
Objektinnovationen lassen sich nach unterschiedlichen Kriterien charakterisieren. Die Spannweite reicht von Weltneuheiten über nationale, branchen- bis zu einzelwirtschaftsbezogenen Neuheiten. Die Relativität des Innovationsbegriffes kann hinsichtlich der drei Dimensionen Subjektdimension (neu für wen?), Intensitätsdimension (wie sehr neu?), und Zeitdimension (wie lange neu?) bestimmt werden (vgl. Schmitt-Grohé, J.; 1972, S. 26 ff.). Aus der Sicht des Marktes bzw. der Nachfrager und im Interesse einer praktikablen Abgrenzung sollen folgende Arten neuer Objekte unterschieden werden (vgl. Becker, J.; 1993, S. 130):

- Echte Innovationen (d.h. originäre Objekte, die es bis dato nicht gab; z.B. Solarheizung, Wärmepumpe, Abgaskatalysator, Quarzuhren)
- Quasi-neue Objekte (d.h. neuartige Objekte, die an vorhandenen Objekten anknüpfen, z.B. Spenderzahncreme, Klappfahrrad, vollautomatische Spiegelreflexkamera)
- Me-too-Objekte (d.h. nachgemachte, nachgeahmte bzw. nachempfundene Objekte, die sich insbesondere durch geringfügige, äußere Variation von bestehenden »Originalen« unterscheiden, z.B. zweite Spenderzahncreme auf dem Markt, zweites Waschmittel auf dem Markt).

Die Komplexität der Planung von Objektinnovationen und die diesem Prozeß inhärenten Risiken hängen maßgeblich vom Neuigkeitsgrad der Innovation ab. Die Problematik dieses Planungsprozesses wird schon

dadurch deutlich, daß für ein erfolgreiches Objekt am Markt oft über 50 Objektideen im Planungsprozeß ausgeschieden werden müssen (vgl. Schmitt-Grohé, J.; 1972, S. 27 und Schnedlitz, P.; 1985, S. 144). Empirische Untersuchungen über die Gründe des Scheiterns von Objektinnovationen zeigen, daß die Hauptursachen in der fehlenden Marktorientierung des Planungsprozesses liegen (vgl. Winck, P.; 1983, S. 3).
Der Kern der Planung von Objektinnovationen bezieht sich auf die Planung des Prozesses der Objektentwicklung. Die diesem Prozeß nachgelagerten Prozesse nach der Einführung einer Objektinnovation im Markt, insbesondere der Führung einer Innovation im Markt, werden hier ausgeklammert. Urban und Hauser differenzieren den Kernprozeß der Objektentwicklung nach folgenden drei Phasen[11] (vgl. Urban, G. L.; Hauser, J. R.; 1980, S. 32 ff.):

I. Phase der Identifikation von Innovationschancen und Generierung von Objektideen (»Opportunity Identification«):
Bestimmung und Festlegung des chancenreichsten Marktes für eine Innovation, Gewinnung von Objektideen, die die Basis einer solchen Innovation sein könnten und Selektion erfolgversprechender Objektideen.

II. Phase der stufenweisen Konzeptentwicklung (»Design«):
Ausarbeitung der Objektidee bis zu einem vermarktungsfähigen Objekt unter stufenweiser Entwicklung und Bewertung eines Marktprogrammes für die geplante Innovation (incl. eines Werbeprogrammes) und vor allem der Entwicklung der »physischen« und »psychischen« Objektmerkmale.

III. Phase des Testens (»Testing«):
Test aller Marktprogrammteile (wie Objekt, Zielgruppenbestimmung und Objektpositionierung) und des Werbeprogrammes sowie daraus resultierende Anpassungsmaßnahmen.

Diese Differenzierung überzeugt durch eine starke und ständige Marktorientierung in allen Phasen. Der extreme Gegensatz zu dieser Vorgehensweise vollzieht sich in der Praxis oft bei der Vermarktung von Erfindungen. In diesen Fällen liegt häufig eine fertige »technische« Pro-

---

11 Kotler unterteilt die Phasen vor der nationalen Einführung eines Objektes ähnlich: 1. Vorauswahl (Ideensuche und -auswahl); 2. Konzept-Testen (Entwickeln und Testen der Produktkonzepte); 3. Produktentwicklung und 4. Testmarketing: ähnlich auch Scheuing, der von einem Evolutionsprozeß spricht (vgl. Kotler, P.; 1995, S. 537 ff. und Scheuing, E. E.; 1970, S. 55).

duktentwicklung mit einem Prototyp vor, ohne daß die Vermarktungschancen der Erfindung analysiert wurden, marktbezogene Anforderungen bei der Produktentwicklung berücksichtigt wurden und ein Marktprogramm für die Erfindung ausgearbeitet worden ist.
In der hier gebotenen Kürze sollen die in den einzelnen Phasen der Planung von *Objektinnovationen* einsetzbaren *Methoden* kurz aufgeführt werden.
Die erste Phase zerfällt in drei Teilaufgaben. Eine Aufgabe umfaßt eine mehrstufige Identifikation von Marktchancen. Dabei geht es um die schrittweise Selektion von 3–4 erfolgversprechenden Märkten für Innovationen. Ausgangspunkt hierfür sind Marktprofilanalysen zur Selektion von ca. 20–30 Märkten. Die zweite Aufgabe im Rahmen der ersten Phase der Objektinnovation beinhaltet die Generierung von Objektideen für die ausgewählten Märkte/Zielsegmente/-gruppen. Diese kann zum einen über die systematische Ideensammlung mit Hilfe interner und externer Ideenquellen (vgl. Hoffmann, K.; 1979, S. 59) und zum anderen über die Produktion von Ideen durch den Einsatz von Methoden der Ideenfindung wie Brainstorming, Brainwriting oder morphologischer Kasten erfolgen.[12] Nach einer groben Ausarbeitung dieser Objektideen besteht die dritte Aufgabe in dieser ersten Phase der Objektinnovation in der Grobselektion erfolgversprechender Objektideen auf wenige weiter zu konkretisierende Ideen. Dazu dienen in der Praxis Bewertungschecklisten[13] oder Scoring-Modelle[14] und soweit entsprechende Daten vorliegen, Wirtschaftlichkeitsanalysen (vgl. Schmitt-Grohé, J.; 1972, S. 101).
In der *zweiten Phase* der Objektinnovation geht es um die schrittweise Konzeptentwicklung (Designphase, Urban, G. L.; Hauser, J. R.; 1980, S. 155). Diese beinhaltet eine schrittweise Konkretisierung der Objektidee durch die Objektentwicklung bis zu einem vermarktungsfähigen Objekt. Sie sollte in eine umfassendere Ausarbeitung eines

---

12 Für einen Überblick über die verschiedenen Kreativitätstechniken vgl. Kleine, M. L.; 1975; Sand, H.; 1979; Schlicksupp, H.; 1992 und Geschka, H.; 1985, S. 3.

13 Vorschläge hierzu unterbreiten Arlt, J.; 1972, S. 119; Geyer, E.; 1968, S. 67 ff. und ders.; 1972, S. 53 ff. und Stritzky, O. O. v.; 1978, S. 531 ff. sowie Meyer, der eine Checkliste vorlegt, die in allen Phasen der Objektentwicklung anwendbar ist; vgl. Meyer, P. W.; 1962, S. 57 ff.

14 Zur Problematik der Scoring-Modelle vgl. Strebel, H.; 1985, S. 3 und zu einem Überblick über die verschiedenen Modelle vgl. Schnedlitz, P.; 1985, S. 147 ff. und Schmitt-Grohé, J.; 1972, S. 84 ff. sowie Kreuz, A.; 1975, S. 85 ff.

Marktprogrammes für die Objektinnovation eingebettet sein. Neben der Objektentwicklung (bei materiellen Objekten ist dies die Herstellung des Prototyps; bei Dienstleistungen die Realisierung eines Pilot-/Testprojektes) sind dabei auch Gestaltungsentscheidungen hinsichtlich der Objektgrundmerkmale (Verpackungsgestaltung, Qualitätsgestaltung, Festlegung der Markierung etc.) und -zusatzmerkmale zu realisieren. Gleichzeitig sollten auch bereits die Einführungsmaßnahmen für die Innovation entworfen werden; dies gilt insbesondere für den materiellen Entwurf von Werbe- und Verkaufsförderungsmaßnahmen.

In der *dritten* und *letzten* Phase vor der endgültigen Einführung der Innovation geht es um das Testen des gesamten Marktprogrammes für die Innovation und einzelner Marktprogrammteile bzw. Einführungsmaßnahmen. Selbstverständlich bedeutet dies wiederum ein schrittweises Vorgehen unter permanenter Verbesserung der gestalteten Elemente/Maßnahmen. Im einzelnen beinhaltet dies insbesondere das Testen der geplanten Werbemaßnahmen und des Objektes bzw. einzelner seiner Bestandteile wie Markennamen oder Verpackung mit den verschiedenen Testmethoden. Vor der darauf aufbauenden Einführung der Innovation auf einem Testmarkt bzw. in Testgebieten/-räumen können unter Umständen noch Methoden der Simulation von Testmärkten (Pretest Market Forecasting; vgl. Urban, G. L.; Hauser, J. R.; 1980, S. 386) durchgeführt werden, um die hohen Kosten der Testmarkteinführung evtl. zu vermeiden.[15]

Neben den geschilderten inhaltlichen Aufgaben im Rahmen der Planung von Objektinnovationen ist in diesem komplexen Planungsprozeß vor allem auch noch eine Zeit- und Budgetplanung zu erstellen. Für die Zeitplanung eignen sich die Methoden der Netzplantechnik (vgl. Roemer, D.; 1980).

Im Rahmen der Budgetplanung ist insbesondere ein aufgabenbezogener Entwicklungsetat festzulegen (vgl. Schwartzer, U.; 1978, S. 410; Urban, G. L.; Hauser, J. R.; 1980, S. 563 ff.).

In der Praxis hängt der Umfang der Planung und die Verwendung spezieller Methoden u.a. stark von der Unternehmensgröße (vgl. Hering, E.; 1984 u. Urban, G. L.; Hauser, J. R.; 1980, S. 554) und vor allem von den Besonderheiten des speziellen Innovationsobjektes ab. Die Besonderheiten der Planung vor Objektinnovationen für die verschiedenen Objektkategorien, Güter des täglichen Bedarfs (Consumer frequently purchased), langlebige Gebrauchsgüter (Consumer durable), Investitionsgüter (Industrial), hoch technologische Güter (High tech-

15 Vgl. detailliert zu den einzelnen Testmethoden Bauer, E.; 1981; ders.; 1984, S. 157 ff.; Becker, J.; 1993, S. 417 ff.; Benad, G.; 1978, S. 1374 ff.; Green, P. E.; Tull, D. S.; 1982, S. 538 ff.; Höfner, K.; 1966; Höger, A.; 1978, S. 1424; Rehorn, J.; 1977 und ders.; 1983.

nological) und Dienstleistungen (service) in Anlehnung an Urban und Hauser (vgl. Urban, G. L.; Hauser, J. R.; 1980, S. 557) zeigt Abb. 27. In größeren Unternehmen wird dieser Planungsprozeß oftmals in Modellen formalisiert. Praktische Beispiele dafür sind das Entscheidungsmodell »Arbor« der Firma Henkel AG, das anhand fester Normen die vier Grundvoraussetzungen Marktpotential, Verbraucherbedürfnis, Produktleistung und Kommunikation vor der Einführung von Objektinnovationen prüft, das »Konkomitanz-Modell« der Firma Philips GmbH (vgl. Schramm, H. F. W.; 1985, S. 4) oder das computergestützte »MBS-Neuprodukte-Entscheidungsmodell« der Beratungsfirma Dr. Höfner & Partner (vgl. Moser, R. O.; 1985, S. 146).

1.3.3 Die Ausführung der Absatzvorbereitung

Bei dieser dritten Managementfunktion geht es im Rahmen der Absatzvorbereitung um die praktische Durchführung derjenigen im Rahmen der Planung der Absatzvorbereitung festgelegten Maßnahmen, die sich unmittelbar auf die Absatzvorbereitung beziehen. Maßnahmen wie die konkrete Gestaltung von Anzeigen für Objektinnovationen, die sich auf andere Funktionen beziehen, werden im Rahmen des Managements dieser Funktionen betrachtet. Die Ausführung der Absatzvorbereitung beschränkt sich damit auf die Durchführung und Ausführung von Marktforschungsmaßnahmen und Maßnahmen im Rahmen der Gestaltung neuer Objekte oder Gestaltungsänderungen von im Markt befindlichen Objekten (vgl. Hermanns, A.; 1978, S. 51).

Der Umfang der Tätigkeiten wird dabei wesentlich von der Entscheidung über Selbstausführung oder die teilweise oder vollständige Delegation solcher Maßnahmen auf externe Dienstleister (Marktforschungsagenturen, Designer, Werbeagenturen, Marketingberater etc.) beeinflußt (Vgl. 1.3.2).

Die Ausführung der ihrem Wesen nach sehr stark analytischen bzw. planerischen Aufgaben im Rahmen der Absatzvorbereitung, hängt maßgeblich von ihrer organisatorischen Institutionalisierung in einer Einzelwirtschaft ab. Aus diesem Grund sollen im folgenden die verschiedenen Möglichkeiten der *Organisation der Aufgaben der Absatzvorbereitung* dargestellt werden.

Die Marktforschung in einer Einzelwirtschaft kann entweder als Stabstelle der Unternehmensleitung bzw. der Marketingleitung zugeordnet werden oder als »Quasi-Linienfunktion«, den anderen Marketinglinienfunktionen gleichgeordnet sein. Vielfach wird sie in der Praxis auch zusammen mit anderen »dienstleistenden Marketingfunktionen« in einer »Marketing-Service-Abteilung« zusammengefaßt (vgl. Hesse, J.; 1978, S. 176). Für die Innenorganisation der Marktforschung sind u.a. Stellengliederungen nach methodischen, funktionalen, objektgruppen-/objektorientierten Gesichtspunkten möglich (vgl. Kreuz, A.; 1981, S. 10 ff.).

Objektkategorie Entwicklungsphase	Güter des tägl. Bedarfs	langlebige Gebrauchsgüter	Investitionsgüter	Hochtechnologische Güter	Dienstleistungen
Identifikation von Innovationschancen und Generierung von Objektideen	Marktdefinition (-bestimmung u. -abgrenzung)	Marktdefinition (-bestimmung u. -abgrenzung)	Verwenderidentifikation	F & E	Bedarfsanalyse
	Kreativgruppen	Marketing-orientiertes Entwerfen u. Konstruieren	Bedarfsanalyse	Technologie-Prognosen	Kundenorientierte Dienstleistungspläne
		Kreativgruppen	Technologie-geleitetes Entwerfen F & E	Verwenderforschung	
Stufenweise Programmentwicklung und Objektentwurf	Zentrale Nutzensversprechungen	Zentrale Nutzensversprechungen	Zentrale Nutzensversprechungen	Zentrale Nutzensversprechungen	Zentrale Nutzensversprechungen
	psychologische Attribute/ Komponenten	psychologische und physische Attribute/ Komponenten	psychologische und physische Attribute/ Komponenten	physische Attribute/ Komponenten	Nutzensvermittlung
	Verbrauchervorstellungen -präferenzen -auswahlentscheidungen	Verbrauchervorstellungen -präferenzen -auswahlentscheidungen	Einkaufsprozeß (Determinanten)	Einkaufsprozeß (Determinanten)	Verbrauchervorstellungen -präferenzen -auswahlentscheidungen
	Produkteigenschaften	Produkteigenschaften	Produkteigenschaften	F & E	Werbung und PR
	Werbung	Werbung/ Diffusion	Entwurf/ Konstruktion Direktabsatz	Direktabsatz/ Diffusion	
Testphase	Verbraucherpretests Testmärkte	Labor- und Verbraucherpretests (-modelle)	Labortests Gebrauchstests	Labortests Gebrauchstests	Demonstrations-/ Pilotprogramme

Abb. 27: Besonderheiten im Objektentwicklungsprozeß für verschiedene Objektkategorien.

Die organisatorische Institutionalisierung der Marktprogrammerstellung bezieht sich im wesentlichen auf die Organisation der Entwicklung von Objektinnovationen und die Betreuung im Markt eingeführter Objekte.
Die *Organisation der Betreuung bestehender Objekte* wird insbesondere von system- und objektspezifischen Besonderheiten determiniert. D.h., daß sie bei Konsumgüter-, Investitionsgüter-, Dienstleistungsanbietern und Handelsunternehmen verschieden ist. Im Konsumgüterbereich ist diese Funktion vielfach in Form des Produktmanagements organisiert.[16] Kotler bezeichnet die Produktmanager wegen ihrer Aufgabe auch als Programmanager (vgl. Kotler, 1995, S. 1122). Bei Dienstleistungs- und Investitionsgüteranbietern dominiert das Kunden- oder Projektmanagement (vgl. Backhaus, K.; 1992, S. 194 ff.; Reschke, H.; 1978, S. 298 ff.). Im Handel findet man vornehmlich die warengruppenbezogene Organisation. Wegen der zentralen Bedeutung der Sortimentsgestaltung im Handel wird deren organisationale Institutionalisierung oft auf mehreren Ebenen vollzogen (vgl. Müller-Hagedorn, L.; 1993, S. 57 f.).
Für eine bessere Koordination objektbezogener und kundenbezogener Marketing-Maßnahmen eignet sich eine kombinierte Organisationsform in Form eines »Doppelmanagements von Produkt- und Marktmanagement« insbesondere für Konsum- und Investitionsgüteranbieter (vgl. Kreuz, A.; 1981, S. 81 ff.).
Die Organisation der Entwicklung von Objektinnovationen ist in der Praxis vielfältig: Produkt-Management für neue Produkte, Institutionalisierung einer Abteilung »Neue Objekte« unter dem Marketing-Stab oder der Forschung und Entwicklung, Ausschuß »Neue Objekte«, Projekt-Teams aus allen betroffenen Bereichen (Marketing, Produktion, Forschung und Entwicklung, Finanzen, Beschaffung etc.) (vgl. Steiner, G. A.; 1971, S. 729 ff.).
Vor dem Hintergrund der umfangreichen Aufgaben, funktionalen Überschneidungen und Koordinationsproblemen im Rahmen der Objektinnovation haben dabei projektbezogene Organisationsformen die meisten Vorteile. »Insbesondere für den Transfer der Idee über die Entwicklung in die Implementierung bedarf es einer engen organisatorischen Verknüpfung der beteiligten und betroffenen Bereiche, die durch Konzepte der Projektorganisation erreicht werden kann«. (Vgl. Reber, G.; Strehl, F.; 1984, S. 633)[17].

---

16 Die Literatur zum Produktmanagement ist sehr zahlreich, vgl. beispielhaft Koinecke, J.; 1978, S. 290 ff.; Kreuz, A.; 1975 u. Wild, J.; 1973.

17 Vgl. zur Organisation von Objektinnovationen vor allem Reber, G.; Strehl, F.; 1983, S. 625 ff. sowie Hack, J.; 1976, S. 74 ff.; ders.; 1978, S. 455 ff. u. Urban, G. L.; Hauser, J. R.; 1980, S. 531 ff.

1.3.4 Die Kontrolle der Absatzvorbereitung

»Unter Kontrolle der Absatzvorbereitung ist die Überprüfung der gesetzten Ziele im Soll-Ist-Vergleich zu verstehen, dem sich eine quantitative oder qualitative Bewertung der einzelnen Veränderungen anschließt« (Hermanns, A.; 1978, S. 51 f.).

Gegenstände der Kontrolle sind wiederum die Marktforschung und die Programmerstellung.

Die *Kontrolle der Marktforschung* bezieht sich auf eine Überprüfung der erfolgten Aktivitäten, ihrer Relevanz, ihrer methodischen Vorgehensweise, des Zeitaufwands, der Budgeteinhaltung und -verteilung sowie der Zusammenarbeit mit externen Instituten. Im Mittelpunkt der Kontrolle steht eine Kosten-Nutzen-Analyse (Baysian Approach) hinsichtlich der mit dem jeweiligen Informationszuwachs verbundenen Kosten (vgl. Hermanns, A.; 1978, S. 52).

Eine umfassende Kontrolle von Marktforschungsprojekten, die von Marktforschungsinstituten durchgeführt wurden, aber auch von selbst durchgeführten Untersuchungen kann mit einer Checkliste, die von der Interessengemeinschaft der Marktforschungsauftraggeber (Igma) entwickelt wurde, vorgenommen werden. Dabei wird die Zufriedenheit mit der Zusammenarbeit jeweils detailliert hinsichtlich der Hauptbeurteilungsdimensionen Angebot, Durchführung des Auftrages, Präsentation und Abfassung des Untersuchungsberichtes beurteilt (vgl. o.V.; 1981, ohne Seitenangabe).

Die *Kontrolle des Marktprogrammes* bezieht sich zum einen auf die Kontrolle der Planung und ihrer Ergebnisse und zum anderen auf die Kontrolle der durchgeführten Maßnahmen (Objektinnovation, Objektgestaltung). Evtl. eingeschaltete externe Organe müssen ebenso kontrolliert werden wie die internen Funktionsträger. Die Maßnahmenkontrolle ist vergleichsweise einfach und kann mit Hilfe von Testmethoden der Marktforschung (vgl. 1.3.2) durchgeführt werden. Die Kontrolle der Planung als typische Soll-Soll-Kontrolle beschränkt sich im wesentlichen auf eine Kontrolle der Plandaten und -verfahren, insbesondere hinsichtlich Plausibilität, korrekter Anwendung, logische Nachvollziehbarkeit und Vollständigkeit der Planung. Häufig spricht man in diesem Zusammenhang auch von Marketing-Audit (vgl. Riegl, G. F.; 1982, S. 188 f.).

Die Kontrolle der Absatzvorbereitung wird in zunehmendem Maße zusammen mit der Kontrolle der anderen Absatzfunktionen und weiteren spezifischen Teilaufgaben im Rahmen der Konzeption und Planung von Absatzfunktionen in ein umfassenderes Absatzmarketing-Controlling-Konzept und -System integriert. Damit werden Aufgaben der Absatzmarketing-Leitung bzw. Unternehmensleitung zumindest teilweise auf den unterstützenden Funktionsbereich des Absatzmarketing-Controlling delegiert (vgl. Graf, W.; 1984, S. 66 ff.).

Literaturverzeichnis

Arlt, J. (1972); Systematische Produktbewertung – Vorbedingung einer optimalen Produktionsprogrammplanung, in: Industrial Engineering, 3/1972, S. 115–122.

Backhaus, K. (1992); Investitionsgüter-Marketing, 3. überarb. Auflage, München 1992.

Bauer, E. (1981); Produkttests in der Marketingforschung, Göttingen 1981.

Bauer, E. (1984); Die häufigsten Fehler bei Produkttests, in: Marketing-Zeitschrift für Forschung und Praxis, 3/1984, S. 157–165.

Becker, J. (1993); Marketing-Konzeption. Grundlagen des strategischen Marketing-Management, 5. verb. u. erg. Auflage, München 1993.

Benad, G. (1978); Produkttests, in: Handbuch Marketing, Bd. 2, hrsg. v. J. Koinecke, Gernsbach 1978, S. 1367–1378.

Bidlingmaier, J. (1973a); Marketing, Band 1, Hamburg u.a. 1973.

Birkigt, K. (1978); Produktlebenszyklen als Entscheidungshilfe, in: Marketing-Journal, 1/1978, S. 22–28.

Birkigt, K. (1980); Kritische Anmerkungen zu Dhalla u. Yuspeh, in: Harvard Manager, 1/1980, S. 79–82.

Craemer, D. (1978); Netzplantechnik im Marketing, in: Handbuch Marketing, Bd. 1, hrsg. v. J. Koinecke, Gernsbach 1978, S. 461–477.

Dhalla, N. K.; Yuspeh, S. (1980); Abschied vom Konzept des Produktlebenszyklus, in: Harvard Manager, 1/1980, S. 69–79.

Dichtl, E. (1970); Die Beurteilung der Erfolgsträchtigkeit eines Produktes als Grundlage der Gestaltung des Produktionsprogrammes, Berlin 1970.

Diller, H. (1980b); Planungstechniken im Marketing, in: Marketingplanung, hrsg. v. H. Diller, München 1980, S. 3–15.

Esser, W. M.; Höfner, K.; Kirsch, W.; Wieselhuber, N. (1983); Der Stand der strategischen Unternehmensführung in der Bundesrepublik Deutschland und West-Berlin, München 1983.

Geschka, H. (1985); Auch Kreativität kann man lernen, Techniken zur Rationalisierung der Ideensuche, in: Blick durch die Wirtschaft, v. 8. 7. 1985, S. 3.

Geyer, E. (1968); Marktgerechte Produktplanung und Produktentwicklung, Produktmanagement, Teil I, Produkt und Markt, Heidelberg 1968.

Geyer, E. (1972); Marktgerechte Produktplanung und Produktentwicklung, Produktmanagement, Teil II, Produkt und Betrieb, Heidelberg 1972.

Graf, W. (1984); Absatzmarketing-Controlling. Eine Analyse aus der Sicht des integrierten Funktionalansatzes, in: Zukunftsorientiertes Marketing für Theorie und Praxis, Festschrift zum 60. Geburtstag von P. W. Meyer, hrsg. v. A. Hermanns u. A. Meyer, Berlin 1984, S. 57–72.

Green, P. E.; Tull, D. S. (1982); Methoden und Techniken der Marketingforschung, 4. Aufl., dt. Übersetzung von R. Köhler u.a.; Stuttgart 1982.

Hack, J. (1976); Produktplanung am Beispiel der Investitionsgüterindustrie, Essen 1976.

Hack, J. (1978); Produktplanungssystem für die Investitionsgüterindustrie, in: Handbuch Marketing, Bd. 1, hrsg. v. J. Koinecke, Gernsbach 1978, S. 449–460.

Hering, E. (1984); Planung neuer Produkt-Markt-Bereiche unter besonderer Berücksichtigung der Realisierung in Klein- und Mittelbetrieben, Frankfurt u.a. 1984.

Hermanns, A. (1978); Funktionen des Absatzmarketing, I. Absatzvorbereitung, in: Integrierte Marketingfunktionen, Absatz, Beschaffung und Öffentlichkeitsarbeit, hrsg. v. P. W. Meyer u. A. Hermanns, 1. Aufl., Stuttgart u. a. 1978, S. 32–56.
Hesse, J. (1978); Funktionale Marketing-Organisation, in: Integrierte Marketingfunktionen, Absatz, Beschaffung und Öffentlichkeitsarbeit, hrsg. v. P. W. Meyer u. A. Hermanns, Stuttgart u. a; 1978, S. 168–189.
Hinse, D. (1978); Die Entwicklung detaillierter und in sich abgestimmter Gesamt- und Teilziele im Marketing und Vertrieb, in: Handbuch Marketing, Bd. 1, hrsg. v. J. Koinecke, Gernsbach 1978, S. 377–383.
Höfner, K.; Der Markttest für Konsumgüter in Deutschland, Stuttgart 1966.
Höger, A. (1978); Pro und Contra Testmarkt, in: Handbuch Marketing, Bd. 2, hrsg. v. J. Koinecke, Gernsbach 1978, S. 1423–1430.
Hoffmann, K. (1972); Der Produktlebenszyklus. Eine kritische Analyse, Freiburg 1972.
Hoffmann, K. (1979); Wie man Flop-Raten reduziert – Neue Produkte finden und erfolgreich plazieren, München 1979.
Huppert, E. (1978); Produkt-Lebenszyklus: eine Entscheidungshilfe?, in: Marketing-Journal, 5/1978, S. 416–423.
Kaas, K. P. (1973); Diffusion und Marketing. Das Konsumentenverhalten bei der Einführung neuer Produkte, Stuttgart 1973.
Kleine, M. L. (1975); Die neuen Techniken der Kreativität und Problemlösung, München 1975.
Koinecke, J. (1978); Schwachstellen im Produkt-Management beseitigen, in: Handbuch Marketing, Bd. 1, hrsg. v. J. Koinecke, Gernsbach 1978, S. 289–295.
Kotler, P. (1995); Marketing-Management, Analyse, Planung und Kontrolle, 8. vollst. überarb. u. erw. Aufl., Stuttgart 1995.
Kreuz, A. (1975); Der Produkt-Manager. Seine Rolle im Marketing-Prozeß, Essen 1975.
Kreuz, A. (1981); Marketing-Organisation. Grundlagen praktischer Marketing-Organisation, Bielefeld u. a. 1981.
Lessing, R.; Groeger, H. (1982); Führen mit strategischen Geschäftseinheiten, Praxiskonzept und Anleitung für Mittelbetriebe mit Erfahrungsbericht über das Pilotobjekt der EBM-Industrie, absatzwirtschaft-Schriften zum Marketing, Band 6, Düsseldorf u. a. 1982.
Link, J. (1985); Strategische Planung. Die 8 folgenschweren Mißverständnisse vermeiden, in: Marketing-Journal, 3/1985, S. 248–252.
Meffert, H. (1974); Interpretation und Aussagewert des Produktlebenszykluskonzepts, in: Neuere Ansätze der Marketingtheorie, Festschrift zum 80. Geburtstag von O. Schnutenhaus, hrsg. v. P. Hammann; W. Kroeber-Riel; C. W. Meyer, Berlin 1974, S. 85–133.
Meyer, P. W. (1962); Was muß ein Unternehmen alles tun, ehe ein neues Produkt auf den Markt gebracht wird, in: Beiträge zur Absatzwirtschaft 1962, hrsg. v. Marketing- und Verkaufsleiter-Club Bielefeld e.V., Bielefeld 1962, S. 57–64.
Meyer, P. W. (1973); Die machbare Wirtschaft, Grundlagen des Marketing, Essen 1973.
Moser, R. O. (1985); Mikrocomputer. Den Mikro für die Neuprodukte-Planung nutzen, in: Marketing-Journal, 2/1985, S. 146–149.
Müller-Hagedorn, L. (1993); Handelsmarketing, 2., überarb. u. erw. Auflage, Stuttgart u. a. 1993.

Nieschlag, R.; Dichtl, E.; Hörschgen, H. (1994); Marketing, 17. völlig neu bearbeitete Auflage, Berlin 1994.

O. V. (1981); IGMA: Checkliste für die Projekt-Bewertung – Betriebliche Marktforscher: Entzauberung der Instituts-Landschaft, in: Context-Vertraulicher Informationsdienst zu Fragen der Kommunikation in Wirtschaft und Gesellschaft, Folge 415 vom 18. 10. 1981.

Pinnekamp, H. J. (1980); Lebenszyklus-Modelle, empirische Lebenszyklus-Verläufe und praktisches Marketing, in: Innovatives/Strategisches Management, AAw-Schriftenreihe zur angewandten Wirtschaftswissenschaft, Reihe 17, Heft 3, hrsg. v. U. Frantz, Lemgo 1980, S. 358–384.

Reber, G.; Strehl, F. (1984); Organisatorische Bedingungen von Produktinnovationen, in: Marktorientierte Unternehmensführung, wiss. Tagung des Verbandes der Hochschullehrer für Betriebswirtschaft in Wien 1983, schriftliche Dokumentation, hrsg. v. J. Mazancec u. F. Scheuch, Wien, 1984, S. 625–649.

Rehorn, J. (1977); Markttest, Neuwied 1977.

Rehorn, J. (1983); Was leisten Pretests?, hrsg. v. Simon, Rempen & Schmitz – SMS, Düsseldorf 1983.

Reschke, H. (1978); Das Projekt-Management, in: Handbuch Marketing, Bd. 1, hrsg. v. J. Koinecke, Gernsbach 1978, S. 297–307.

Riegl, G. F. (1982); Marketing-Management – Ein Beitrag zur systematischen Verwirklichung des Absatzmanagement, Bielefeld u. a. 1982.

Rogers, E. M. (1962); Diffusion of Innovations, New York u. a. 1962.

Sand, H. (1979); Neue Methoden zum kreativen Denken und Arbeiten, Kissing 1979.

Schlicksupp, H. (1992); Innovation, Kreativität & Ideenfindung, 4. Aufl., Würzburg 1992.

Schmitt-Grohé, J. (1972); Produktinnovation, Verfahren und Organisation der Neuproduktplanung, Wiesbaden 1972.

Schnedlitz, P. (1985); Ein ganzheitlicher Ansatz zur Selektion von Produktinnovationen, in: Jahrbuch der Absatz- und Verbrauchsforschung, 2/1985, S. 138–166.

Schramm, H. F. W. (1985); Von der Forschung zum Break-Even-Point. Innovation in der Büro- und Informationstechnik (5), in: Blick durch die Wirtschaft, v. 24. 5. 1985, S. 4.

Schwarzer, U. (1978); Marketingetats in der Praxis, in: Handbuch Marketing, Band 1, hrsg. v. J. Koinecke, Gernsbach 1978, S. 407–413.

Steiner, G. A. (1971); Top Management Planung, München 1971.

Strebel, H. (1985); Scoring-Methoden bei unvollkommener Information, Verfahren der Entscheidungsvorbereitung, in: Blick durch die Wirtschaft, v. 15. 7. 1985, S. 3.

Stritzky, O. O. v. (1978); Beurteilung und Bewertung von Produktideen, in: Handbuch Marketing, Band 1, hrsg. v. J. Koinecke, Gernsbach 1978, S. 531–546.

Unger, F. (1985); Kritische Anmerkungen zu ausgewählten Ansätzen strategischer Unternehmensplanung, in: Markenartikel, 5/1985, S. 218–224.

Urban, G. L; Hauser, J. R. (1980); Design and Marketing of New Products, Englewood Cliffs 1980.

Wild, J. (1973); Product-Management, 2. Aufl., München1973.

Winck, P. (1983); Innovation ist machbar. Besondere Chancen für mittlere und kleinere Unternehmen, in: Blick durch die Wirtschaft, v. 3. 11. 1983, S. 3.

2. Absatzwerbung und Öffentlichkeitsarbeit

von MICHAEL SCHINEIS*

2.1 Werbung und Öffentlichkeitsarbeit als abgrenzbare Funktionen der Marktkommunikation

Jede Einzelwirtschaft ist in einer arbeitsteiligen Gesellschaft nur in einem Netz von Beziehungen überlebensfähig.[18] Um ihre Funktionen, die letztlich ihrer Existenzsicherung dienen, zu erfüllen, muß sie sowohl auf der Beschaffungs- als auch auf der Absatzseite mit anderen Wirtschaftseinheiten in Verbindung treten. Dies gilt insbesondere für Einzelwirtschaften, in denen Leistungen erstellt werden, um Versorgungsobjekte, die für die Leistungserstellung notwendig sind, zu beschaffen, oder um die erstellten Leistungen an andere Wirtschaftseinheiten abzusetzen.[19]

Diese Verbindung entsteht jedoch nicht aus sich selbst heraus. Die Einzelwirtschaft muß vielmehr diese Beziehungen ›anbahnen‹(vgl. Meyer, P. W.; 1963, S. 18 ff.). Sie muß, nachdem sie die Funktionen zur Vorbereitung der Marktteilnahme erfüllt hat, Werbung betreiben. Das Umfeld jeder Einzelwirtschaft besteht jedoch nicht nur aus Beschaffungs- und Absatzmärkten, sondern beinhaltet die gesamte gesellschaftliche, wirtschaftliche, politische, kulturelle, soziale und private Umwelt. Die Schaffung und Pflege von Beziehungen zu Bereichen, die nicht direkt den Absatz- oder Beschaffungsmärkten zuzuordnen sind, ist die Aufgabe der Öffentlichkeitsarbeit (Public Relations, PR). Funktion der Öffentlichkeitsarbeit ist somit nicht die Beschaffung oder der Absatz von Versorgungsobjekten, sondern die Unternehmen als Ganzes in der Öffentlichkeit darzustellen, und dadurch Vertrauen für die Einzelwirtschaft in der Öffentlichkeit zu schaffen (vgl. Bäumler, E.; Bodendieck, E.; 1975, S. 69). Da die Aufgaben der Öffentlichkeitsarbeit die gesamte Einzelwirtschaft betreffen, ist sie eine (delegierbare) Funktion der Leitung (vgl. Meyer, P. W.; Hermanns, A.; 1974, S. 107 sowie Abb. 22).

---

* Dipl. oec., Dr. rer. pol. Michael Schineis, Geschäftsführer Salomon GmbH, Puchheim.

18 Die totale Selbstversorgung ist in einer Industriegesellschaft nur noch theoretisch denkbar.

19 Bei genauer Analyse handelt es sich dabei um beinahe alle Einzelwirtschaften (vgl. Meyer, P. W.; 1973, S. 55 ff.).

In Anlehnung an Mentzel und Oeckl geben sich folgende Kriterien zur Abgrenzung von Werbung und Öffentlichkeitsarbeit (vgl. Mentzel, K. H.; 1978, S. 151; Oeckl, A.; 1976, S. 76 f.):

Werbung	Öffentlichkeitsarbeit
– Anbahnung von Beziehungen in Absatz- und Beschaffungsmärkten	– Anbahnung von Beziehungen in der gesamtgesellschaftlichen Umwelt
– mit dem Ziel Marktverträge abzuschließen	– mit dem Ziel öffentliches Vertrauen zu schaffen
– Umfaßt einzelne Versorgungsobjekte	– Umfaßt die gesamte Einzelwirtschaft
– Untersteht dem Absatz- bzw. Beschaffungsmarketing	– Untersteht der Leitung der Einzelwirtschaft

Trotz der unterschiedlichen Aufgabenstellungen, Ziel und Inhalte von Werbung und Öffentlichkeitsarbeit sind die beiden Funktionen nicht getrennt voneinander zu betrachten. Sie ergänzen und beeinflussen sich gegenseitig, da die Absatz- und Beschaffungsmärkte einen Teil der gesamten Öffentlichkeit darstellen (Abb. 28). Die gegenseitige Beeinflussung kann sich sowohl positiv als auch negativ auf die Zielerreichung der Werbung und der Öffentlichkeitsarbeit auswirken. Dem Kommunikationsmanagement, das beide Bereiche umfaßt und koordiniert, kommt aus diesem Grunde eine besondere Bedeutung zu.

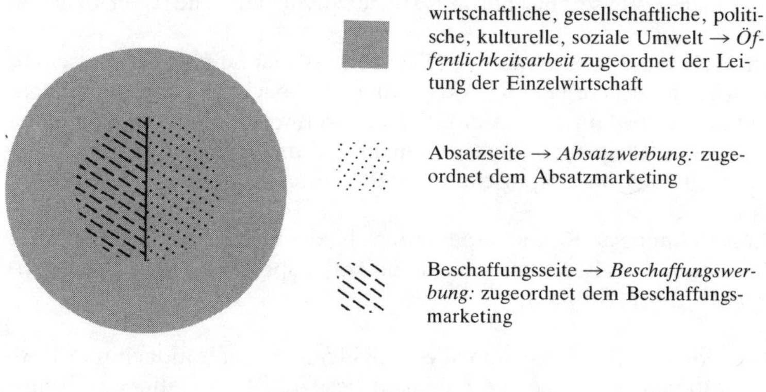

Abb. 28: Bereiche der Marktkommunikation einer Einzelwirtschaft.

Betrachtet man unterschiedliche Definitionen der Werbung und der Öffentlichkeitsarbeit, so ergibt sich trotz aller Unterschiede eine Gemeinsamkeit: Werbung und Öffentlichkeitsarbeit sind besondere Formen der Kommunikation. Sie können somit unter dem Überbegriff Marktkommunikation, verstanden als Kommunikation im Versorgungssystem Markt, zusammengefaßt werden (vgl. Meyer, P. W.; 1973, S. 61 ff.). Beiden Kommunikationsformen stehen die gleichen oder ähnliche Methoden zur Erreichung ihrer kommunikativen Ziele zur Verfügung.
Zur Analyse von Prozessen, die der Werbung und der Öffentlichkeitsarbeit zugrunde liegen, können somit die Instrumente und Methoden der Kommunikationsforschung angewandt werden.

2.1.1 Kommunikationstheoretische Grundlagen

Die Grundstruktur jedes Kommunikationsprozesses faßt Laswell in seiner Kommunikationsformel »Who says what in which channel to whom with what effekt« (Laswell, H. D.; 1960, S. 117) zusammen. Der Kommunikationsprozeß besteht somit aus einem Sender (Kommunikator), einer Botschaft und einem Empfänger (Rezipient). Der Sender ist derjenige, der den Kommunikationsprozeß in Gang setzt, indem er die Botschaft dem Rezipienten übermitteln will (vgl. Hermanns, A.; 1979b, S. 28). Weitere Voraussetzung für die Übermittlung der Botschaft ist ein Trägermedium. Handelt es sich bei diesem Trägermedium um die menschliche Sprache, so spricht man von verbaler, ansonsten von nonverbaler Kommunikation.
Der Kommunikationsprozeß kommt dann zustande, ». . ., wenn der Rezipient die vermittelte Information sowohl perzipiert als auch apperzipiert und in irgendeiner Form auf die Botschaft des Kommunikators reagiert« (Hermanns, A.; 1979b, S. 28). Für den Erfolg der Bedeutungsvermittlung ist es entscheidend, daß der Empfänger die Botschaft in gleicher Weise entschlüsselt wie sie zuvor der Sender verschlüsselt hat.
Erreichen die Reaktionen des Empfängers den Sender der Botschaft, so wird dieser Vorgang Rückkopplung (feed back) genannt. Kommunikation kann somit zum zweiseitigen Prozeß werden, indem Kommunikator und Rezipient einmal oder mehrmals die Rollen tauschen. Abbildung 29 zeigt die graphische Darstellung des Kommunikationsprozesses.
In Anlehnung an Ronneberger unterscheidet man folgende konstitutive Elemente des allgemeinen Kommunikationsprozesses (vgl. Ronneberger, F.; 1967, S. 8 ff.):

(1) *Kommunikator* können alle Individuen, Organisationen und Institutionen sein, die die Fähigkeit besitzen, Informationen abzugeben.

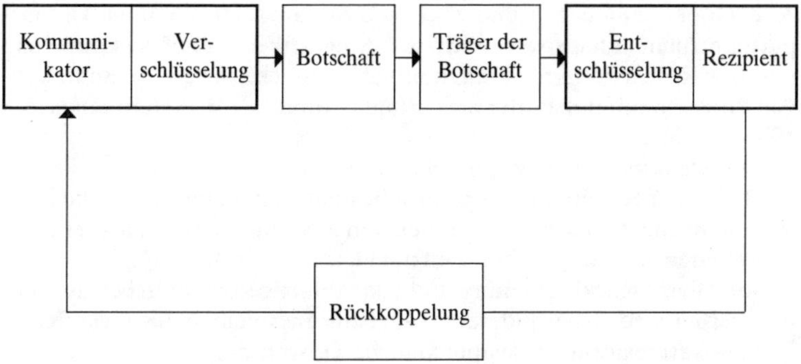

Abb. 29: Der allgemeine Kommunikationsprozeß (vgl. Meyer, P. W.; Hermanns, A.; 1981, S. 37).

(2) Die *Verschlüsselung* (Kodierung) beinhaltet die Umsetzung der zu vermittelnden Informationen in Zeichen oder Zeichensysteme durch den Kommunikator.
(3) Die *Botschaft* oder Aussage ist das übermittelte, gesendete oder empfangene Zeichen oder Zeichensystem. Es kann sich dabei sowohl um einfache Ja-Nein-Beziehungen wie um komplexe Sinnzusammenhänge handeln (vgl. Hermanns, A.; 1973, S. 51).
(4) Der *Träger* der Botschaft dient zur Überbrückung räumlicher und zeitlicher Distanzen zwischen Sender und Empfänger.
(5) Die *Entschlüsselung* (Dekodierung) beinhaltet die Umsetzung der in Zeichen oder Zeichensysteme übersandten Botschaft beim Rezipienten im Rahmen der Aufnahme und Weiterverarbeitung der gesendeten Information.
(6) Der *Rezipient* ist der Adressat der Botschaft. Rezipienten können alle Individuen, Organisationen und Institutionen sein, die in der Lage sind, Informationen aufzunehmen.
(7) Die *Rückkoppelung* (feed back) liegt bereits dann vor, wenn der Rezipient in irgendeiner Weise zu erkennen gibt, ob er die Botschaft des Kommunikators verstanden hat oder nicht (vgl. Meyer, P. W.; Hermanns, A.; 1981, S. 38).
(8) Der Kommunikationsprozeß wird vom Sender mit der Absicht in Gang gesetzt, eine bestimmte *Wirkung* beim Rezipienten zu erzielen. Dabei kann zwischen Wirkungen im Verhalten, im Wissen, in der Einstellung, im emotionalen Bereich und in der Tiefensphäre des Psychischen unterschieden werden (vgl. Maletzke, G.; 1963, S. 192).

Je nach der räumlichen und zeitlichen Stellung der Kommunikationspartner zueinander sowie nach der Möglichkeit der Rückkoppelung und des Rollenwechsels können unterschiedliche Arten kommunikativer Prozesse differenziert werden (vgl. Meyer, P. W.; Hermanns, A.; 1974, S. 108 f.):

- *Direkte unmittelbare Kommunikation*
  Bei dieser Kommunikationsform besteht weder eine räumliche noch eine zeitliche Trennung zwischen den Kommunikationspartnern. Sie befinden sich zur gleichen Zeit am gleichen Ort. Die Möglichkeit zur sofortigen Rückkoppelung und zum sofortigen mehrfachen Rollenwechsel sind dabei jederzeit gegeben. Beispielhaft für diese Kommunikationsform ist das persönliche Gespräch.
- *Direkte mittelbare Kommunikation*
  Diese Kommunikationsform unterscheidet sich von der unmittelbar direkten Kommunikation durch die räumliche Trennung der beiden Kommunikationspartner. Rückkoppelung und Rollenwechsel sind ebenfalls problemlos möglich. Beispielhaft hierfür sind das Telefongespräch und die Videokonferenz.
- *Indirekte Kommunikation*
  Kennzeichen der indirekten Kommunikation ist die räumliche und zeitliche Trennung der Kommunikationspartner sowie die Unmöglichkeit der sofortigen Rückkoppelung und des jederzeitigen Rollenwechsels zwischen Sender und Empfänger während des Kommunikationsprozesses. Die indirekte Kommunikation setzt zum einen ein Transportmedium zur Überbrückung der räumlichen Distanz voraus, und zum andern muß die Botschaft zur Überwindung der zeitlichen Distanz vom Sender konserviert werden. Die indirekte Kommunikation ist somit auch immer eine mediale Kommunikation. Beispielhaft für diese Kommunikationsform ist die Massenkommunikation, die mit Hilfe von Massenkommunikationsmitteln Botschaften an ein »disperses Publikum« (Reimann, H.; 1973, Sp. 718) richtet.
- *Zwei-Stufen-Kommunikation*
  Die Zwei-Stufen-Kommunikation (two step flow of communication) ist durch eine Koppelung von indirekten und direkten Kommunikationsprozessen gekennzeichnet. Das Prinzip dieser Kommunikationsform liegt in der Weitergabe einer Botschaft durch einen Sender mittels direkter Kommunikation, die er zuvor als Empfänger in einem indirekten Kommunikationsprozeß aufgenommen hat (vgl. Katz, C.; 1960, S. 346 ff.). Personen, die dieses Kommunikationsverhalten aufweisen, werden Meinungsbeeinflusser bzw. opinion-leader oder influential persons genannt (vgl. Merton, R. K.; 1949, S. 180). Die Informationsübermittlung muß dabei jedoch nicht auf zwei Stufen beschränkt sein, sondern es sind auch mehrstufige Kommunikationsprozesse denkbar, in denen sowohl die direkten als auch

die indirekten Komponenten über mehrere Stationen ablaufen können.

2.1.2 Das Modell der Marktkommunikation

Das von Meyer entwickelte Grundmodell der werblichen Kommunikation überträgt die konstitutiven Elemente des allgemeinen Kommunikationsprozesses auf die speziellen Gegebenheiten der Marktkommunikation und stellt alle in der Realität vorkommenden Möglichkeiten zur Übermittlung werblicher Botschaften dar. Das Modell enthält ferner die Informationswege der Umworbenen, die sich spiegelbildlich aus den Möglichkeiten des Werbungtreibenden, seine Werbebotschaft zu übermitteln, ergeben (vgl. Meyer, P. W.; Hermanns, A.; 1981, S. 60 ff.). Abbildung 30 zeigt die graphische Darstellung dieses Modells.

Wenn die Begriffe, die in diesem Modell Verwendung finden, auch der werblichen Terminologie entnommen sind, so sind sie dennoch auch für die Öffentlichkeitsarbeit, verstanden als das Werben um das öffentliche Vertrauen, anwendbar (vgl. Holscher, C.; 1984, S. 235).

Die vier Ebenen des Modells entsprechen den vier konstitutiven Elementen des Kommunikationsprozesses: Kommunikator bzw. Werbungtreibender, Botschaft bzw. Werbebotschaft, Träger der Botschaft bzw. Werbeträger und Rezipient bzw. Umworbener.

(1) *Werbungtreibende*

Der Werbungtreibende ist stets Auslöser des werblichen Kommunikationsprozesses. Geht der werbliche Kommunikationsprozeß von einer Einzelwirtschaft aus, so handelt es sich um Individualwerbung. Sind dagegen mehrere Werbungtreibende beteiligt, so spricht man von Kollektivwerbung (vgl. Seyffert, R.; Bd. 1, 1966, S. 35 ff.). Sowohl die Individual- als auch die Kollektivwerbung können um Einzelne oder um Gruppen werben.

(2) *Die Werbebotschaft*

Bei der Werbebotschaft als Kernstück der Kommunikation zwischen Werbungtreibenden und Umworbenen kann zwischen der persönlichen Werbebotschaft und der konservierten Werbebotschaft differenziert werden (vgl. Meyer, P. W.; Hermanns, A.; 1981, S. 49). Während die persönliche Werbebotschaft bei der direkten unmittelbaren sowie bei der direkten medialen Kommunikation vermittelt wird, kommen konservierte Werbebotschaften, im allgemeinen Werbemittel genannt, bei indirekten werblichen Kommunikationsprozessen zum Einsatz.[20] Die Anzeige in Zeitungen oder Zeitschriften, das Plakat, der Hörfunkspot,

20 Eine ausführliche Übersicht über die unterschiedlichen Differenzierungsmöglichkeiten der Werbemittel gibt Meyer (vgl. Meyer, P. W.; 1976c, Sp. 4369 f.).

der Fernsehspot und der Videoclip sind Beispiele für in der Praxis häufig vorkommende Werbemittel.

(3) *Werbeträger*
»Unter Werbeträger sind grundsätzlich Einzelwirtschaften zu verstehen, die persönliche Werbebotschaften oder Werbemittel an die Umworbenen herantragen« (Meyer, P. W.; Hermanns, A.; 1981, S. 52). Ihre Aufgabe ist es, die Werbebotschaft zu transportieren und zu übermitteln. Sie lassen sich differenzieren in Trägereinzelwirtschaften und in Trägermedien, die den Trägereinzelwirtschaften gehören oder ihnen zur Verfügung stehen.
Trägereinzelwirtschaften können sein:
- der Werbungtreibende selbst
- dominante Trägereinzelwirtschaften (z.B. Deutsche Bundespost, Verlag eines Anzeigenblattes)
- akzidentelle Trägereinzelwirtschaften (z.B. Zeitschriftenverlage, Werbegesellschaften öffentlich-rechtlicher Rundfunkanstalten).

Die Trägermedien lassen sich in personelle Trägermedien (der Werbungtreibende selbst, beauftragte Werber) und in sachliche Trägermedien, die dem Werbungtreibenden selbst gehören (z.B. Lastwagenbeschriftung) und in die von anderen Einzelwirtschaften zur Verfügung gestellten (z.B. Anzeigenraum, Sendezeit) unterscheiden.
Die Anzahl der der Werbewirtschaft zur Verfügung stehenden Werbeträger, die durch die lange Zeit relativ starre Medienlandschaft determiniert war, hat durch die Entwicklung der neuen Medien in den letzten Jahren stark zugenommen. Neben den klassischen Medien, Tageszeitung, Publikumszeitschriften, öffentlich-rechtlicher Hörfunk und Fernsehanstalten, stehen dem Werbungtreibenden heute u.a. Bildschirmtext, Videotext, Kabel- und Satellitenfernsehen, Bilddatensysteme und CD, Videos, Telefax oder PC-Disketten als Werbeträger zur Verfügung (vgl. Burghold, J. A.; S. 245, Fantapié Altobelli, C.; 1993, S. 437 ff.).[21]

(4) *Der Umworbene*
Der Umworbene ist der potentielle Empfänger der vom Werbungtreibenden abgesetzten Werbebotschaft. Handelt es sich dabei um Gruppen, die umworben werden, so werden diese auch als Zielgruppen bezeichnet (vgl. Neske, F.; 1983, S. 388 f.).[22]

---

21 Vgl. hierzu Ruland, J.; 1972, S. 65 ff., der die klassischen Werbeträger einer breiten Darstellung unterzieht sowie ausführliche Beschreibung der neuen Kommunikationstechnologien bei Hermanns, A.; Bohnert, D.; 1983, S. 10 ff.

22 In Anlehnung an die Ausführungen in Abschnitt 1.2.2.3 dieses Bandes können die Meinungsbeeinflusser auch als subfinale Zielgruppen bezeichnet werden, da sie den eigentlich Umworbenen (finalen Zielgruppe) im werblichen Kommunikationsprozeß vorgelagert sind.

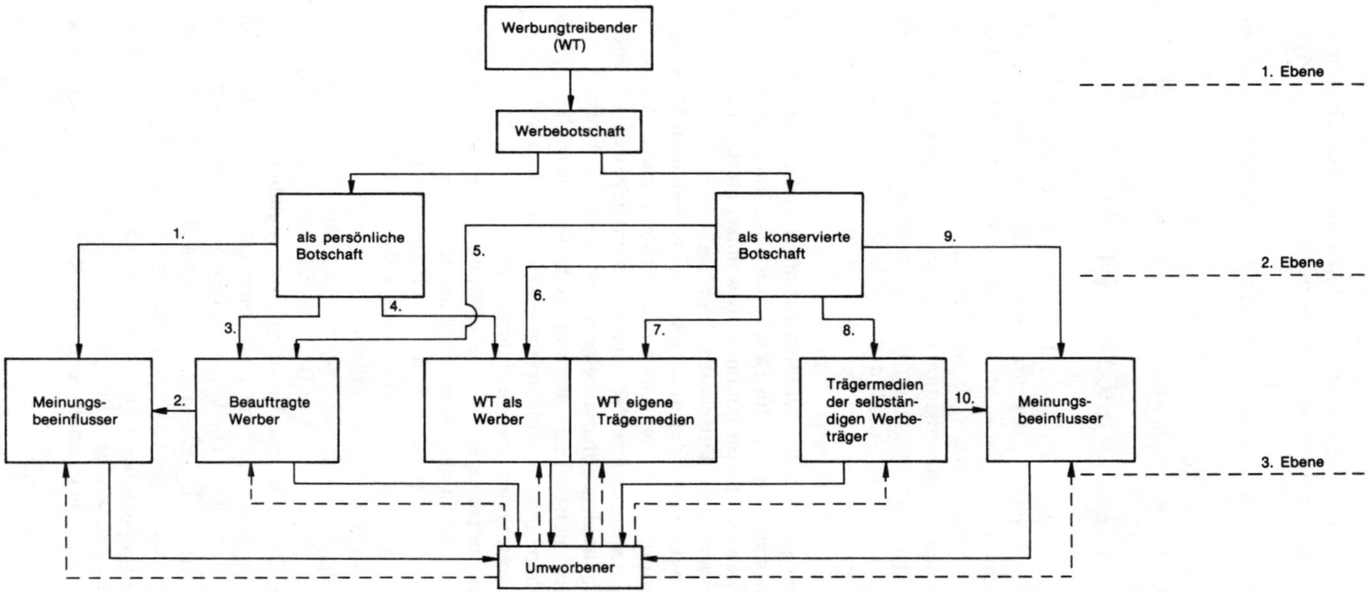

Abb. 30: Grundmodell der werblichen Kommunikation (Meyer, P. W.; Hermanns, A.; 1981, S. 62).

Unterschiedliche Zielgruppen lassen sich durch die unterschiedlichen Ausprägungen folgender Merkmale unterscheiden (zu folgender Auflistung vgl. Freter, H.; 1983, S. 49 ff.):

- sozio-ökonomische Merkmale (z.B. Alter, Geschlecht, Einkommen)
- psychographische Merkmale (z.B. Motive, Einstellungen)
- Merkmale des Konsumverhaltens (z.B. Verbrauchsintensität, Markenwahlverhalten)
- Kommunikationsverhalten (z.B. Mediennutzung).

Je nach Art der kommunikativen Zielsetzung des Werbungtreibenden erhalten diese Kriterien bei der Entscheidung über die werblichen Aktivitäten unterschiedliches Gewicht. Das Modell von Meyer und Hermanns beinhaltet neben den oben beschriebenen konstitutiven Elementen des werblichen Kommunikationsprozesses zehn Beeinflussungswege, die im folgenden anhand von Beispielen dargestellt werden sollen (vgl. zu den folgenden Ausführungen Meyer, P. W.; Hermanns, A.; 1981, S. 60 ff.).

1. Übermittlung persönlicher Werbebotschaften an den Umworbenen via Meinungsbeeinflusser. Im Bereich der Werbung kann es sich dabei zum Beispiel um prominente Verwender, im Bereich der Öffentlichkeitsarbeit um Journalisten handeln.
2. Der Werbungtreibende beauftragt Werber bestimmten Meinungsbeeinflussern die Werbebotschaft zu vermitteln. Diese Art der Informationsübertragung findet in der Öffentlichkeitsarbeit breite Anwendung durch sogenanntes Lobbying.
3. Übermittlung persönlicher Werbebotschaften durch beauftragte Werber direkt an den Umworbenen (z.B. Werbegespräch eines Handelsvertreters, einer Propagandistin).
4. Übermittlung persönlicher Werbebotschaften durch den Werbungtreibenden direkt an den Umworbenen. Beispielhaft hierfür ist ein Einzelhändler, der persönlich für Produkte seines Sortiments in seinem Laden wirbt oder Werbegespräche von Reisenden bei Händlern oder letzten Nachfragern.
5. Übermittlung konservierter Werbebotschaften über beauftragte Werber zum Umworbenen (z.B. durch Verteilung von Prospekten durch darauf spezialisierte Verteilungsunternehmen).
6. Übermittlung konservierter Werbebotschaften durch den Werbungtreibenden selbst. Die konservierten Werbemittel werden dabei in den meisten Fällen zur Unterstützung bei der Übermittlung persönlicher Werbebotschaften herangezogen (z.B. Informationsgespräch eines Reisenden über ein technisches Produkt mit Hilfe der Abbildungen in einem Prospekt).
7. Eigene, zur Einzelwirtschaft gehörende Werbeträger übernehmen

die Übermittlung der konservierten Werbebotschaft (z.B. Beschriftung von Lastwagen, Bedrucken von Einkaufstüten, Beschriftung von Firmengebäuden).

8. Selbständige, vom Werbungtreibenden beauftragte Werbeträger übermitteln die konservierte Werbebotschaft an die Umworbenen. Dabei kann es sich um dominant tätige Trägereinzelwirtschaften (Übermittlung der konservierten Werbebotschaft Werbebrief durch die Deutsche Bundespost) oder um akzidentell tätige Trägereinzelwirtschaften (Veröffentlichung einer Anzeige durch den Verlag einer Publikumszeitschrift) handeln.
9. Übermittlung der konservierten Werbebotschaft durch Meinungsbeeinflusser (z.B. Prospekte, Handzettel, die durch Markthelfer und Marktberater verteilt werden oder bei ihnen aufliegen).[23]
10. Übermittlung von konservierten Werbebotschaften an Meinungsbeeinflusser mit dem Ziel, diese zu veranlassen, ihrerseits die Werbebotschaft an die eigentlich Umworbenen weiterzuleiten (z.B. Anzeige in einer Fachzeitschrift für Sportlehrer mit der Aufforderung, bestimmte Produkte ihren Schülern zu empfehlen).

Dieses oben beschriebene Modell läßt sich sowohl auf den geschlossenen Markt, in dem Werbungtreibender und Umworbener sich direkt als

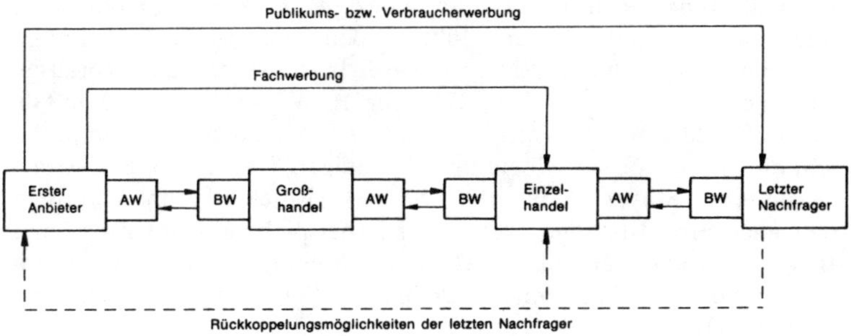

Abb. 31: Werbung im Markenartikelsystem (Meyer, P. W.; Hermanns, A.; 1981, S. 66).

23 Vgl. Meyer, P. W.; 1973, S. 88 f., der Markthelfer (z.B. Makler, Notare) und Marktberater (z.B. Testinstitute, Testzeitschriften oder Ärzte) neben Meinungsbildnern und letzten Verwendern von Versorgungsprojekten zu den Meinungsbeeinflussern zählt.

erster Anbieter und letzter Nachfrager gegenüberstehen, anwenden als auch auf Marktketten, in denen Zwischenanbieter und Zwischennachfrager existieren, übertragen. Vor allem im Markenartikelsystem kommt der Werbung in Marktketten besondere Bedeutung zu (Abb. 31).

2.2 Funktionen der Werbung und der Öffentlichkeitsarbeit

Wie oben bereits ausgeführt, hat Marktkommunikation die Aufgabe, Wirkungen beim Umworbenen hervorzurufen. Im Bereich der Werbung sollen diese Wirkungen letztendlich zum Abschluß von Marktverträgen über Versorgungsobjekte, für die geworben wird, führen (vgl. Hermanns, A.; 1979b, S. 21). Im Bereich der Öffentlichkeitsarbeit ist das Wirkungsziel die Schaffung von Vertrauen in der relevanten Öffentlichkeit. Um diese Wirkungen zu erzielen, hat die Marktkommunikation ihrerseits wieder bestimmte Unterfunktionen zu erfüllen, die Meyer wie folgt bezeichnet (vgl. Meyer, P. W.; 1973, S. 59):
- Bekanntmachung,
- Information,
- Hinstimmung bzw. Imagebildung,
- Handlungsauslösung.

Die Unterfunktionen sind als Stufenkonzept zu verstehen, da die nachfolgende Unterfunktion nur erfüllt werden kann, wenn die vorausgegangene erfolgreich abgeschlossen wurde bzw. jede Stufe die vorausgegangenen Stufen einschließt (vgl. Meyer, P. W.; 1973, S. 62). Läuft die werbliche Beeinflussung nicht über alle vier Stufen ab, so kann in Anlehnung an Meyer von einem unvollständigen Werbewerk gesprochen werden (vgl. Meyer, P. W.; 1963, S. 263). Holscher betont außerdem, daß auch unvollständige Werbewerke (beispielsweise im Zuge einer Imageänderung oder zum Zwecke der Erhöhung des Bekanntheitsgrades) im Sinne des Werbungtreibenden sein können (vgl. Holscher, C.; 1978, S. 63).
Die folgende detaillierte Darstellung der Unterfunktionen erfolgt getrennt nach Werbung und Öffentlichkeitsarbeit aufgrund der spezifischen Besonderheiten der beiden Bereiche der Marktkommunikation.

2.2.1 Bekanntmachung

Werbung
Im Rahmen der Anbahnung stellt die Bekanntmachung die Grundstufe der werblichen Kommunikation dar. Sie ist die Voraussetzung für die Erfüllung der weiteren Unterfunktionen. Sie hat die Aufgabe, dem Umworbenen zu übermitteln, daß eine bestimmte Einzelwirtschaft exi-

stiert, und daß diese Einzelwirtschaft Versorgungsobjekte erstellt, um diese an den Umworbenen abzusetzen (vgl. Holscher, C.; 1978, S. 64). Ohne die Kenntnis des letzten Nachfragers über die Existenz einer Einzelwirtschaft bzw. eines von ihr erstellten Versorgungsobjektes ist der Absatz dieses Versorgungsobjektes nicht möglich. Aus diesem Grund kommt dem Bekanntheitsgrad einer Einzelwirtschaft bzw. eines Versorgungsobjektes im ganzen Marketing über die Werbung hinaus eine herausragende Stellung zu.

Öffentlichkeitsarbeit
Die Bekanntmachung im Rahmen der Öffentlichkeitsarbeit unterscheidet sich grundsätzlich von der werblichen Bekanntmachung durch die angesprochene Zielgruppe. Während bei der Werbung die Bekanntmachung in Absatz- und Beschaffungsmärkten im Vordergrund steht, hat die Öffentlichkeitsarbeit die Aufgabe, die Einzelwirtschaft in der gesamten, für die Einzelwirtschaft relevanten Umwelt bekanntzumachen und damit das Interesse für die Informationsaufnahme zu wecken (vgl. Mentzel, K. H.; 1978, S. 152). Inhaltlich entsprechen sich die Bekanntmachung in den Bereichen Werbung und Öffentlichkeitsarbeit, wenn im Rahmen der Werbung die gesamte Einzelwirtschaft als bekanntzumachendes Werbeobjekt im Vordergrund steht.

2.2.2 Information

Werbung
Diese Unterfunktion hat die Aufgabe, den Umworbenen zusätzliche Informationen, die über die Information über die Existenz eines Versorgungsobjektes bzw. einer Einzelwirtschaft hinausgehen, zu übermitteln.[24] Im Bereich der Werbung stehen hier vor allem Informationen über die abzusetzenden Versorgungsobjekte im Vordergrund. Kommuniziert werden die Nutzen, die mit den Objekten verbunden sind sowie Angaben über die Funktionsweise von Versorgungsobjekten, Anwendungshinweise oder technische Daten. Häufiger Informationsinhalt sind auch Bezugsquellenangaben, die darauf hinweisen, wo der Rezipient das beworbene Versorgungsobjekt bekommen kann (vgl. Holscher, C.; 1978, S. 64).
Meyer und Hermanns weisen darauf hin, daß die von der Öffentlichkeit oft geforderte »reine« und »objektive« werbliche Information nur im Bereich des Grundnutzens annähernd verwirklicht werden kann. Informationen hingegen, die den persönlichen, soziologischen und magischen Nutzen betreffen, enthalten grundsätzlich eine subjektive Kom-

---

24 Holscher bezeichnet diese Unterfunktion deshalb auch als Zusatzinformation (vgl. Holscher, C.; 1978, S. 64).

ponente, die im emotionalen, irrationalen bzw. transzendentalen Bereich angesiedelt sein kann (vgl. Meyer, P. W.; Hermanns, A.; 1981, S. 29 f.).

Öffentlichkeitsarbeit
Die Informationen im Rahmen der Öffentlichkeitsarbeit haben vor allem die gesamte Einzelwirtschaft zum Gegenstand. »Hier werden detaillierte Informationen über die Einzelwirtschaft sowohl in bezug auf die Aufgabenstellung und ihre Bedeutung für die Gesellschaft als auch hinsichtlich der Zielvorstellung und deren Realisierung gegeben« (Mentzel, K.; 1978, S. 152). Die einzelnen Informationsinhalte werden von der konkreten Situation, in der sich die Einzelwirtschaft befindet, und der zu informierenden Zielgruppe determiniert und sind somit von Einzelwirtschaft zu Einzelwirtschaft verschieden und von deren speziellen Informationszielen abhängig. Neben der Einzelwirtschaft selbst können aber auch einzelne Versorgungsobjekte Gegenstand der Information im Rahmen der Öffentlichkeitsarbeit sein. Dies gilt insbesondere dann, wenn die Situation der Einzelwirtschaft in starkem Maße von diesen Versorgungsobjekten abhängt.

2.2.3 Hinstimmung bzw. Imagebildung

Werbung
Bekanntmachung und Information reichen in den meisten Fällen nicht aus, um den Absatz des Versorgungsobjektes tatsächlich zu verwirklichen. Die Werbung muß darüber hinaus beim Umworbenen eine positive Imageausprägung aufbauen. Diese positive Hinstimmung, die sich als eine Bereitschaft konkretisieren kann, die Versorgungsobjekte als wünschenswert zu akzeptieren, kann unter bestimmten Voraussetzungen zur Handlungsauslösung führen (vgl. Hermanns, A.; 1977, S. 220).
Versteht man Image als ». . . das Gesamtbild, das sich eine Person von einem Objekt macht, mit dem es sich auf irgendeine Weise auseinandergesetzt hat und von dem zu vermuten ist, daß es die Handlungsbereitschaft maßgeblich beeinflußt« (Pierzdioch, B.; 1983, S. 16), so ergeben sich daraus zweierlei Konsequenzen für die Werbung. Zum einen fließen auch Informationen beim Umworbenen in die Imagebildung bezüglich eines Versorgungsobjektes bzw. einer Einzelwirtschaft mit ein, die nicht vom Werbungtreibenden selbst übermittelt werden. Zum anderen besteht das Gesamtimage eines Versorgungsobjektes bzw. einer Einzelwirtschaft aus einer Summe von Teilimages in unterschiedlichen Zielgruppen, die untereinander differieren können (vgl. Holscher, C.; 1985, S. 34). Die Werbung kann demnach allein weder ein Image aufbauen, noch ein bestehendes Image verändern. Sie muß dabei durch alle anderen absatzwirtschaftlich relevanten Maßnahmen unterstützt

werden. Inwieweit die Unterfunktion der Hinstimmung erfüllt wird hängt davon ab, in welchem Maße die einzelnen Maßnahmen konvergieren (erlebnismäßige Übereinstimmung beim Nachfrager) oder divergieren (erlebnismäßiger Widerspruch beim Nachfrager).
Funktional betrachtet ist der systematische Ort der Imageermittlung und der Imagefestlegung in der Absatzvorbereitung im Bereich der Marktprogrammerstellung angesiedelt. Aufgabe der Werbung ist es, die Imagevorgaben des Marktprogramms in Koordination mit den anderen Absatzfunktionen zu verwirklichen.

Öffentlichkeitsarbeit
Die Imagebildung nimmt im Rahmen der Öffentlichkeitsarbeit eine zentrale Stelle ein. Ihr Ziel ist es, das Image der Einzelwirtschaft so aufzubauen und zu verändern, daß die Einzelwirtschaft in ihrer Existenz und ihrer Zwecksetzung von der Öffentlichkeit akzeptiert wird (vgl. Mentzel, K.; 1978, S. 153).
Holscher konstatiert, daß praktisch jede Einzelwirtschaft mit negativen Imagekomponenten, die das Gesamtimage beeinflussen, konfrontiert ist (vgl. Holscher, C.; 1984, S. 237). Die Öffentlichkeitsarbeit hat die Aufgabe, diese negativen Imagekomponenten durch kommunikative Einflußnahme bei den betreffenden Zielgruppen zu reduzieren oder völlig abzubauen. Neben der Aufgabe, negative Einflüsse auf die Einzelwirtschaft abzuwehren (vgl. Oeckl, H.; 1976, S. 43), sieht sich die Öffentlichkeitsarbeit immer mehr als aktive Gestalterin des Einzelwirtschaftsimages im Rahmen eines langfristigen Einzelwirtschaftsprogramms (vgl. Baier, W.; 1985, S. 20). Auch für die Öffentlichkeitsarbeit gilt, daß sie nicht selbständig und nur auf sich allein gestellt Images aufbauen oder verändern kann. Aufgrund der Zugehörigkeit von Absatz- und Beschaffungsmärkten zur Öffentlichkeit ist sie ebenso wie die Werbung auf die Unterstützung aller nach außen gerichteten Funktionen der betreffenden Einzelwirtschaft bei der Imagebildung angewiesen.

2.2.4 Handlungsauslösung

Werbung
Die Handlungsauslösung als letzte Stufe werblicher Beeinflussung ist das endgültige Ziel jeder werblichen Maßnahme. Die durch die Werbung ausgelösten Handlungen lassen sich in drei Kategorien einteilen:
- Handlungen, die unmittelbar zum Absatz des Versorgungsobjektes führen, beispielsweise der Kauf eines Versorgungsobjektes mit Hilfe eines einer Anzeige beigehefteten Bestellcoupons.
- Handlungen, die nicht unmittelbar zum Absatz führen, sondern aus Sicht des Nachfragers der Beschaffung vorgelagert sind. Hierbei handelt es sich vor allem um Handlungen, die zur Informationsbe-

schaffung dienen, die über die werbliche Information hinausgehen. Beispielhaft hierfür sind das Einsenden eines Coupons, um eine Informationsbroschüre anzufordern oder das Aufsuchen eines Einzelhandelsgeschäfts, mit der Absicht, sich das beworbene Versorgungsobjekt anzusehen, oder um ein Informationsgespräch mit dem Verkäufer zu führen. Auch die probeweise Verwendung eines Versorgungsobjektes (z.B. nach Anforderung einer Warenprobe mittels eines Coupons) zählt zu dieser Handlungskategorie.
– Handlungen, die weder mittelbar noch unmittelbar zur Beschaffung eines Versorgungsobjektes dienen, sondern in der Weitervermittlung der empfangenen Werbebotschaft im Sinne eines zweistufigen Kommunikationsprozesses bestehen. Diese Handlungsweise ist sowohl isoliert als auch in Kombination mit einer der beiden oben genannten Verhaltensweisen möglich.

Öffentlichkeitsarbeit
Die Öffentlichkeitsarbeit hat mit der Schaffung und Etablierung eines positiven Images der Einzelwirtschaft in der relevanten Zielgruppe ihre Aufgabe erfüllt. Eine konkrete Handlung, die die Öffentlichkeitsarbeit auslösen kann, ist die Weitergabe und Verbreitung dieses positiven Images bzw. die Weitergabe der Informationen, durch die dieses Image entstanden ist. Sie hat aber auch ihre Aufgabe erfüllt, wenn es ihr gelingt, Aktionen zu vermeiden, die sich negativ auf die Einzelwirtschaft auswirken können.

2.3 Das funktionale Kommunikationsmanagement

Wie jede einzelwirtschaftliche Funktion durchläuft die Marktkommunikation bei ihrer praktischen Umsetzung die Ablauffunktionen Konzeption, Planung, Ausführung und Kontrolle, wie sie in Punkt 4.2 des ersten Kapitels dieses Bandes bereits ausführlich in allgemeiner, für alle Teilfunktionen geltender Form dargestellt wurden.

2.3.1 Konzeption

In der Literatur werden die Inhalte der Konzeption der Marktkommunikation kontrovers diskutiert.[25] Überträgt man die von Meyer festgelegten allgemeinen Inhalte Motivation und Zielsetzung auf die Konzeptionsphase der Marktkommunikation, so muß auch hier eine Differenzierung zwischen der Werbekonzeption und der Konzeption der Öffentlichkeitsarbeit vorgenommen werden.

---

25 Zu den einzelnen, in der Literatur dargestellten Inhalten der Werbekonzeption (vgl. Meyer, P. W.; Hermanns, A.; 1981, S. 69 ff.)

2.3.1.1 Werbekonzeption. Die Motivation des werblichen Handelns wird von der Notwendigkeit der Erfüllung der Teilfunktion Absatzanbahnung determiniert. Sie ergibt sich aus der Konzeption der Hauptfunktion Absatz sowie aus der vorgelagerten Teilfunktion Absatzvorbereitung, die für die Absatzanbahnung Programmvorgaben bezüglich der Zielgruppen, der Werbeobjekte und der Kommunikationsphilosophie festlegt. So kann beispielsweise die werbliche Motivation vom jeweiligen Lebenszyklusstadium des zu bewerbenden Versorgungsobjektes abhängen und sich in der Werbung in der Einführungsphase, in der Expansionsphase, in der Sättigungsphase, in der Einschränkungsphase oder anläßlich eines Relaunchs oder Revivals konkretisieren (vgl. Meyer, P. W.; Hermanns, A.; 1981, S. 72).
Die Ziele der Absatzwerbung sind in eine Zielhierarchie einzuordnen. Sie können als Unterziele der Absatzziele verstanden werden, die, wie Abb. 32 zeigt, ihrerseits zu den Marketingzielen gehören.

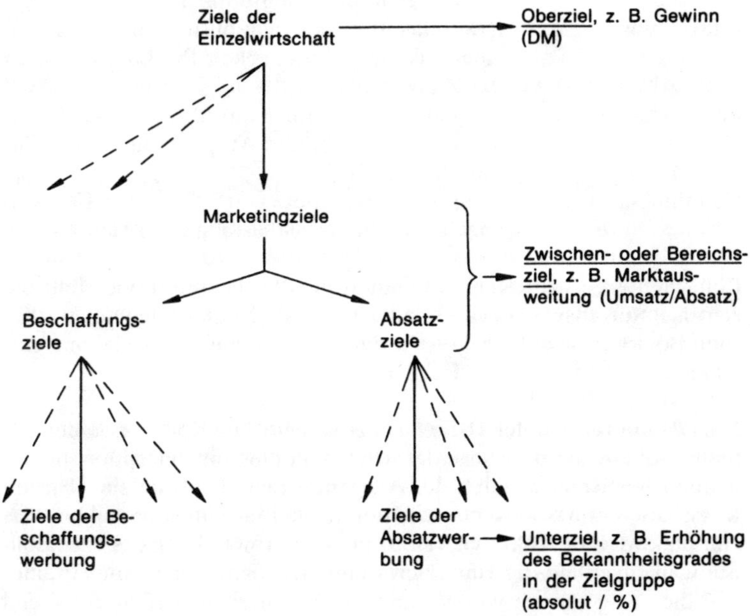

Abb. 32: Einordnung der Werbeziele in die Zielhierarchie einer Einzelwirtschaft (Meyer, P. W.; Hermanns, A.; 1981, S. 72).

Werbeziele können in ökonomische und außerökonomische Werbeziele differenziert werden (vgl. Behrens, K. Ch.; 1963, S. 106 ff.). Die ökonomischen Werbeziele beinhalten eine Wahrung oder Verbesserung der Gewinnsituation durch eine Erhöhung des Umsatzes bzw. durch eine Absenkung der werblichen Kosten (vgl. Bidlingmaier, J.; 1975, S. 410 ff.). Die außerökonomischen Ziele sind im Gegensatz dazu im Kommunikationsbereich angesiedelt und haben kommunikative Wirkungskategorien zum Inhalt. Während die ökonomischen Ziele auch durch andere Teilfunktionen erfüllt werden können (z.B. Umsatzexpansion durch verstärkte Verkaufsanstrengungen), sind die kommunikativen Ziele ausschließlich durch die Werbung selbst zu erreichen. Aufgrund dieser Betrachtungsweise können die vier Unterfunktionen der Absatzanbahnung, Bekanntmachung, Information, Imagebildung und Handlungsauslösung als Generalziele der Werbung bezeichnet werden (Holscher, C.; 1978, S. 69). Sie erfüllen zudem die an Ziele zu richtende Anforderung der Operationalisierbarkeit, wie an folgenden Beispielen deutlich wird:

Bekanntmachung:	Erhöhung des ungestützten Bekanntheitsgrades der Marke X von 12 % auf 15 % innerhalb eines Jahres in der Zielgruppe Y.
Information:	Erhöhung des Informationsniveaus durch die Kenntnis eines zusätzlichen Produktnutzens in der Zielgruppe Z.
Imagebildung:	Veränderung des Imageprofils des Produktes B anhand von konkreten Ausprägungen eines Polaritätenprofils.
Handlungsauslösung:	Couponrücklaufquote von 5 % bei der Couponanzeige für die Dienstleistung Z im Medium X.

Einen weiteren wichtigen Bestandteil der Werbekonzeption stellt die zentrale Nutzensversprechung dar, da sie als Kernaussage der werblichen Botschaft sowohl die Werbeziele als auch die Werbeplanung entscheidend beeinflußt (vgl. Hermanns, A.; 1977, S. 221).

2.3.1.2 Konzeption der Öffentlichkeitsarbeit. Die Konzeption der Öffentlichkeitsarbeit unterscheidet sich von der Werbekonzeption im motivationalen Bereich durch die Ausgangssituationen, die eine Einzelwirtschaft veranlassen können, Öffentlichkeitsarbeit zu betreiben. Das Hauptmotiv für PR-Aktivitäten ist in einer Abweichung des Fremdbildes vom Eigenbild der Einzelwirtschaft zu sehen, wobei unter Fremdbild die ». . . Summe von Meinungen, Vorurteilen, Erfahrungen und Erwartungen bei Einzelnen oder Gruppen oder in der relevanten Öffentlichkeit . . .« (Oeckl, A.; 1976, S. 217) verstanden wird. Die Zielsetzung der Öffentlichkeitsarbeit wird entscheidend von den Ursachen der Diskrepanz zwischen Fremd- und Eigenimage beeinflußt. Haedrich

und Kreilkamp nennen folgende vier Ziele als »klassische« PR-Ziele (vgl. Haedrich, G.; Kreilkamp, E.; 1984, S. 436):
- Aufbau und Erhaltung eines positiven Firmenimages;
- Information und Motivation der Mitarbeiter;
- Förderung des Ansehens der Einzelwirtschaft bei relevanten gesellschaftlichen und politischen Institutionen;
- Schaffung von günstigen Bedingungen für die Einzelwirtschaft z.B. am Personal- und Finanzmarkt.

Dieser Zielkatalog besitzt jedoch nur derivativen Charakter. Er kann nur verwirklicht werden, wenn die Funktionen der Marktkommunikation, wie sie oben beschrieben wurden, erfüllt werden. Die Generalziele der Öffentlichkeitsarbeit entsprechen demnach den Generalzielen der Werbung und lauten:
- Bekanntmachung,
- Information,
- Imagebildung,
- Handlungsauslösung.

Die Öffentlichkeitsarbeit umfaßt dabei alle Hauptfunktionen einer Einzelwirtschaft und ist somit, wie bereits ausgeführt, nicht dem Absatzmarketing, sondern der Leitung zuzuordnen. Die Ziele der Öffentlichkeitsarbeit können somit als Unterziele der Leitung betrachtet werden.
Die Entscheidung, welche Zielgruppen durch die Public Relations bearbeitet werden sollen, kann von der Einzelwirtschaft nicht autonom getroffen werden. »Es muß im Prinzip mit jedem (indirekt oder direkt!), kommuniziert werden, der im Interaktionsgeflecht der Imagebildung der betreffenden Einzelwirtschaft eine signifikante Rolle spielt« (Holscher, C.; 1984, S. 237).
Trotz der unterschiedlichen Motive und Zielsetzungen von Werbung und Öffentlichkeitsarbeit beeinflussen sich die Konzeptionen beider Bereiche der Marktkommunikation gegenseitig. Dies gilt insbesondere dann, wenn der Marktkommunikation ein Corporate-Identity-Konzept (CI-Konzept) zugrunde liegt. Das Ziel eines Corporate-Identity-Konzeptes ist die Schaffung eines in sich geschlossenen Unternehmensbildes nach innen und nach außen. Ein wesentlicher Bestandteil zur Verwirklichung der Corporate Identity stellt die Corporate Communication (CC) dar (vgl. Birkigt, K.; Stadler, M. M.; 1985, S. 49). »Sie übersetzt die Identität eines Unternehmens in Kommunikation und bildet das strategische Dach für die unterschiedlichsten Kommunikationsaktivitäten nach innen und nach außen« (Raffée, H.; Wiedmann, K.; 1983, S. 53).
Insbesondere im Bereich der Imagebildung treten durch die Corporate Communication Synergieeffekte auf. Das Image einzelner Versor-

gungsobjekte beeinflußt das Image der ganzen Einzelwirtschaft ebenso wie das Gesamtimage der Einzelwirtschaft Auswirkungen auf das Image einzelner, von ihr erstellter, Versorgungsobjekte hat.

2.3.2 Planung

Die Planungsphase der Marktkommunikation hat die Aufgabe, die Konzeption in zukünftige Schritte zu zerlegen, um die Ziele, die in der Konzeption festgelegt werden, zu verwirklichen. Die Planung der Marktkommunikation ist somit eine Maßnahmenplanung. Gegenstand der Planung sind bestimmte Planungsvariablen, über die in bestimmten Teilplänen Entscheidungen getroffen werden. Die Planungsvariablen lauten im Einzelnen:

- Objekte der Marktkommunikation
- Subjekte der Marktkommunikation
- Zeitlicher Einsatz der Marktkommunikation
- Art der Kommunikationsform
- Mittel der Marktkommunikation
- Träger der Marktkommunikation
- Budget der Marktkommunikation
- Gestaltung der Marktkommunikation.

Im folgenden sollen nun die einzelnen, diesen Planungsvariablen entsprechenden Teilpläne dargestellt werden.[26]

2.3.2.1 Objektplanung. Im Rahmen der Objektplanung wird festgelegt, welches Objekt mit welcher Intensität beworben werden soll. Grundsätzlich kann für ein einziges Versorgungsobjekt, für mehrere Versorgungsobjekte, für Sortimente und für die gesamte Einzelwirtschaft geworben werden. Die Entscheidung, für ein ganzes Sortiment oder für die gesamte Einzelwirtschaft zu werben, wird insbesondere dann fallen, wenn die Anzahl der abzusetzenden Versorgungsobjekte ein Maß übersteigt, das es nicht mehr erlaubt einzelne Versorgungsobjekte wirksam zu bewerben. Beispielhaft hierfür ist die Sortimentswerbung im Handel (vgl. Algermissen, J.; 1981, S. 156).
Fällt die Entscheidung, mehrere Versorgungsobjekte zu bewerben so ergeben sich fünf Möglichkeiten im Hinblick auf die qualitative Gewichtung der Werbung auf die einzelnen Versorgungsobjekte (vgl. Jacobi, H.; 1975, S. 440 f.):

- Alle Versorgungsobjekte werden mit gleicher Intensität beworben. Insbesondere für Einzelwirtschaften, die mehrere Versorgungsob-

---

26 Die Reihenfolge der Darstellung ist nicht als Stufenkonzept zu verstehen, die einzelnen Teilpläne müssen vielmehr synchron miteinander erstellt werden, da sie sich gegenseitig determinieren.

jekte mit gleicher Marktstellung und ungewissen zukünftigen Erwartungen anbieten, erscheint diese Alternative empfehlenswert.

- Alle Versorgungsobjekte werden mit gleicher Intensität unter besonderer Herausstellung eines Versorgungsobjektes beworben, um dieses Versorgungsobjekt beispielsweise in der Einführungsphase im besonderen Maße werblich zu unterstützen.
- Alle Versorgungsobjekte werden mit unterschiedlicher Intensität beworben, um beispielsweise saisonalen Einflüssen gerecht zu werden.
- Ausgewählte Versorgungsobjekte werden mit gleicher Intensität beworben. Die nicht beworbenen Versorgungsobjekte haben dann entweder eine Monopolstellung im Markt oder befinden sich in der Einschränkungsphase.
- Ausgewählte Versorgungsobjekte werden mit unterschiedlicher Intensität beworben. Diese Alternative bietet einen differenzierten Auswahlmodus, der es erlaubt detailliert der Marktstellung der einzelnen Versorgungsobjekte Rechnung zu tragen.

Die Auswahl des Objekts der Öffentlichkeitsarbeit ist durch die Aufgabe der Public Relations, Vertrauen für die gesamte Einzelwirtschaft in der relevanten Öffentlichkeit zu schaffen, vorgegeben. Es ist die gesamte Einzelwirtschaft selbst.

2.3.2.2 Subjektplanung. Die Zielgruppenbestimmung innerhalb der Werbeplanung steht im engen Zusammenhang mit der Teilfunktion Absatzvorbereitung, da dort bereits im Rahmen des Objektprogramms Vorgaben bezüglich der vom gesamten Absatzmarketing zu bearbeitenden Zielgruppen gegeben werden. Im Rahmen der Werbeplanung müssen diese Zielgruppen näher bestimmt und konkretisiert werden, da die genaue Kenntnis der werblichen Zielgruppe entscheidend für die optimale Gestaltung der anderen Teilpläne ist.

Die Bestimmung der Zielgruppe hängt zum einen von den Marktgegebenheiten (anbietende Einzelwirtschaft im geschlossenen Markt, Stellung in der Marktkette) und zum anderen von der Art der gewählten Kommunikationsform ab. Sind zwischen dem Werbungtreibenden und dem letzten Nachfrager noch zwischennachfragende und zwischenanbietende Einzelwirtschaften tätig, so muß entschieden werden, ob nur die direkten Marktpartner (z.B. Fachhandelswerbung) beworben werden, oder ob auch die Zielgruppen in den Folgemärkten in die Werbeplanung miteingeschlossen werden. Bei einer Ausweitung der werblichen Aktivitäten auf Folgemärkte muß ferner festgelegt werden, ob die letzten Nachfrager direkt beworben werden (z.B. Publikumswerbung) oder ob der Zwischenanbieter im Rahmen der Absatzförderung in seinen eigenen werblichen Maßnahmen unterstützt wird.

Desweiteren wird die Zielgruppenplanung durch die Art der gewählten

Kommunikationsform beeinflußt, wenn durch zweistufige Kommunikation die Werbebotschaft über Meinungsbeeinflusser an den Nachfrager herangetragen werden soll. Die Werbesubjektplanung hat dann die Aufgabe, die relevanten Multiplikatoren (z. B. Fachjournalisten) für die »product-publicity« zu bestimmen (vgl. Koppelmann, U.; 1981, S. 35 ff.).
Die Werbesubjektplanung hat ferner die finalen und die subfinalen Zielgruppen zu berücksichtigen, die im Marktprogramm vorgegeben sind (vgl. Abschnitt 1.2.2.3 dieses Kapitels). Wie Abb. 33 beispielhaft zeigt, können sowohl Mitglieder finaler als auch subfinaler Zielgruppen des Marktprogramms Umworbene sein und somit zur finalen Zielgruppe der Werbung werden.

Beispiele für werbliche Maßnahmen	Werbliche Zielgruppe	finale Zielgruppe des Marktprogramms	subfinale Zielgruppe des Marktprogramms
PKW-Anzeigen in Automobilzeitschrift	Führerscheinbesitzer	×	
Informationsbrief über Tennisschläger	Tennistrainer		×
Anzeige in einer Fachzeitschrift für Nahrungsmittel	Lebensmittelhändler		×
Direktwerbebrief einer Bank für ein Auszubildendenkonto	Auszubildende	×	

Abb. 33: Darstellung werblicher Zielgruppen beispielhafter werblicher Maßnahmen und ihre Zuordnung zu finalen und subfinalen Zielgruppen des Marktprogramms.

Zur konkreten Beschreibung der Zielgruppe steht der Werbesubjektplanung der gesamte Katalog der Segmentierungskriterien zur Verfügung (vgl. Kapitel 1.2.3 dieses Bandes).
Während die Einzelwirtschaft ihre werblichen Zielgruppen selbst bestimmen kann, sind ihr die Zielgruppen ihrer Öffentlichkeitsarbeit

meist von außen vorgegeben (vgl. Holscher, C.; 1984, S. 237). Dies gilt vor allem dann, wenn die Öffentlichkeitsarbeit auf Ereignisse reagieren muß, die bereits stattgefunden haben, und von denen bestimmte Gruppen besonders betroffen sind. Im Rahmen einer zukunftsorientierten Public relations ist es Aufgabe der Subjektplanung der Öffentlichkeitsarbeit diejenigen Teile der Öffentlichkeit auszuwählen, die für die Erreichung ihrer Zielsetzung besondere Relevanz besitzen. Aufgabe der Planung der Öffentlichkeitsarbeit ist es, diese Zielgruppen genau zu beschreiben. Vor allem die Einstellung zur Einzelwirtschaft und deren Motive sind dabei für die Öffentlichkeitsarbeit von besonderem Interesse.

2.3.2.3 Zeitplanung. Die Zeitplanung der Marktkommunikation läßt sich in die Planung des Zeitraumes und in die Planung des Zeitpunktes der werblichen Maßnahmen aufteilen.

Nach dem Planungszeitraum lassen sich kurzfristige Werbepläne (im allgemeinen kürzer als ein Geschäftsjahr), mittelfristige Werbepläne (ein Geschäftsjahr) und langfristige Werbepläne (über ein Geschäftsjahr hinausgehend) unterscheiden (vgl. Junk, H.; 1971, S. 124).

Der zeitliche Einsatz wird durch konjunkturelle und saisonale Trends, durch den Produktlebenszyklus sowie durch Aspekte der Werbewirkung determiniert.

Unter Berücksichtigung saisonaler bzw. konjunktureller Einflüsse sind sowohl prozyklische Werbezeitpläne (Werbeaktivität steigt und fällt mit dem Umsatz) als auch antizyklische Werbezeitpläne (Werbeaktivität steigt mit fallendem Umsatz und fällt mit steigendem Umsatz) empirisch nachweisbar.[27]

Bei den produktbezogenen Einflüssen des zeitlichen Einsatzes der Werbung steht der Produktlebenszyklus in der Literatur im Vordergrund der Betrachtung (vgl. Rutschmann, M.; 1976, S. 144 ff.).

In Anlehnung an die einzelnen Phasen des Lebenszyklusmodelles differenzieren Meyer und Hermanns (vgl. Meyer, P. W.; Hermanns, A.; 1981, S. 88 ff.):

- Einführungswerbung: hohe Werbeintensität in relativ kurzer Zeitspanne zur Schaffung eines Bekanntheitsgrades und Informationsniveaus.
- Expansionswerbung: Sie hat zum Ziel, Bekanntheitsgrad und Informationsniveau zu erhöhen sowie positive Images zu festigen und dadurch eine Steigerung der Anzahl von Handlungsauslösungen zu bewirken.

---

27 Vgl. Meyer, P. W.; Hermanns, A.; 1981, S. 86 f., die die Vor- und Nachteile dieser beiden Planungsalternativen ausführlich diskutieren.

– Erhaltungswerbung: Diese Phase der Werbung kann von zeitlich langer Dauer sein und hat die Aufgabe, die Umsätze zumindest konstant zu halten.
– Reduktionswerbung: Ein zeitlich eng begrenzter Werbeeinsatz hat zum Ziel, alle noch im Markt befindlichen Versorgungsobjekte abzusetzen.

Unter Werbewirkungsaspekten hat die Werbezeitplanung die Aufgabe die Werbewirkung zu optimieren. In diesem Zusammenhang sind insbesondere lerntheoretische Gesichtspunkte zu beachten. Kotler unterscheidet dabei den massierten, den kontinuierlichen und den intermittierenden zeitlichen Einsatz von werblichen Maßnahmen (vgl. Kotler, P.; 1995, S. 987).
Ebenfalls Einfluß auf die Werbeplanung haben Ausstrahlungseffekte der einzelnen Werbemaßnahmen aufeinander, sogenannte Carry-Over-Effekte.
Die Zeitplanung der Öffentlichkeitsarbeit wird in vielen Fällen von Ereignissen bestimmt, die nicht im Entscheidungsbereich der Einzelwirtschaft liegen. Es kann sich um Ereignisse handeln, über die die Öffentlichkeit sofort informiert werden muß (z.B. Unglücksfälle) oder Ereignisse, deren Veröffentlichung auf den Zeitpunkt der günstigsten Aufnahmefähigkeit und Aufnahmebereitschaft der Zielgruppe abgestimmt werden kann (vgl. Oeckl, A.; 1976, S. 222).

2.3.2.4 Planung der Kommunikationsform. Bei der Planung der Kommunikationsform ergeben sich für die Einzelwirtschaft drei Alternativen:
– Übermittlung einer persönlichen Botschaft
– Übermittlung einer konservierten Botschaft
– Kombination von persönlicher und konservierter Botschaft.

Die Wahl der Kommunikationsform wird von der Zielgruppe und der Botschaft determiniert.
Die Größe der Zielgruppe, die Zusammensetzung der Zielgruppe und das Kommunikationsverhalten der Zielgruppe spielen eine entscheidende Rolle. So sind große Zielgruppen mit großer geographischer Streuung unter wirtschaftlichen Gesichtspunkten nur mit konservierten Botschaften zu erreichen.
Die Übermittlung von persönlichen Werbebotschaften hat dagegen den Vorteil einer höheren Wirksamkeit und einer unmittelbaren Kontrollmöglichkeit, da im persönlichen Gespräch mit dem Umworbenen die Werbeselektion besser überwunden werden kann, und durch die unmittelbare Feedback-Möglichkeit die werbliche Argumentation flexibel gestaltet werden kann (vgl. Meyer, P. W.; Hermanns, A.; 1981, S. 127).

Eine Kombination von konservierter und persönlicher Botschaft erscheint dann sinnvoll, wenn Meinungsbeeinflusser bei der eigentlichen Zielgruppe eine höhere Glaubwürdigkeit besitzen als die die Marktkommunikation betreibende Einzelwirtschaft selbst. Im Bereich der Werbung erfolgt die Bewerbung der Meinungsbeeinflusser meist mittels einer konservierten Werbebotschaft, die dann von diesen durch persönliche Übermittlung in der Zielgruppe multipliziert wird.
Die Öffentlichkeitsarbeit bedient sich dagegen meist des umgekehrten Weges. Sie übermittelt zunächst ihre Botschaft persönlich an Meinungsbeeinflusser (z. B. in einer Pressekonferenz an Journalisten), die dann die Botschaft in konservierter Form weitergeben (z. B. im redaktionellen Teil einer Zeitschrift). Sie erreicht damit zum einen eine Multiplikation ihrer Botschaft und zum anderen eine Erhöhung der Glaubwürdigkeit ihrer Aussagen.
Desweiteren lassen sich unterschiedliche Anspracheformen nach dem Kriterium differenzieren, inwieweit die Empfänger anonym bzw. persönlich angesprochen werden. Für die Werbung ergeben sich daraus zwei Hauptgruppen (vgl. Schineis, M.; 1989, S. 121 f.).

(1) Streuwerbung

Streuwerbung ist die anonyme Ansprache von namentlich nicht bekannten, durch Gruppenmerkmale definierten Umworbenen, unabhängig von den dabei eingesetzten Werbeträgern und Werbemitteln.
Hierunter fallen beispielsweise die Anzeigenwerbung in Zeitschriften und Tageszeitungen, die Werbung im Fernsehen und Rundfunk, die Plakatwerbung, die Werbung durch Hauswurfsendungen und anonyme Werbegespräche.

(2) Direktwerbung

Direktwerbung ist die personifizierte Ansprache (Einzelansprache) von Umworbenen, die durch einzelwirtschaftsbezogene Merkmale definiert sind, unabhängig von den dabei eingesetzten Werbemitteln und Werbeträgern.
Hierunter fallen z. B. der persönlich adressierte Werbebrief und das personifizierte Werbegespräch mit face-to-face-Kontakt oder über Telefon.

2.3.2.5 Mittelplanung. Die Marktkommunikationsmittel haben die Aufgabe, die Botschaft zu konservieren, wenn eine direkte Übermittlung aus zeitlichen, räumlichen und wirtschaftlichen Gründen nicht sinnvoll ist (vgl. Meyer, P. W.; Hermanns, A.; 1981, S. 106). Sie sind reproduzierbar und somit in gleicher Form beliebig oft verwendbar. Neben den »klassischen« Mitteln der Werbung und Öffentlichkeitsarbeit stehen der kommunizierenden Einzelwirtschaft durch die techni-

sche Entwicklung im Medienbereich neue Kommunikationsmittel zur Verfügung. Beispielhaft seien hierfür der Videoclip und die BTX-Seite genannt.
Bei der Auswahl der Kommunikationsmittel sind eine Reihe von Variablen zu berücksichtigen, die im folgenden näher dargestellt werden (vgl. Junk, H.; 1971, S. 102 ff.):

- Ziel der Marktkommunikation
  Für unterschiedliche Zielsetzungen der Marktkommunikation sind unterschiedliche Kommunikationsmittel geeignet (die Beschriftung eines Lkws eignet sich z. B. besser für die Bekanntmachung als für die Imagebildung).
- Subjekt der Marktkommunikation
  Unterschiedliche Zielgruppen weisen unterschiedliche Präferenzen bezüglich der Kommunikationsmittel auf, da unterschiedliche intellektuelle Anstrengungen mit ihrer Decodierung verbunden sind.
- Objekt der Marktkommunikation
  Die Geeignetheit unterschiedlicher Kommunikationsmittel hängt in starkem Maße vom zu bewerbenden Versorgungsobjekt ab (ein Pkw in Fahrt läßt sich in einem Werbespot besser darstellen als in einer Anzeige).
- Träger der Marktkommunikation
  Viele Mittel sind an bestimmte Träger gebunden. Die Mittelplanung wird dadurch häufig durch die Trägerplanung determiniert (z. B. können im Hörfunk nur Rundfunkspots gesendet werden).
- Kommunikationsmittel der Konkurrenz
  Die kommunizierende Einzelwirtschaft hat die Möglichkeit die gleichen Kommunikationsmittel wie die Konkurrenz einzusetzen oder sich durch andere Kommunikationsmittel von ihr abzuheben.
- Der Absatzweg
  Erfolgt der Absatzweg über mehrere Stufen, so sollen die eigenen Kommunikationsmittel mit denen der nachfolgenden Stufen abgestimmt werden, wenn sich daraus Synergieeffekte ergeben (z.B. Abdruck einer Produktanzeige in einem Händlerkatalog).
- Rechtliche Bestimmungen
  Rechtliche Bestimmungen, die entweder die Kommunikationsmittel selbst oder die zu ihrer Streuung benötigten Träger betreffen, sind in der Mittelplanung ebenfalls zu berücksichtigen (so scheidet z.B. der Fernsehspot als Werbemittel für die Tabakindustrie aufgrund des Verbots für Tabakwerbung im Fernsehen aus).

2.3.2.6 Trägerplanung. Aufgabe der Trägerplanung ist es, einen Mediaplan zu erstellen, ». . . aus dem ersichtlich wird, zu welcher Zeit in welchem Trägermedium geworben werden soll« (Meyer, P. W.; Hermanns, A.; 1981, S. 112). Die Anzahl der Trägermedien, die der Einzelwirtschaft zur Auswahl zur Verfügung stehen, hat sich durch die Entwicklung und durch die Etablierung der »neuen Medien« weiter vergrößert und die Komplexität der Mediaplanung weiter erhöht. Jacobi schlägt zur Auswahl der Trägermedien eine dreistufige Vorgehensweise vor (vgl. Jacobi, H.; 1975, S. 457):

1. Stufe: Auswahl der Trägermedienkategorie
In der 1. Stufe werden eine oder mehrere Medienkategorien ausgewählt (z. B. Tageszeitung, Publikumszeitschrift, Hörfunk und Fernsehen).

2. Stufe: Auswahl spezieller Medien innerhalb der Trägermedienkategorie
Innerhalb der in Stufe 1 ausgewählten Trägermedienkategorien werden spezielle Medien ausgewählt (z. B. Publikumszeitschrift A).

3. Stufe: Auswahl von Trägermedienkombinationen
Hierbei kann es sich sowohl um Kombinationen innerhalb einer Trägermedienkategorie (z. B. Publikumszeitschrift X und Y) als auch um eine Kombination zwischen unterschiedlichen Trägermedienkategorien (z. B. Publikumszeitschrift und Plakat) handeln.

Entscheidungen für die Medienauswahl müssen streutechnisch-ökonomische sowie außerökonomische Aspekte beachten (vgl. Jacobi, H.; 1975, S. 457 ff.). Die streutechnisch-ökonomischen Aspekte beinhalten die Reichweite des einzelnen Mediums und die Kosten, die für dessen Nutzung anfallen.
Zur Optimierung dieser streutechnischen und ökonomischen Planungsvariablen wurde eine Reihe mathematischer Ansätze entwickelt, die hier nicht weiter ausgeführt werden sollen (vgl. dazu Knüppel, L.; 1975, S. 64 ff. sowie Schmalen, H.; 1985, S. 115 ff. sowie 143 ff.).
Die außerökonomischen Aspekte beziehen sich auf die Nutzungsintensität durch die Zielgruppe, auf das Image des Werbeträgers sowie auf das redaktionelle Umfeld des Mediums.
In der Praxis stehen den Entscheidungsträgern eine Reihe regelmäßig erscheinender Mediaanalysen zur Beurteilung der einzelnen Trägermedien zur Verfügung.[28]

2.3.2.7 Budgetplanung. Die Budgetplanung hat zum einen festzulegen, welcher Etat der Marktkommunikation zur Verfügung steht und zum anderen zu entscheiden, wie dieser Etat auf die einzelnen Maßnahmen der Werbung und der Öffentlichkeitsarbeit aufgeteilt wird (vgl. Junk, H.; 1975, S. 105). In der Praxis werden im allgemeinen der Werbung

28 Beispielhaft seien hier die MA, Mediaanalyse der Arbeitsgemeinschaft Mediaanalyse sowie die Allensbacher Werbeträgeranalyse (AWA) genannt.

und der Öffentlichkeitsarbeit getrennte Etats zugewiesen, da sie, wie bereits oben dargestellt, unterschiedlichen Hauptfunktionen unterstellt sind.
Im Bereich der Werbung erfolgt die Etatfestlegung in Abstimmung mit den Programmvorgaben der Teilfunktion Absatzvorbereitung.
In der Literatur wird zwischen theorie-determinierten und praxis-determinierten Ansätzen zur Werbebudgetbestimmung unterschieden (vgl. Meyer, P. W.; Hermanns, A.; 1981, S. 97 ff.).
Die theorie-determinierten Ansätze haben den Vorteil, theoretisch exakt das optimale Werbebudget zu bestimmen. Ihre Nachteile liegen in den Annahmen, die den einzelnen Modellen zugrunde liegen und die die Wirklichkeit nur vergröbert widerspiegeln und zum anderen in der Verwendung von Daten, die in der Realität nur schwer zu erfassen sind.
Die praxis-determinierten Ansätze gehen hingegen von Erfahrungswerten aus. Dabei entspricht das Werbebudget einem bestimmten Prozentsatz unterschiedlicher Variablen wie:
- Vorjahresumsatz
- Umsatzerwartung
- Werbeausgaben der Konkurrenz
- Branchenüblicher Werbekostenanteil
- Produktionskosten
- Vorjahresetat
- Kosten pro potentiellem Käufer (vgl. Heuer, G.; 1968, S. 77).

Diese Verfahren haben ihren Vorteil in der leichten Handhabbarkeit. Ihr Nachteil liegt im Mangel eines sachlogischen Zusammenhangs zwischen der Zielsetzung der Werbung und der Höhe des Werbebudgets (vgl. Meyer, P. W.; Hermanns, A.; 1981, S. 102).
Die Festlegung des Werbebudgets nach den Werbezielen stellt einen praxisorientierten Ansatz dar, der diesen Mangel behebt. Das Werbebudget wird dann als optimal angesehen, wenn alle Ziel- und Maßnahmenentscheidungen unter ökonomischen Gesichtspunkten, also unter Optimierung des Verhältnisses von Aufwand und Erträgen getroffen werden (vgl. Meyer, P. W.; Hermanns, A.; 1981, S. 104). Die Erfassung des dem Aufwand zurechenbaren Ertrages bleibt jedoch auch bei diesem Verfahren problematisch.
Bei der Verteilung des Werbebudgets wird eine Aufteilung des Budgets auf einzelne Werbeobjekte, Werbemittel und Werbeträger vorgenommen und die zeitliche Verteilung des Budgets festgelegt (vgl. Pudenz, W.; 1978, S. 55.). Das Budget für die Öffentlichkeitsarbeit kann weniger genau geplant werden als das Werbebudget. Dies gilt sowohl für die Bestimmung des Gesamtetats als auch für die Aufteilung des Budgets auf die einzelnen Mittel der Öffentlichkeitsarbeit. Die Planungsunsicherheit liegt in der Aufgabe der Public Relations begründet auf ex-

terne Ereignisse, die der Einzelwirtschaft zum Planungszeitpunkt nicht bekannt sind, zu reagieren. Diese nicht planbaren Ereignisse erfordern auch einen vorher nicht bekannten, dem Ereignis entsprechenden, spezifischen Mitteleinsatz. Neske schlägt aus diesen Gründen vor, die Etatfestsetzung an den Erfahrungswerten der vorangegangenen Jahre zu orientieren und eine Budgetreserve von 5 – 10 % des Etats zu bilden (vgl. Neske, F.; 1977, S. 269 f.).

2.3.2.8 Gestaltungsplanung. Die Gestaltungsplanung hat die Aufgabe, konkrete Vorgaben für die Gestaltung der einzelnen Kommunikationsmittel im Rahmen der Durchführung der Marktkommunikation zu geben.

Sie hat dabei die Hauptnutzensversprechung (Kernaussage), die durch die Objektpositionierung festgelegt wird, zu beachten.[29] Diese muß durch die Gestaltung der Kommunikationsmittel deutlich zum Ausdruck kommen. Ferner soll die Botschaft im Hinblick auf die Ansprachrichtung (z. B. emotional oder rational) und auf die verwendeten Zeichen (z. B. überwiegend Text oder überwiegend Bild) zielgruppengerecht gestaltet sein. Verfolgt die Einzelwirtschaft ein Corporate-Identity-Konzept, so legt die Gestaltungsplanung gestalterische Richtlinien fest, sie sowohl für die Werbung als auch für die Öffentlichkeitsarbeit verbindlich sind (vgl. Stankowski, A.; 1985, S. 176 ff.).

2.3.3 Ausführung

Die Ausführung der Marktkommunikation als Umsetzung der in der Planungsphase getroffenen Entscheidungen in konkrete Maßnahmen läßt sich in drei Phasen unterteilen:

1. Phase: Gestaltung der Kommunikationsmittel
2. Phase: Produktion der Kommunikationsmittel
3. Phase: Streuung der Kommunikationsmittel

Grundsätzlich lassen sich diese drei Phasen sowohl bei der direkten als auch bei der medialen Marktkommunikation differenzieren. Die erste und zweite Phase erlangt jedoch bei der medialen Kommunikation eine besondere Bedeutung.

2.3.3.1 Gestaltung der Kommunikationsmittel. Die Gestaltung der Kommunikationsmittel hängt entscheidend vom gewählten Medium ab. Allgemeingültige Gestaltungsrichtlinien können aufgrund der unterschiedlichen Fallsituation überhaupt nicht oder nur mit Bedenken

29 Besitzt das Versorgungsobjekt ein Alleinstellungsmerkmal (unique-selling proposition = USP), so wird sich die Kernaussage in den meisten Fällen auf diesen USP beziehen.

gegeben werden. Werden in der Literatur solche Gestaltungsanweisungen genannt, so befinden sie sich auf einem Abstraktionsniveau, das es der Praxis nur schwer erlaubt, konkrete Handlungsanweisungen daraus zu ziehen; sie sind vielmehr auf theoretischer Ebene angesiedelt. Beispielhaft hierfür sind die Anforderungen nach H.-J. Rogge (vgl. Rogge, H. J.; 1979, S. 105):

- Das Mittel muß Aufmerksamkeit durch allgemeine gestalterische Mittel erregen.
- Das Mittel muß die Botschaft sofort oder schnell erkennen lassen.
- Die Ansprache muß zielgruppengerecht sein.
- Die Botschaft muß für den Umworbenen verbal und visuell verständlich sein.
- Das Mittel muß mit dem Image des Trägers korrespondieren.
- Der Stil muß die Vorstellung der Zielgruppe von der werbenden Einzelwirtschaft bzw. des umworbenen Versorgungsobjekts entsprechen (Kommunikationsstil).
- Die Gestaltung muß das Umfeld mitberücksichtigen (z.B. redaktionelles Umfeld in einer Publikumszeitschrift).

Die Ausführung der Marktkommunikation hat ferner die Aufgabe, die gestalteten Kommunikationsmittel vor ihrer Streuung zu testen und somit die Kommunikationswirkung zu prognostizieren. Diese Tests haben zum Ziel, Fehlentscheidungen in der Konzeptionsphase (Werbekonzeptionstest) bzw. in der Gestaltungsphase (Werbemitteltest) vor der kostenintensiven Produktion und Streuung der Kommunikationsmittel aufzudecken und zu eliminieren (vgl. Salcher, F.; 1978, S. 257).

2.3.3.2 Produktion der Kommunikationsmittel. Die zweite Phase der Ausführung, die Produktion der Kommunikationsmittel, hat die Vervielfältigung der gestalteten Mittel zum Inhalt. Beispielhaft sind das Drucken eines Prospekts in einer bestimmten Auflagenhöhe oder das Kopieren von Fernseh- und Hörfunkspots. Sind Werbemittel und Werbeträger untrennbar miteinander verbunden, so erfolgt die Produktion von Werbemittel und Werbeträger gleichzeitig (z.B. Drucken einer Publikumszeitschrift mit Anzeigen).

2.3.3.3 Streuung der Kommunikationsmittel. In der dritten Phase der Ausführung, der Streuung, wird die Botschaft zum Rezipienten transportiert. Die Marktkommunikation wird vollzogen. Die einzelnen Wege, auf denen die Streuung erfolgen kann, sind in Abschnitt 2.1.2 dieses Kapitels ausführlich dargestellt.
Im Bereich der Öffentlichkeitsarbeit hat eine Form der persönlichen, direkten Streuung von Botschaften eine besondere Bedeutung erlangt, nämlich die Pressekonferenz. Sie hat die Aufgabe, Informationen an Journalisten in ihrer Funktion als Meinungsbeeinflusser heranzutragen,

mit dem Ziel, die zu vermittelnde Botschaft durch die redaktionelle Berichterstattung der Medien zu streuen.
Dem Werbungtreibenden stehen eine ganze Reihe von Einzelwirtschaften zur Verfügung, an die er die werblichen Exekutivfunktionen delegieren kann. Der Werbungtreibende kann dabei nur einzelne Teilbereiche der Werbung auslagern (z.B. an Werbeberater, Werbemittelhersteller, Werbemittler, Werbeträgerbetriebe) oder die gesamte Teilfunktion Absatzanbahnung auf darauf spezialisierte Einzelwirtschaften übertragen, die im allgemeinen die Bezeichnung Werbeagentur tragen.
Im Bereich der Öffentlichkeitsarbeit kann die kommunizierende Einzelwirtschaft auf PR-Agenturen und PR-Berater zurückgreifen, wenn sie die gesamte Öffentlichkeitsarbeit oder einzelne Funktionen der Public Relations nicht selbst übernimmt.

2.3.4 Kontrolle

Die Kontrolle der Marktkommunikation als letzte prozessuale Phase hat zum einen die Aufgabe festzustellen, inwieweit die Ziele, die in der Konzeptionsphase der Marktkommunikation festgelegt worden sind, erreicht wurden, und zum anderen die Ablauffunktionen der Marktkommunikation zu kontrollieren.
Die Kontrolle der Marktkommunikation läßt sich in zwei Bereiche aufteilen:
- Wirkungskontrolle und
- Wirtschaftlichkeitskontrolle.

Die Wirkungskontrolle hat die Funktion, die durch die Marktkommunikation bewirkten Veränderungen zu erfassen, während die Wirtschaftlichkeitskontrolle eine ökonomische Bewertung dieser Veränderungen vornimmt (vgl. Meyer, P. W.; Hermanns, A.; 1981, S. 151).

2.3.4.1 Wirkungskontrolle. In der Literatur werden eine ganze Reihe unterschiedlicher Arten von Werbewirkungen diskutiert (vgl. Behrens, K. Ch.; 1963, S. 106 sowie Rosenstiel, L.; 1976, S. 186 ff.). Legt man im Bereich der Werbung die oben beschriebenen Generalziele der Werbung, Bekanntmachung, Information, Imagebildung und Handlungsauslösung zugrunde, so ergeben sich folgende Veränderungen, die durch die Werbung beim Rezipienten bewirkt werden können:
- Veränderung des Bekanntheitsgrades
- Veränderung des Informationsniveaus
- Imageänderungen
- Veränderung der Handlungsintensität.

Werden diese Veränderungen mit den in der Konzeptionsphase festgelegten Ziele verglichen, so handelt es sich um eine *Soll-Ist-Kontrolle.*

Die *Ist-Ist-Kontrolle* kommt zur Anwendung, wenn der getrennte Einsatz alternativer Werbemaßnahmen (z.B. auf zwei unterschiedlichen Testmärkten) verglichen werden soll. Handelt es sich um den erstmaligen Einsatz von Werbeaktivitäten, so genügt sowohl bei der Soll-Ist-Kontrolle als auch bei der Ist-Ist-Kontrolle eine ex-post-Messung der Werbewirkung. Sind dagegen werbliche Vorleistungen und die daraus resultierenden Carry-Over-Effekte zu berücksichtigen, so kann auf eine ex-ante/ex-post-Messung nicht verzichtet werden (vgl. Meyer, P. W.; Hermanns, A.; 1981, S. 151 f.).
Die *Soll-Soll-Kontrolle* hat die Aufgabe, Veränderungen von Determinanten, die Werbekonzeption und Werbeplanung beeinflussen, zu erfassen und somit eine Werbeziel- bzw. Werbeplanrevision zu ermöglichen (vgl. Meyer, P. W.; Hermanns, A.; 1981, S. 149).
Im Bereich der Öffentlichkeitsarbeit steht die Veränderung des Images der Einzelwirtschaft im Mittelpunkt der Wirkungskontrolle. Da eine zuverlässige und exakte Erfassung dieses Images nur mit Hilfe kostenintensiver repräsentativer Meinungsforschung möglich ist, schlägt Mentzel folgende Ersatzindikatoren zur Kontrolle der Öffentlichkeitsarbeit vor (vgl. Mentzel, K. H.; 1978, S. 156):

- Echo, das bestimmte PR-Maßnahmen findet und sich in Zeitschriften etc. niederschlägt;
- Reaktion der Medien in Form von Pressemeldungen, Rundfunk- und Fernsehsendungen;
- Leser- und Hörer- bzw. Zuschaueranalysen;
- verminderte Fluktuation durch Verbesserung des Betriebsklimas;
- zunehmender Erfolg bei Stellenausschreibungen.

2.3.4.2 Wirtschaftlichkeitskontrolle. Die Wirtschaftlichkeitskontrolle hat die Aufgabe, die Wirkungsveränderungen zu bewerten, die durch die Maßnahmen der Marktkommunikation erreicht werden. Im Mittelpunkt der Diskussion steht dabei die Problematik der mangelnden Isolierbarkeit des Beitrags der Werbung zu quantitativen Erfolgsgrößen (z.B. Umsatz oder Gewinn).
Neben Modellen, die den Erfolgsbeitrag der Marktkommunikation auf mathematischem Wege zu erfassen suchen, bietet sich vor allem der Testmarkt zur Kontrolle der Werbewirtschaftlichkeit an, da bei diesem Verfahren die Maßnahmen der Marktkommunikation unter realistischen Bedingungen eingesetzt werden können und gleichzeitig die die ökonomischen Größen beeinflussenden Determinanten relativ konstant gehalten werden können (vgl. Nieschlag, R.; u. a.; 1994, S. 644).
Meyer weist zudem darauf hin, daß bei der Gegenüberstellung von Werbeaufwendungen und Werbeerträgen auch diejenigen Ertragskomponenten miteinbezogen werden müssen, die nicht in der Abrech-

nungsperiode selbst, sondern in den darauf folgenden Perioden an len (vgl. Meyer, P. W.; 1963, S. 325).

Die Öffentlichkeitsarbeit wird nur in Ausnahmefällen einer direkte ökonomischen Kontrolle unterworfen sein, da ihr primäres Ziel der Aufbau bzw. die Veränderung von Images ist und nicht in der Auslösung von Handlungen zur Anbahnung zum Abschluß von Marktverträgen liegt. Dennoch muß sich auch die Public Relations zumindest in gewinnorientierten Einzelwirtschaften, an wirtschaftlichen Maßstäben messen lassen, da sie nicht zum Selbstzweck betrieben wird, sondern ihren Beitrag zur Erreichung der Unternehmensziele beizutragen hat (vgl. Fuchs, R.; Kleindiek, H. W.; 1984, S. 41 ff.).

Literaturverzeichnis

Algermissen, J. (1981); Das Marketing der Handelsbetriebe, Würzburg, Wien 1981.

Bäumler, E.; Bodendieck, E. (1974); Public Relations, in: Marketing-Enzyklopädie, 2. Bd., hrsg. v. Verlag Moderne Industrie, München 1974, S. 69–76.

Baier, W. (1985); Man muß die Leute ehrlich informieren, in: werben und verkaufen, Nr. 12/1985, S. 20–23.

Behrens, K. Ch. (1963); Absatzwerbung, Wiesbaden 1963.

Bidlingmaier, J. (1975); Festlegung der Werbeziele, in: Handbuch der Werbung, hrsg. v. K. Ch. Behrens, 2. Aufl., Wiesbaden 1975, S. 403–416.

Birkigt, K.; Stadler, M. M. (1985); Corporate Identity – Grundlagen, in: Corporate Identity, hrsg. v. K. Birkigt u. M. M. Stadler, 2. Aufl., Landsberg 1985, S. 17–60.

Burghold, J. A. (1984); Veränderung der Werbung durch den Einsatz neuer Technologien, in: Zukunftsorientiertes Marketing für Theorie und Praxis, Festschrift zum sechzigsten Geburtstag von P. W. Meyer, hrsg. v. A. Hermanns und A. Meyer, Berlin 1984, S. 245–260.

Fantapié Altobelli, C. (1993); Die Neuen Medien als Werbeträger, in: Handbuch Marketing Kommunikation, hrsg. v. R. Berndt und A. Hermanns, Wiesbaden 1993, S. 439–462.

Freter, H. (1983); Marktsegmentierung, Stuttgart u.a. 1983.

Fuchs, R.; Kleindiek, H. W. (1984); Öffentlichkeitsarbeit heute, Bochum 1984.

Haedrich, G.; Kreilkamp, E. (1983); Zur Situation der Öffentlichkeitsarbeit in deutschen Unternehmen, in: Die Betriebswirtschaft, 3/1983, S. 431–442.

Hermanns, A. (1973); Werbewissenschaft und Kommunikationstheorie, in: Jahrbuch der Absatz- und Verbrauchsforschung, Nr. 1/1973, S. 47–59.

Hermanns, A. (1977); Betriebswirtschaftliche Funktionen und Verwirklichungsstufen der Werbung, in: Markenartikel Nr. 5/1977, S. 218–222.

Hermanns, A. (1979b); Konsument und Werbewirkung – Das phasenorientierte Werbewirkungsmodell, Bielefeld und Köln 1979.

Hermanns, A.; Bohnert, D. (1983); Neue Kommunikationstechnologien im Marketing, Bd. 2, München 1983.

Heuer, G. (1968); Elemente der Werbeplaung, Köln und Opladen 1968.
Holscher, C. (1978); Absatzanbahnung, in: Integrierte Marketingfunktionen, 1. Aufl., hrsg. v. P. W. Meyer u. A. Hermanns 1978, Stuttgart, u.a. 1978, S. 57–78.
Holscher, C. (1984); Die PR-Agentur der Zukunft: Unternehmensberatung für Kommunikation, in: Zukunftsorientiertes Marketing für Theorie und Praxis, Festschrift zum sechzigsten Geburtstag von P. W. Meyer, hrsg. v. A. Hermanns und A. Meyer, Berlin 1984, S. 235–244.
Holscher, C. (1985); Zielgruppe Neinsager, in: werben und verkaufen, Nr. 12/1985, S. 32–35.
Jacobi, H. (1975); Planung der Werbestrategien, in: Handbuch der Werbung, hrsg. v. K. Chr. Behrens, Wiesbaden 1975, 2. Aufl., S. 435–468.
Junk, H. (1971); Optimale Werbeprogrammplanung – Grundlagen und Entscheidungsmodelle, Essen 1971.
Katz, C. (1960); The Two Step Flow of Communication, in: Mass Communication, hrsg. v. W. Schramm, 2. Aufl., Urbana u.a. 1960, S. 346–365.
Knüppel, L. (1975); Entscheidungsorientierte Werbeträgerplanung, Essen 1975.
Koppelmann, U. (1981); Produktwerbung, Stuttgart u.a. 1981.
Kotler, P. (1995); Marketing-Management, Analyse, Planung und Kontrolle, 8. vollst. neubearb. u. erw. Aufl., Stuttgart 1995.
Laswell, H. D. (1960); The Structure and Function of Communication in Society, in: Mass Communication, hrsg. v. W. Schramm, 2. Aufl., Urbana, Chicago und London 1960, S. 117–139.
Maletzke, G. (1963); Psychologie der Massenkommunikation, Hamburg 1963.
Mentzel, K. H. (1978); Öffentlichkeitsarbeit als Marketingfunktion, in: Integrierte Marketingfunktionen – Absatz, Beschaffung und Öffentlichkeitsarbeit, 1. Aufl., Stuttgart u. a. 1978, S. 148–167.
Merton, R. K. (1949); Pattern of Influence: A Study of Interpersonal Influence and Communication Behaviour via Local Community, in: Communication Research 1948–49, hrsg. v. F. Lazersfeld und F. N. Stanton, New York 1949, S. 180–219.
Meyer, P. W. (1963); Die Werbeerfolgskontrolle, Düsseldorf, Wien 1963.
Meyer, P. W. (1973); Die machbare Wirtschaft, Grundlagen des Marketing. Essen 1973.
Meyer, P. W. (1976c); Werbemittel und Werbeinstitutionen, in: Handwörterbuch der Betriebswirtschaft, 4. Aufl., Bd. I/III, hrsg. v. E. Grochla u. W. Wittmann, Stuttgart 1976, Sp. 4368–4376.
Meyer, P. W.; Hermanns, A. (1974); Das Kommunikationsmodell der Werbung, in: Marketing-Enzyklopädie, Bd. 2, München 1974, S. 107–118.
Meyer, P. W.; Hermanns, A. (1981); Theorie der Wirtschaftswerbung – Ein Beitrag zum Wissenschafts-Praxis-Transfer, Stuttgart u. a. 1981.
Neske, F. (1977); PR-Management, Gernsbach 1977.
Nieschlag, R.; Dichtl, E.; Hörschgen, H. (1985); Marketing, 17. neubearb. Aufl., Berlin 1994.
Oeckl, A. (1976); PR-Praxis, Düsseldorf, Wien 1976.
Pierzdioch, B. (1983); Werbeerfolgskontrolle auf der Grundlage von Imageanalysen, Berlin 1983.
Pudenz, W. (1978); Fesetzung und Verteilung von Werbebudgets, München 1978.

Raffée, H.; Wiedmann, K. (1983); Glaubwüdigkeitsoffensive, in: asw 12/1983, S. 52–61.

Reimann, H. (1973); Kommunikation, in: Sowjetsystem und demokratische Gesellschaft – Eine vergleichende Enzyklopädie, Freiburg, Basel und Wien 1973, Sp. 713–731.

Rogge, H.-J. (1979); Grundzüge der Werbung, Berlin 1979.

Ronneberger, F. (1967); Allgemeine Massenkommunikationslehre, vom Autor vervielfältigtes Manuskript, Nürnberg o.J. (1967).

Rosenstiel, L. von (1976); Marketing-Psychologie, in: Praxisorientiertes Marketing – Ansätze und Perspektiven, hrsg. v. P. W. Meyer und A. Hermanns, Stuttgart u. a. 1976, S. 171–192.

Ruland, J. (1972); Werbeträger, Einführung in die Praxis des Werbeträgereinsatzes, Bad Homburg 1972.

Rutschmann, M. (1976); Werbeplanung – Ein entscheidungsorientierter Ansatz, Bern 1976.

Salcher, F. (1978); Psychologische Marktforschung, Berlin, New York 1978.

Schineis, M.; Marketing und Datenschutz – Probleme, Lösungsansätze, empirische Ergebnisse, Augsburg 1989.

Schmalen, H. (1985); Kommunikationspolitik – Werbeplanung, Stuttgart u. a. 1985.

Seyffert, R. (1966); Werbelehre – Theorie und Praxis der Werbung, Bd. 1, Stuttgart 1966.

Stankowski, W. (1985); Das visuelle Erscheiungsbild der Corporate Idendity, in: Corporate Idendity, hrsg. v. K. Birkigt u. M. M. Stadler, 2. Aufl., Landsberg 1985, S. 175–199.

3. Der Absatzabschluß

von Viktor Muser*

Der Absatzabschluß bzw. Abschluß-Absatzvertrag, der sich logisch an die Absatzanbahnung anschließen kann, ist für die absetzende Einzelwirtschaft von zentraler Bedeutung. Erst diese Teilfunktion entscheidet unmittelbar darüber, ob ein Leistungsaustausch stattfindet, d.h. ob eine Einigung im Sinne einer gemeinsamen Entscheidung über Objekt, Menge, Preis und Konditionen erzielt wird (vgl. Meyer, P. W.; 1985, S. 127). Ergebnis dieser Einigung ist der Abschluß eines zweiseitigen Vertrages. Dieser Sachverhalt wird mit dem Begriff »Abschluß Marktvertrag« umschrieben (Meyer, P. W.; 1973, S. 64).
In der Wirtschaftspraxis wird diese Teilfunktion häufig als »Verkauf« bezeichnet. Da der Verkauf nur eine spezielle Erscheinungsform des Absatzabschlusses darstellt und auch nicht bei allen Versorgungsobjekten möglich ist, würde die Gleichsetzung beider Begriffe eine unzulässige Einengung bedeuten und die Realität des Absatzabschlusses nur teilweise abbilden.

3.1 Die Systematik der Abschlußentscheidungen

Die Abschlußentscheidungen können durch zwei sich ergänzende Sichtweisen systematisiert werden. Die Erscheinungsformen des Absatzabschlusses verdeutlichen die Spannweite und die Abschlußformen die Durchführungsmöglichkeiten der Abschlußentscheidungen.

3.1.1 Die Erscheinungsformen des Absatzabschlusses

Die Erscheinungsformen des Absatzabschlusses haben zwei konstitutive Bestandteile. Erstens handelt es sich immer um den Abschluß zweiseitiger Verträge, und zweitens geht diesem Abschluß immer eine Einigung bzw. eine gemeinsame Entscheidung über Objekt, Menge, Preis und Konditionen voraus. Die wichtigsten Erscheinungsformen konkretisieren sich im (vgl. Meyer, P. W.; 1973, S. 65):
- Tauschvertrag (§ 515 BGB),
- Kaufvertrag (§§ 433 ff. BGB),
- Mietvertrag (§§ 535 ff. BGB),
- Darlehensvertrag (§§ 607 ff. BGB),

* Dipl. oec. Dr. rer. pol. Viktor Muser, Verkaufsdirektor Innen Gervais Danone AG, München.

– Pachtvertrag (§§ 581 ff. BGB),
– Dienst- und Werkvertrag (§§ 611 ff. und §§ 631 ff. BGB).

Die älteste Erscheinungsform des Absatzabschlusses stellt sicher der *Tausch* dar. Im Laufe der wirtschaftlichen und industriellen Entwicklung zur Geldwirtschaft hat der Tausch jedoch zugunsten des Verkaufs an Bedeutung verloren. Erst in jüngster Zeit gewinnt der Tausch in Form des Kompensations- bzw. Bartergeschäftes wieder an Bedeutung (vgl. Engelhardt, W. H.; Schuster, F.; 1980, S. 103). Der Tausch, verstanden als Leistungsaustausch von Versorgungsobjekt(en) gegen Versorgungsobjekt(e) ohne Zwischenschaltung einer Generaltauschware (wie z.B. Geld), wird in einem Tauschvertrag geregelt. Versorgungsobjektspezifische Einschränkungen treten beim Tausch nicht auf, d.h. es kann jedes Versorgungsobjekt gegen jedes andere getauscht werden. Als Beispiel für ein Tauschgeschäft kann die Bezahlung von ärztlichen Dienstleistungen gegen Naturalien angeführt werden.
Die heute sicher bedeutendste Erscheinungsform des Absatzabschlusses ist der *Verkauf.* Der Verkauf umfaßt die entgeltliche Veräußerung von Versorgungsobjekten. Sind sich beide Partner über Objekt(e), Menge(n), Preis(e) und Kondition(en) einig, wird ein Kaufvertrag geschlossen. Anders als beim Tausch sind beim Verkauf versorgungsobjektspezifische Besonderheiten zu beachten. Verkauft werden können nur materielle Versorgungsobjekte. Dies hat zur Folge, daß Dienste, als spezielle Versorgungsobjekte, nicht verkauft werden können, da es sich bei Diensten um Leistungsfähigkeiten handelt, die immaterieller Art sind (vgl. Meyer, P. W.; 1973, S. 40 und Meyer, A.; 1994, S. 14). Sind also Dienste Gegenstand des Vertrages, kann es sich nicht um einen Kaufvertrag handeln, sondern um einen Dienst- oder Werkvertrag, die an späterer Stelle noch behandelt werden.
Bevor abschließend zwei Beispiele für Kaufverträge aufgeführt werden, soll der Verkauf zu dem häufig fälschlicherweise synonym verwendeten Begriff »Vertrieb« (vgl. Sellien, R.; Sellien, H.; 1971, Sp. 1806) abgegrenzt werden. Der Verkauf beinhaltet ausschließlich die Aktivitäten, die unmittelbar zum Abschluß von Kaufverträgen führen. Der Vertrieb hingegen umfaßt die Durchführung der vorher abgeschlossenen Verträge und schließt funktional, als Bestandteil der Absatzrealisierung, an den Verkauf an (vgl. Dornach, B.; 1978, S. 79).
Eine weitere Erscheinungsform ist die *Vermietung.* Bei der Vermietung handelt es sich um die entgeltliche Gebrauchsüberlassung von Versorgungsobjekten auf Zeit. Sind sich Vermieter und Mieter über den Leistungsaustausch einig, wird ein Mietvertrag geschlossen.
Eine mit der Vermietung verwandte Erscheinungsform ist das *Darlehen.* Das Darlehen beinhaltet die entgeltliche Gebrauchsüberlassung von Geld oder anderen Versorgungsobjekten. Der Unterschied zur Vermietung wird bei der andersartigen Rückgabeverpflichtung der

Versorgungsobjekte deutlich. Muß bei der Vermietung das vermietete Versorgungsobjekt zurückgegeben werden, so genügt es, beim Darlehen ein Versorgungsobjekt gleicher Art, Güte und Menge zurückzuerstatten (vgl. Gross, W.; Söhnlein, W.; 1976, S. 71 u. S. 101). Beispiele für das Darlehen sind: Bankkredit bzw. Baudarlehen.
Eine weitere, der Vermietung ähnliche Form, ist die *Verpachtung.* Wie bei der Vermietung geht es bei der Verpachtung um die entgeltliche Gebrauchsüberlassung von Versorgungsobjekten, jedoch kommt das sogenannte Recht des »Fruchtgenusses« hinzu (Gross, W.; Söhnlein, W.; 1976, S. 81). Sind sich Verpächter und Pächter über die Vertragsinhalte einig, schließen sie einen Pachtvertrag. Beispiele für die Verpachtung sind: Verpachtung eines Gartens bzw. Einräumung von Fischereirechten.
Abschließend sollen noch zwei Erscheinungsformen des Absatzabschlusses behandelt werden, deren Besonderheit darin besteht, daß die Versorgungsobjekte, über die Einigkeit erzielt wird, noch nicht erstellt sind, d.h. der Absatzabschluß vor der eigentlichen Leistungserstellung stattfindet. Die Ergebnisse dieser Einigung finden ihren Niederschlag im Dienst- bzw. Werkvertrag. Der *Dienstvertrag* ist ein gegenseitiger Vertrag, der auf die Leistung von Diensten gegen Vergütung gerichtet ist. Beispiele für den Dienstvertrag: Arbeitsvertrag zwischen Arbeitgeber und Arbeitnehmer bzw. privater Klavierunterricht.
Im *Werkvertrag* können zwei unterschiedliche Sachverhalte geregelt werden. Erstens kann in einem Werkvertrag die Herstellung bzw. Veränderung eines Versorgungsobjektes gegen Vergütung festgelegt werden oder zweitens ein durch Dienste herbeizuführender Erfolg vereinbart werden. Der erste Fall wäre gegeben, wenn z.B. ein Maschinenbauunternehmen mit der Herstellung einer Werkzeugmaschine beauftragt wird. Der zweite Sachverhalt wäre erfüllt, wenn z.B. ein defektes Radiogerät zur Reparatur gegeben wird. Nicht vergessen werden sollte der *Beförderungsvertrag,* der eine Sonderform des Werkvertrages darstellt.
Der wesentliche Unterschied zwischen Dienst- und Werkvertrag besteht somit darin, daß beim Dienstvertrag eine bestimmte Leistung zu erbringen ist, während beim Werkvertrag ein bestimmter Erfolg versprochen wird (vgl. Gross, W.; Söhnlein, W.; 1976, S. 127).
Unabhängig von diesem Unterschied ergibt sich, bezogen auf die Beschaffenheit der Versorgungsobjekte, eine wichtige Schlußfolgerung: Der Absatz von Diensten läßt sich in der Regel nur über Dienst- und Werksverträgen realisieren.
Die Darstellung der wichtigsten Erscheinungsformen des Absatzabschlusses hat gezeigt, welche Möglichkeiten bestehen, sich über den Leistungsaustausch zu einigen, und wie entsprechend dem Versorgungsobjekt der adäquate Abschlußvertrag aussehen kann. Daß sich die Marketingliteratur überwiegend mit dem Verkauf beschäftigt, ist

zwar angesichts der Bedeutung dieser Erscheinungsform zu verstehen, wird aber, wie gezeigt, der Realität des Absatzabschlusses nicht gerecht.

3.1.2 Die Abschlußformen

Die Durchführungsmöglichkeiten des Absatzabschlusses konkretisieren sich in den Abschlußformen. Grundsätzlich bieten sich die beiden Abschlußformen *persönlicher und medialer Abschluß* an. Bevor näher auf diese Ausprägungen eingegangen wird, sollen zunächst die kommunikationstheoretischen Grundlagen des Absatzabschlusses dargestellt werden, die den Ausgangspunkt der Abschlußformen bilden.

3.1.2.1 Kommunikationstheoretische Grundlagen. Der Absatzabschluß, als eine besondere Form der Kommunikation, hat das Ziel, eine Einigung, im Sinne einer gemeinsamen Entscheidung, herbeizuführen. Diese Einigung setzt einen Kommunikationsprozeß voraus. Damit sind die Erscheinungsformen des Absatzabschlusses als kommunikative Prozesse aufzufassen. Um seine Eigenständigkeit zu unterstreichen, ist der Absatzabschluß von anderen Kommunikationsprozessen abzugrenzen, wobei die enge Verbindung zur werblichen Kommunikation zu beachten ist. Dies wird auch dadurch deutlich, daß von vier Besonderheiten der werblichen Kommunikation (vgl. Meyer, P. W.; Hermanns, A.; 1981, S. 45) drei auch für die Abschluß-Kommunikation zutreffen:

- Wie bei der werblichen Kommunikation stehen sich auch bei der Abschluß-Kommunikation zwei gleichberechtigte Kommunikationspartner gegenüber.
- In beiden Fällen versucht der absetzende Partner, den anderen in seinem Sinne zu beeinflussen und ihn zu gewollten Reaktionen zu bewegen.
- Beide Kommunikationsprozesse stellen es dem angesprochenen Kommunikationspartner frei, die Botschaft anzunehmen, zu verändern oder abzulehnen.

Auf zwei wichtige Unterschiede sei allerdings hingewiesen. Ist bei der werblichen Kommunikation stets der Werbungtreibende der Auslöser der Kommunikation (vgl. Meyer, P. W.; Hermanns, A.; 1981, S. 45), so können bei der Abschluß-Kommunikation beide Partner den Kommunikationsprozeß auslösen.

Werbliche Kommunikation kann »Einweg- oder Zweiweg-Kommunikation« sein, d.h. es ist bei dieser Kommunikationsart nicht zwingend notwendig, daß der Rezipient seinerseits zum Kommunikator wird. Bei der Abschluß-Kommunikation ist dies unerläßlich, d.h. Abschluß-Kommunikation ist immer »Zweiweg-Kommunikation«. Trotz dieser Besonderheiten ist es nicht so sehr der Kommunikationsprozeß, der bei der Werbung und beim Abschluß unterschiedlich ist, sondern der Kommunikationsinhalt bzw. die Kommunikationsbotschaft. Die Werbebotschaft enthält Aussagen, die der Bekanntmachung, Information, Imagebildung und Handlungsauslösung dienen (vgl. Meyer, P. W.; Hermanns, A.; 1981, S. 76). Die Abschlußbotschaft hingegen liefert Informationen, die eine Einigung über das Objekt, die Menge, den Preis und die Konditionen ermöglichen sollen (vgl. Meyer, P. W.; 1973, S. 64). Diese inhaltlichen Unterschiede sowie die verschiedenen Zielsetzungen der einzelnen Teilfunktionen sind es, die eine Abgrenzung der werblichen Kommunikation zur Abschluß-Kommunikation ermöglichen (vgl. weiterführend Holme, P.; 1991, S. 18 ff.).

Da der Kommunikationsprozeß des Absatzabschlusses analog dem allgemeinen Prozeß der Bedeutungsvermittlung verläuft, ergibt sich folgender Ablauf:

Ein anbietender Abschlußinteressent, *der Kommunikator,* versucht eine Aussage über Objekt, Menge, Preis und Konditionen, *die Abschlußbotschaft,* einem oder mehreren nachfragenden Abschlußinteressenten, *dem bzw. den Rezipienten,* zu vermitteln, mit dem Ziel, *eine Wirkung,* den Abschluß bei diesem Abschlußinteressenten zu erzielen. Je nachdem, ob es sich um direkte oder indirekte Kommunikation handelt, wird die Abschlußbotschaft als persönliche Aussage direkt (persönlicher Abschluß) oder als konservierte Aussage über Trägermedien indirekt (medialer Abschluß) vermittelt. Folgendes Grundmodell macht diesen Sachverhalt noch einmal deutlich: (vgl. Abb. 34)

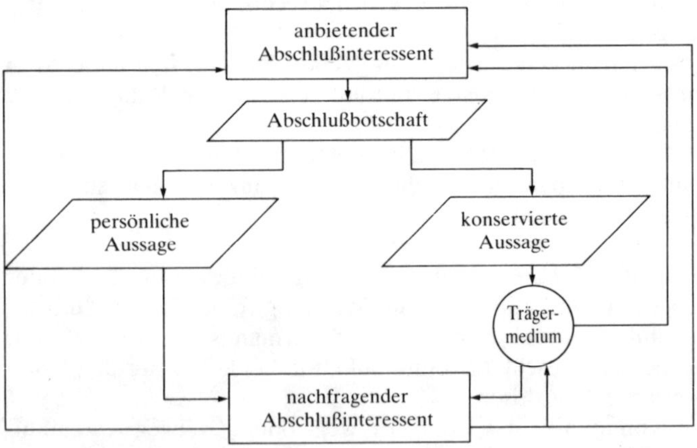

Abb. 34: Grundmodell der Abschluß-Kommunikation.

3.1.2.2 Der persönliche Abschluß. Entscheidet sich der anbietende Abschlußinteressent für die persönliche Abschlußbotschaft und damit für den direkten Kommunikationsprozeß, hat er grundsätzlich zwei Möglichkeiten, den anderen Abschlußinteressenten zu erreichen:

– Der Abschlußinteressent übermittelt die Abschlußbotschaft selbst und wird damit gleichzeitig zum Abschlußpartner.
– Der Abschlußinteressent setzt beauftragte Personen ein, die gegen Entgelt die Abschlußbotschaft übermitteln und für ihn abschließen.

Unabhängig davon kann in beiden Fällen die Abschluß-Kommunikation unmittelbar direkt, also von Mund zu Mund oder mittelbar direkt, also z.B. mit Hilfe eines Telefons stattfinden. Das Grundmodell des persönlichen Abschlusses soll dies noch einmal verdeutlichen: (vgl. Abb. 35)

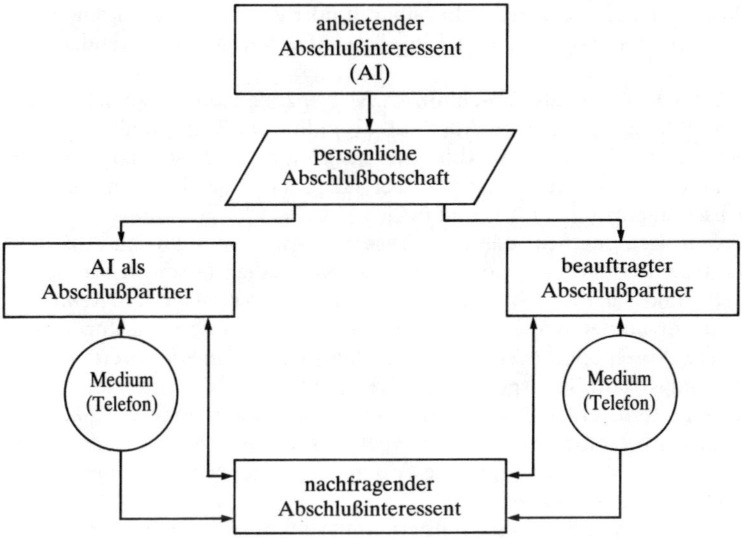

Abb. 35: Grundmodell des persönlichen Abschlusses.

Die Möglichkeit des Dialogs bietet hauptsächlich zwei Vorteile:

– Die zeitgleiche Rückkoppelung erhöht die Flexibilität bei der Argumentation und Präsentation.
– Es bestehen zusätzliche Möglichkeiten, den nachfragenden Abschlußinteressenten direkt zu beeinflussen.

Dem stehen als Nachteile gegenüber:

– Hohe Kosten, da diese Abschlußform sehr personalintensiv ist.

– Begrenzte Arbeitskapazität der Abschlußpersonen.
– Wirkung der Kommunikation ist stark abhängig von der Qualifikation und dem Einsatzwillen der Abschlußpersonen.

Abschließend sollen die *Anwendungsmöglichkeiten* des persönlichen Abschlusses aufgezeigt werden. Bezogen auf die Versorgungsobjekte eignet sich der persönliche Abschluß besonders bei erklärungs- bzw. beratungsbedürftigen, bei neuen und/oder bei teuren Objekten. Ähnliche Bedeutung kommt dem persönlichen Abschluß bei Einzel- bzw. Auftragsanfertigungen zu. Wichtig kann der persönliche Abschluß auch für Einzelwirtschaften sein, deren Versorgungsobjekte gegenüber der Konkurrenz nicht genügend differenziert sind. In solchen Fällen kann der persönliche Kontakt den Abschlußverlauf wesentlich beeinflussen (vgl. Hill, W.; 1982, S. 181). Grundsätzlich bleibt festzuhalten, daß der persönliche Abschluß überall dort gute Anwendungsmöglichkeiten bietet, wo das direkte Eingehen auf den Kunden notwendig ist.

3.1.2.3 Der mediale Abschluß. In Abgrenzung zum persönlichen Abschluß kann der mediale Abschluß als indirekter Kommunikationsprozeß verstanden werden; d.h. der nachfragende Abschlußinteressent kann den Abschlußvertrag nur über Trägermedien vollziehen, da beide Abschlußpartner zeitlich und örtlich voneinander getrennt sind.
Damit wird deutlich, daß den Trägermedien beim medialen Abschluß zentrale Bedeutung zukommt. Die Trägermedien lassen sich in personelle und sachliche Medien differenzieren. *Personelle Trägermedien* sind der anbietende Abschlußinteressent selbst oder von ihm beauftragte Abschlußpartner. Unter *sachlichen Trägermedien* werden Vermittlungs- und Transportmedien verstanden, die der anbietende Abschlußinteressent selbst einsetzen kann oder durch andere Einzelwirtschaften betreiben läßt. Somit ergeben sich für den Abschlußinteressenten vier Möglichkeiten, wie er den nachfragenden Abschlußinteressenten erreichen kann:
– Der Abschlußinteressent übernimmt selbst die Aufgabe, die konservierte Abschlußbotschaft dem potentiellen Käufer zuzuleiten.
  Beispiel: Ein Hersteller von Haushaltswaren stellt dem nachfragenden Abschlußinteressenten seine Versorgungsobjekte vor und hinterläßt ihm ein schriftliches Angebot, das er schon unterzeichnet hat und das der Kunde später nur gegenzeichnen und abschicken muß, bzw. dem Hersteller bei seinem nächsten Besuch mitgeben kann.
– Der Abschlußinteressent beauftragt gegen Entgelt Personen, die für ihn dem nachfragenden Abschlußinteressenten die konservierte Abschlußbotschaft übermitteln sollen.
  Beispiel: Wie zuvor, nur werden diesmal vom Haushaltswarenhersteller andere Personen mit der Übermittlung des Angebots bzw. dem Einsammeln der Bestellungen beauftragt.

- Der Abschlußinteressent setzt eigene sachliche Trägermedien ein. *Beispiel:* Ein Getränkehändler arbeitet mit eigenen Verkaufsautomaten.
- Der Abschlußinteressent nimmt zur Vermittlung der konservierten Abschlußbotschaft selbständige Einzelwirtschaften in Anspruch, die ein oder mehrere Trägermedien anbieten.
  Beispiel: Ein Verlag benutzt das von der Bundespost betriebene Medium Bildschirmtext, um Teile seines Verlagsprogrammes anzubieten und Bestellungen damit aufzunehmen.

Bezogen auf den medialen Abschluß, spielen die personellen Trägermedien nur eine untergeordnete Rolle. Im Vordergrund stehen eindeutig die sachlichen Trägermedien wie z. B. Automaten, Brief und Bildschirmtext. Der dargestellte Sachverhalt läßt sich auch graphisch verdeutlichen. Der Übersicht wegen wurden zwei Abbildungen gewählt (vgl. Abb. 36 und 37).
Der Einsatz des medialen Abschlusses bringt mehrere Vorteile mit sich:
- Der mediale Abschluß ist weitgehend vom Abschlußpersonal und dessen Qualifikation unabhängig.
- Durch den Einsatz von sachlichen Trägermedien sind höhere Kontaktzahlen möglich.
- Örtliche und zeitliche Beschränkungen fallen beim medialen Abschluß zum Teil weg.
- Bezogen auf den einzelnen Kontakt verursacht der mediale Abschluß geringe Kosten.

Als Nachteile können folgende Gesichtspunkte angesehen werden:
- Es besteht keine direkte Beeinflussungsmöglichkeit während des Abschlusses.
- Es fehlt der direkte Kundenkontakt und damit die Möglichkeit, gezielt auf den Kunden einzugehen.
- Das Abschlußangebot ist weitgehend fix und kann nicht verändert werden, d. h. der prospektive Käufer hat nur die Möglichkeit, anzunehmen oder abzulehnen.

Unter Berücksichtigung dieser Vor- und Nachteile ergeben sich für den medialen Abschluß folgende *Einsatzmöglichkeiten:*
Wird der Kontakt zum Kunden als nicht nötig erachtet, weil z.B. die Versorgungsobjekte problemlos sind oder routinemäßig durch den Kunden beschafft werden, kann der mediale Abschluß die adäquate Abschlußform sein. Weiß man, daß der Kunde gerne anonym bleiben möchte, d. h. wünscht er keinen direkten Kontakt mit dem Abschlußinteressenten, bieten sich bestimmte Ausprägungen des medialen Abschlusses geradezu an. Beabsichtigt der anbietende Abschlußinteres-

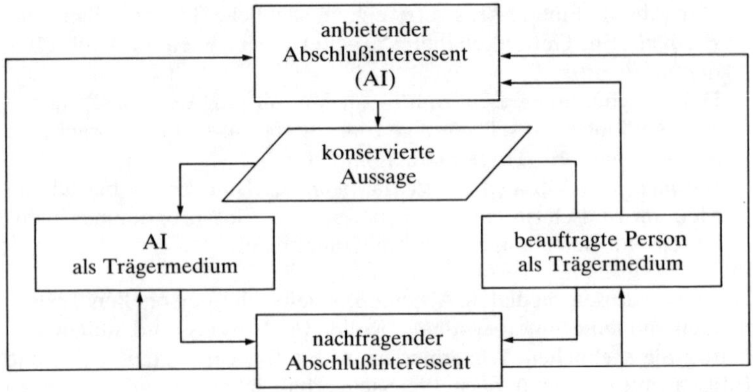

Abb. 36: Grundmodell des medialen Abschlusses mit personellen Trägermedien.

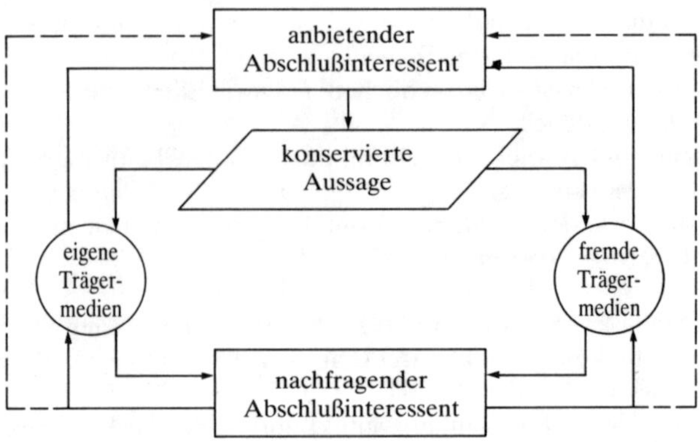

Abb. 37: Grundmodell des medialen Abschlusses mit sachlichen Trägermedien.

sent nur ein fixes Angebot zu unterbreiten, welches nicht verhandelbar ist, ist der mediale Abschluß die passende Abschlußform. Möchte der Abschlußinteressent auf Verkaufspersonal weitgehend verzichten oder stellt sich dessen Einsatz als unwirtschaftlich heraus, bietet die mediale Abschlußform die entsprechende Alternative.
Wichtige Erscheinungsformen dieser Abschlußform sind in der Praxis der Automatenverkauf und der Versandverkauf.
Die aufgezeigten Einsatzmöglichkeiten des medialen Abschlusses haben deutlich gemacht, daß diese Abschlußform eine gleichwertige Al-

ternative zum persönlichen Abschluß sein kann. Abschließend bleibt festzuhalten, daß der anbietende Abschlußinteressent natürlich auch beide Abschlußformen gleichzeitig einsetzen kann, um gegebenenfalls seinen Marktertrag durch den Einsatz beider Abschlußformen zu vergrößern.

3.2 Die Funktionen des Absatzabschlusses

Als Funktionen bzw. Unterfunktionen des Absatzabschlusses gelten die vier zentralen *Einigungsbereiche* (Meyer, P. W.; 1985, S. 127):
- Einigung im Sinne einer gemeinsamen Entscheidung über Objekt(e)
- Entscheidung über Menge(n)
- Entscheidung über Gegenleistung(en)
- Einigung über Kondition(en).

Die Systematik der Unterfunktionen unterscheidet sich in zwei Punkten von früher veröffentlichten Darstellungen (vgl. Meyer, P. W.; 1973, S. 59). Die Angebotsabgabe und der Vertragsabschluß wurden ausgeklammert.

Die *Angebotsabgabe* wurde als konstitutives Element des Absatzabschlusses herausgenommen, da sie zu viele Berührungspunkte mit der Absatzanbahnung aufweist und eine klare Abgrenzung zur Werbung damit unmöglich macht. Dies mindert jedoch keineswegs die weiterhin große Bedeutung der Angebotsabgabe als Ausgangspunkt bzw. Einleitung des Abschlußprozesses.

Der *Vertragsabschluß* wurde nicht mehr berücksichtigt, da er im Gegensatz zu den vier aktuellen Unterfunktionen eher Ergebnischarakter und weniger, wie gewünscht und gefordert, Prozeßcharakter aufweist. Denn ist Einigung über die vier Entscheidungsbereiche erzielt worden, schließt sich in der Regel, quasi als Ergebnis, der Vertragsabschluß nahtlos an. Daß die Vereinbarungen, um rechtswirksam zu werden, eines Vertragsabschlusses bedürfen, bleibt davon unberührt.

Da Ausgestaltung und Umfang des Einigungsprozesses stark abhängig sind von den Entscheidungsabläufen des Nachfragers, sollen diese, vor Darstellung der einzelnen Einigungsbereiche, kurz beleuchtet werden. Denn es ist einsichtig, daß es für die Breite und Tiefe des Einigungsprozesses von Bedeutung ist, ob es sich um einen reinen Wiederholungskauf, einen modifizierten Wiederholungskauf oder einen Neukauf handelt.

Meyer unterscheidet in »voll-, teil- und nichtprogrammierte Abläufe« (Meyer, P. W.; 1973, S. 101 f.).

Vollprogrammierte Prozesse sind dadurch gekennzeichnet, daß sie für den Nachfrager, als Ergebnis eines Lernprozesses, zur Routine geworden sind. Damit ist der Einigungsprozeß vorprogrammiert, d.h. er läuft quasi automatisch ab.

Teil- und nichtprogrammierte Entscheidungsabläufe weisen einen höheren Komplexitätsgrad auf, d.h. der Nachfrager muß die möglichen Entscheidungsbereiche teilweise oder ganz durchlaufen. Dies hat Auswirkungen auf die Ausgestaltung des gemeinsamen Entscheidungsprozesses, der dadurch in der Regel zum Verhandlungsprozeß wird.
»Die Tatsache, daß manche Anbieter nicht in Verhandlungen eintreten (Beispiel: Beförderungsvertrag der Verkehrs-Dienstleister oder Automatenangebot), dem Nachfrager also nur Zustimmung oder Ablehnung bleiben, ändert an dem Grundsatz nichts: die Einigung ist unabhängig von den Mitteln und Usancen stets eine nach Objekten, Mengen, Preisen und Konditionen differenzierte zweiseitige Entscheidung« (Meyer, P. W.; 1985, S. 128).

3.2.1 Einigung über Objekt(e)

Das Ziel dieses Einigungsbereiches ist es festzulegen, welche Objekte herzustellen, zu liefern oder zu übergeben sind. Dabei kann zwischen vier verschiedenen Versorgungsobjekten gewählt werden: Waren, Diensten, Chancen und Objektsystemen (vgl. Meyer, P. W.; 1973, S. 40 f.; Meyer, A.; 1994, S. 14).
Auf den ersten Blick erscheint die Einigung über die Objekte problemlos, da angenommen wird, daß die angebotenen Versorgungsobjekte aus der Sicht des Anbieters klar umrissen sind und der Nachfrager genaue Vorstellungen über das zu beschaffende Objekt besitzt. Dieser Sachverhalt trifft allerdings, wenn überhaupt, nur für Massengüter zu und damit für Objekte, die standardisiert und dem Nachfrager gut bekannt sind; also in der Regel auf Objekte, die problemlos sind und deshalb weitgehend vollprogrammiert gekauft werden. Damit sind wir auch am Kernproblem dieses Einigungsbereiches angelangt. Die Beschaffenheit und die Nutzungsmöglichkeiten der Objekte entscheiden über die Komplexität und Ausgestaltung dieses Entscheidungsbereiches.
Verdeutlichen läßt sich diese Problematik, wenn man den Einigungsablauf bei materiellen und immateriellen Versorgungsobjekten untersucht bzw. an Objekten, die bereits erstellt oder erst in Auftragsfertigung herzustellen sind. Waren als materielle Objekte sind darstellbar und lassen sich durch die verwendeten Materialien, Struktur, Form und Farbe beschreiben. Ebenso bieten sich Unterscheidungsmerkmale wie Größe und Gewicht an.
Bei Dienstleistungen hingegen, die immaterieller Natur sind, fehlen diese Möglichkeiten. Kann im ersten Fall während des Einigungsprozesses oft auf die Beschreibung des Versorgungsobjektes verzichtet und nur die Nutzungsmöglichkeiten in den Vordergrund gestellt werden, so muß bei der Dienstleistung sowohl Einigung über das Objekt selbst als auch dessen Nutzungsmöglichkeiten erzielt werden.
Bereits erstellte Versorgungsobjekte haben den Vorteil, daß Art, Be-

schaffenheit und Güte der Objekte feststehen und überprüfbar sind. Als nachteilig kann sich erweisen, daß der Kunde Modifikationen wünscht, die nachträglich nicht vorgenommen werden können. Eine Umkehrung der Vor- und Nachteile ist bei der Auftragsfertigung zu finden. Erleichtert wird der Einigungsprozeß bei noch nicht erstellten Versorgungsobjekten, wenn die Objektbeschaffenheit festgelegt werden kann. Als Möglichkeiten bieten sich hierzu an (vgl. Sundhoff, E.; 1958, S. 168):

- Festlegung durch Modelle, Ausführungsbezeichnungen, Herstellungsvorschriften oder Muster
- Feststellung durch Beschreibung oder durch Verwendung gängiger Bezeichnungen
- Festlegung durch Besichtigung der Objekte oder von Mustern.

Zusätzlich kann ein weiterer Sachverhalt, unabhängig von den vorher beschriebenen Besonderheiten, Auswirkungen auf den Einigungsprozeß haben. Gemeint ist die Unterscheidung in problemlose und erklärungsbedürftige Versorgungsobjekte. Es ist verständlich, daß, je erklärungsbedürftiger ein Objekt ist, desto komplexer gestalten sich die Einigungsprozesse.

3.2.2 Einigung über Menge(n)

Ist Einigung über das Versorgungsobjekt erreicht, schließt sich die Bestimmung der Objektmenge an. Herrscht für den Nachfrager eine günstige Versorgungslage, sind in der Regel seine Mengenvorstellungen Grundlage für die Einigung.

Bei Abnahme größerer Mengen kann er versuchen, die sukzessive Lieferung von Teilmengen zu vereinbaren, um eigene Lagerkosten zu senken. Grundsätzlich kann die Einigung über Menge(n) von folgenden Sachverhalten beeinflußt werden:

- Bedarf
- Preiszugeständnisse
- Mindestabnahmemengen
- Verderblichkeit der Versorgungsobjekte
- Aktualität der Versorgungsobjekte
- Lagerungsmöglichkeiten der Versorgungsobjekte
- Risikoerwägungen, was die zukünftige Versorgung betrifft
- Finanzielle Überlegungen (z.B. Kapitalbindung).

In der Regel erfolgt die Mengeneinigung mit Hilfe von Maßangaben und Zahlen. Waren bzw. Objektsysteme können durch Stückzahlen, Längen, Gewichte etc. bestimmt werden. »Die abzugebende Leistung externer Dienstleister wird im Falle des Dienstvertrages mittels Zeiteinheiten, im Falle des Werkvertrages durch die Bestimmung ›des Werkes‹ quantifiziert« (Lippmann, H.; 1980, S. 142).

Ein Sonderfall stellt die Abnahme von bestimmten Betriebsstoffen wie z.B. Wasser dar. Ist man ins Versorgungsnetz aufgenommen, kann man in der Regel über die mengenmäßige Abnahme frei entscheiden und bezahlt die verbrauchte Menge erst am Ende der Abrechnungsperiode.
Obwohl, wie gezeigt, der Einigungsbereich über die Menge ein eigenständiger Teilbereich ist, darf nicht übersehen werden, daß er oft eng an die Preisverhandlungen gekoppelt ist.

3.2.3 Einigung über Gegenleistung(en)

Konkret geht es in diesem Teil des Einigungsprozesses um die Bewertung der angebotenen Versorgungsobjekte, also um den Preis dieser Objekte. Je nach Versorgungsobjekt spricht man auch von Gebühr, Prämie, Tarif, Honorar, Vergütung, Entgelt, Gehalt, Zinsen etc.
Ziel des Anbieters ist es, den Nachfrager von dem geforderten Preis zu überzeugen und diesen Preis dann durchzusetzen. Dabei darf nicht übersehen werden, daß die Preisbereitschaft des Nachfragers bei diesen Verhandlungen eine wichtige Rolle spielt; d.h. der Kunde hat nicht nur eine bestimmte Vorstellung von der Preishöhe, sondern auch vom Preisspielraum, den er akzeptieren will. Hinzu kommt, daß sich seine Preisentscheidung in einem Spannungsfeld bewegt, das durch zwei Pole begrenzt ist (Angehrn, O.; 1973, S. 138):

- »Der Preis eines Gutes stellt für ihn ein Opfer dar, das entsprechenden Verzicht auf anderweitige Bedürfnisbefriedigung in sich schließt. Je niedriger der Preis, um so geringer ist dieses Opfer.
- Auf der anderen Seite neigt der Käufer dazu, den für ein Gut zu bezahlenden Preis mit einem entsprechend hohen Nutzen in Verbindung zu bringen, d.h. den Bedürfnisbefriedigungserfolg, den ein Produkt ihm bietet, direkt proportional zum dafür geforderten Preis einzuschätzen.«

Deshalb sollte vermieden werden, nur abstrakt über den Preis zu verhandeln, ohne den direkt dahinterstehenden Nutzen, der durch das Versorgungsobjekt geboten wird, hervorzuheben.
Aus Gründen saisonaler Erlösstabilisierung oder Kapazitätsauslastung, kann es für den Anbieter zweckmäßig sein, unterschiedliche Preisforderungen für Leistungen gleicher Art und Güte zu fordern, d.h. *Preisdifferenzierung* zu betreiben. Dabei kann z.B. vorgegangen werden

- nach personellen Kriterien
- nach verwendungsbezogenen Kriterien
- nach örtlichen Kriterien
- nach zeitlichen Kriterien.

Obwohl der Preis häufig in den Mittelpunkt des gesamten Einigungsprozesses gestellt wird, darf nicht übersehen werden, daß er nur eine von vier Einigungskomponenten darstellt. Natürlich darf in diesem Zusammenhang nicht übersehen werden, daß die Preisdurchsetzung häufig auch von der jeweiligen Marktstellung bzw. Marktmacht der Verhandlungspartner beeinflußt wird und damit der Preis automatisch in den Vordergrund geraten kann.

3.2.4 Einigung über Kondition(en)

Werden neben Objekt, Menge und Preis zusätzliche Vereinbarungen in den Vertrag aufgenommen, spricht man von Konditionen. Sie bestimmen, in Ergänzung zum eigentlichen Vertragsgegenstand, die Leistungs- und Entgeltübergabe. Die Vertragsfreiheit ermöglicht die Aufnahme jeglicher Bedingungen, soweit sie gesetzlich nicht untersagt sind. Im einzelnen sind davon betroffen:

- Lieferbedingungen
- Zahlungsbedingungen
- Nebenleistungen
- Kredite.

Daneben dienen die Konditionen zusätzlich als eine Art ›Ausgleichsfunktion‹, da durch die Einräumung bestimmter Konditionen versucht wird, dem Kunden, wenn nötig, einen Ausgleich dafür zu schaffen, daß bei dem Preis oder der Menge keine Zugeständnisse gemacht werden konnten.

Bei der Vielzahl möglicher Konditionen ist verständlicherweise ein vollständiger Überblick nicht möglich. Mit der abschließenden Tabelle wird versucht, eine Übersicht über die wichtigsten Konditionsarten zu geben: (vgl. Abb. 38)

Konditionen

Zahlungsbedingungen	Lieferbedingungen	Nebenleistungen und Kredite
– Zahlungsweise – Zahlungsabwicklung – Zahlungsfristen – Zahlungssicherung – Zahlungsabzüge	– Lieferkosten – Lieferfrist – Lieferzeitpunkt – Lieferort	– Kundendienst – Garantie – Rücktrittsrechte – Gerichtsstand – Leasing

Abb. 38: Konditionsarten in der Übersicht.

3.3 Das Abschluß-Management (Verkaufsmanagement)

Die Abschlußfunktionen, dargestellt als Aufgaben des Absatzabschlusses, kommen nur zur Entfaltung, wenn sie umgesetzt bzw. verwirklicht werden. Diese Umsetzung geschieht durch die allgemeingültigen Ablaufphasen Konzeption, Planung, Durchführung und Kontrolle (vgl. Meyer, P. W.; 1978, S. 25).

Das Abschluß-Management beinhaltet die Aufgabe, unter Berücksichtigung der Abschlußfunktionen, die Abschlußkonzeption, die Abschlußplanung, die Abschlußdurchführung und die Abschlußkontrolle auszugestalten, zu steuern und zu koordinieren.[30] Die vorher gezeigte Spannweite der Erscheinungsformen des Absatzabschlusses und deren mögliche Umsetzungen durch Hersteller, Händler und Dienstleister machen es unmöglich, allgemeingültige Aussagen zum Abschluß-Management zu treffen. Deshalb wird im weiteren Verlauf der Darstellung, beispielhaft für den Absatzabschluß, die Erscheinungsform »Verkauf« mit der Umsetzung durch einen Hersteller und mit besonderer Berücksichtigung des Außendienstes gewählt. Somit wird von nun an konkret das »Verkaufsmanagement« mit seinen Ablauffunktionen dargestellt.

3.3.1 Die Verkaufskonzeption

Ausgangspunkt für die weiteren Ablaufstufen ist die Verkaufskonzeption. Inhaltlich umfaßt sie die Festlegung von Verkaufszielen, wobei diese Zielsetzungen einer Begründung bedürfen (vgl. Meyer, P. W.; 1973, S. 69 ff.).

Nicht übersehen werden darf, daß die Verkaufskonzeption in enger Weise mit den Entscheidungen des Absatzmarktprogrammes zusammenhängt. Determinierend wirken seine vier konstitutiven Bestandteile: *Programmstruktur, Objektprogramm, Zielgruppenprogramm und Objektpositionierung.*[31] Darauf aufbauend sind zusätzlich die entsprechenden Programmvorgaben Verkaufsziele, Verkaufszielgruppen, Verkaufsobjekte, Verkaufsphilosophie, Absatzwege, Verkaufsformen und Verkaufsorganisationen, gedacht als Rahmenvereinbarung, anzuführen. Diese Programmvorgaben, die mittel- bis langfristiger Art sind, werden in der Regel von der Verkaufsleitung erarbeitet und mit Zustimmung der Marketingführung ins Absatzmarktprogramm aufgenommen. Damit ist die Verkaufsführung mitverantwortlich dafür, daß notwendige Änderungen der Programmvorgaben rechtzeitig vorgenommen werden. Besonders trifft dies für die drei Bestandteile Absatz-

---

30 Vgl. weiterführende Literatur zum Verkaufsmanagement: Robertson, D. H.; Bellenger, D. N.; 1980 und Storholm, G. R.; 1982.

31 Die Begriffe werden erläutert in Kapitel 1.2.2.

weg, Verkaufsform und Verkaufsorganisation zu, die bei Bedarf im Rahmen der Verkaufskonzeption modifiziert werden. Damit wird deutlich, daß bei notwendigen Änderungen der Programmvorgaben, deren Inhalte zeitweise zusätzlich Bestandteile der Abschluß-Konzeption werden können. Aus diesem Grund werden anschließend neben den Verkaufszielen und der Motivation auch die Absatzwegewahl, die Festlegung der Verkaufsform und die Bestimmung der Verkaufsorganisation als Bestandteile der Verkaufskonzeption kurz behandelt.

3.3.1.1 Die Verkaufsziele und die Verkaufsmotivation. Die Zielsetzungen des Verkaufs sind aus der Sicht der Absatzmarketing-Ziele derivativer Art (vgl. Wotruba, T. R.; 1971, S. 29 ff.), d.h. Verkaufsziele müssen sich an den Absatzmarketing-Zielen orientieren. Unabhängig von dieser Zielhierarchie, müssen auch die Verkaufsziele die Kriterien »Eindeutigkeit, Operationalität und Kompatibilität« erfüllen (Heinen, E.; 1976, S. 45 ff.), wollen sie als Grundlage bzw. Ausgangspunkt für die weiteren Ablauffunktionen dienen. Grundsätzlich bietet sich eine Unterscheidung in quantitative und qualitative Verkaufsziele an. Als Ausgangspunkt für die *quantitativen Verkaufsziele* bzw. als deren Generalziele, können die drei Komponenten der Marktertragsformel – Verträge, Mengeneinheit pro Vertrag und Preis pro Mengeneinheit – angesehen werden (vgl. Meyer, P. W.; 1973, S. 73 f.). Quantitative Verkaufsziele lauten demnach z.B. folgendermaßen:
- Anzahl der Kaufverträge erhöhen
- Menge pro Kaufvertrag erhöhen
- Vorgegebene Preise durchsetzen
- Anzahl der Kundenkontakte erhöhen.

Qualitative Verkaufsziele können sein:
- Kunden sorgfältiger beraten
- Ausbildungsstand und Qualifikation des Verkaufspersonal verbessern
- Motivation des Verkaufspersonals erhöhen.

Die oben angeführten Verkaufsziele sind zwar als Verkaufsziele für die Programmvorgaben des Absatzmarktprogrammes ausreichend differenziert, um aber als Grundlage für die weitere Umsetzung zu dienen, sind sie zu allgemein formuliert. Denn bei näherer Betrachtung der vorliegenden Zielformulierungen fällt auf, daß Eindeutigkeit und Operationalität fehlen. Um Eindeutigkeit zu erzielen, hieße dies für das Beispiel »Anzahl der Kundenkontakte erhöhen«, es muß geklärt werden, ob die Anzahl der Kundenkontakte pro Zeiteinheit, die Anzahl der Kundenkontakte pro Verkaufsgebiet oder die Anzahl der Kundenkontakte pro Verkäufer gemeint ist. Das Kriterium der Operationalität wäre damit noch nicht erreicht, da die Quantifizierung, als Grundlage

der Meßbarkeit, fehlt. Allgemein bleibt festzuhalten, daß eine Zielformulierung die beiden Kriterien Eindeutigkeit und Operationalität erfüllt, wenn sie Antwort gibt auf die Frage:
»Wer soll was, in welcher Zeit, wo und in welchem Ausmaß erreichen?«
Für unser voriges Beispiel könnte die Zielformulierung dann folgendermaßen aussehen:
»Der Verkäufer X hat die Anzahl der Kundenkontakte im Zeitraum 1. 10. 95 – 31. 12. 95 im Gebiet Nielsen IV um 10 % zu erhöhen.«
Schwieriger erweist sich die Einhaltung dieser Kriterien bei den *qualitativen Zielen.* Kann das Problem der Eindeutigkeit teilweise noch gelöst werden, zeigen sich bei der Operationalität Schwierigkeiten, da qualitative Ziele oft nicht eindeutig quantifizierbar sind und ein Maßstab fehlt.
Deutlich werden die Schwierigkeiten der Zielfestlegung auch beim dritten Kriterium, der Kompatibilität. Um Zielkonflikte zu vermeiden, ist genau zu definieren, in welcher Gewichtung die Ziele zueinander stehen sollen. Die Gewichtung setzt aber voraus, die Ziele zu operationalisieren. Fehlt diese Operationalisierung bei einem Verkaufsziel, kommt es zu einer ungenauen Zieldefinition und die Kompatibilität kann nicht überprüft werden. Die exakte Zielfestlegung ist nicht nur für die Ausgestaltung der weiteren Ablauffunktionen wichtig, sondern auch für die Absatzwegewahl und Festlegung der Verkaufsform von Bedeutung; denn die optimale Verwirklichung der verabschiedeten Verkaufsziele setzt oft bestimmte Absatzwege und Verkaufsformen voraus.
Abschließend soll noch kurz auf die *Motivation,* als zweiter Aspekt der Verkaufskonzeption, eingegangen werden. Allgemein betrachtet ergibt sich die Begründung aus der Tatsache, daß erst die Verwirklichung der Teilfunktion »Verkauf« den Marktertrag und damit das Überleben der Einzelwirtschaft sichert. Funktional ist die Erfüllung der Teilfunktion »Verkauf« notwendig, um den Erfolg der Hauptfunktion »Absatz« zu sichern.

3.3.1.2 Die Absatzwegewahl, die Festlegung der Verkaufsform und der Verkaufsorganisation. Wie einleitend dargestellt, sind die Entscheidungen über die drei Variablen Absatzweg, Verkaufsform und Verkaufsorganisation keine konstitutiven Bestandteile der Verkaufskonzeption.[32] Sie werden nur bei der Neugründung einer Einzelwirtschaft

---

32 Vgl. weiterführende Literatur zur Absatzwegewahl: Hack-Unterkircher, E.; 1978, S. 104 ff.; Kotler, Ph.; 1982, S. 427 ff.; zu den Verkaufsformen: Goehrmann, K. E.; 1984, S. 40 ff.; Gutenberg, E.; 1984, S. 109 ff.; zur Verkaufsorganisation: Baumann, J.; 1982, S. 54 ff.; Goehrmann, K. E.; 1984, S. 152 ff.

oder bei notwendigen Modifikationen an den Programmvorgaben im Rahmen der Verkaufskonzeption behandelt. Dabei hängt die Ausgestaltung dieser Entscheidungsbereiche nicht nur von den Verkaufszielen ab, sondern schwerpunktmäßig auch von den festgelegten Verkaufsobjekten und Verkaufszielgruppen. Diese drei Größen determinieren die Absatzwege und die Verkaufsformen mit den verschiedenen Verkaufsorganen. Diese beeinflussen ihrerseits die Ausgestaltung der Verkaufsorganisation (vgl. Abb. 39).

Es stellt sich nun die Aufgabe, aus den verschiedenen Absatzwegealternativen, den Verkaufs- und Organisationsformen, die Kombination zu wählen, die den Verkaufszielen, Verkaufsobjekten und Verkaufszielgruppen am ehesten entspricht. Ist die Entscheidung z.B. für die Kombination – *indirekter Absatzweg (Einzelhändler), persönlicher Verkauf (Reisender) und kundenorientierte Verkaufsorganisation* – gefallen, endet die Konzeptionsphase, und es beginnt die Planungsphase.

3.3.2 Die Verkaufsplanung

Die Verkaufsplanung beinhaltet die Umsetzung der Verkaufskonzeption in zukünftige Schritte und Soll-Vorgaben (vgl. Meyer, P. W.; 1973, S. 78). Die wichtigsten Planungsbereiche sind die *Kontaktplanung, die Personalplanung, die Entlohnungsplanung und die Verkaufsbudgetplanung.* Grundsätzlich bleibt festzuhalten, daß zwischen den einzelnen Planungsbereichen Interdependenzen bestehen, deren Berücksichtigung einen simultanen Planungsansatz erfordern würde. »Da ein derartiger Planungsansatz jedoch nicht bekannt ist . . ., sollten die einzelnen Partialpläne unabhängig voneinander optimiert und daraufhin im Rahmen eines Anpassungsprozesses aufeinander abgestimmt werden« (Goehrmann, K. E.; 1984, S. 68).

3.3.2.1 Die Kontaktplanung. Die Kontaktplanung teilt sich in eine mittelbare und eine unmittelbare Kontaktplanung auf. Die *mittelbare Kontaktplanung,* die eher mittel- bis langfristiger Art ist, beinhaltet die Verkaufsbezirksaufteilung, die Planung des Außendienstumfanges und die Routenplanung. Die *unmittelbare Kontaktplanung* umfaßt die Besuchsplanung, die sich in die drei Bereiche »Kontaktqualität, Kontaktquantität und Kontaktperiodizität« gliedert, (Zimmerli, H.; 1972, S. 78).
Die *Verkaufsbezirks- bzw. Verkaufsgebietsplanung* soll in erster Linie erreichen, daß eine optimale Ausschöpfung der Nachfragepotentiale erreicht wird, eine wirtschaftliche und kostengünstige Bearbeitung der Verkaufsgebiete stattfindet, eine gleichmäßige und gerechte Auslastung der Verkäufer gewährleistet wird und aussagefähige Verkaufskontrollen möglich werden (vgl. Dodge, H. R.; 1973, S. 127 f.). Um eine diesen Forderungen entsprechende Verkaufsgebietseinteilung vor-

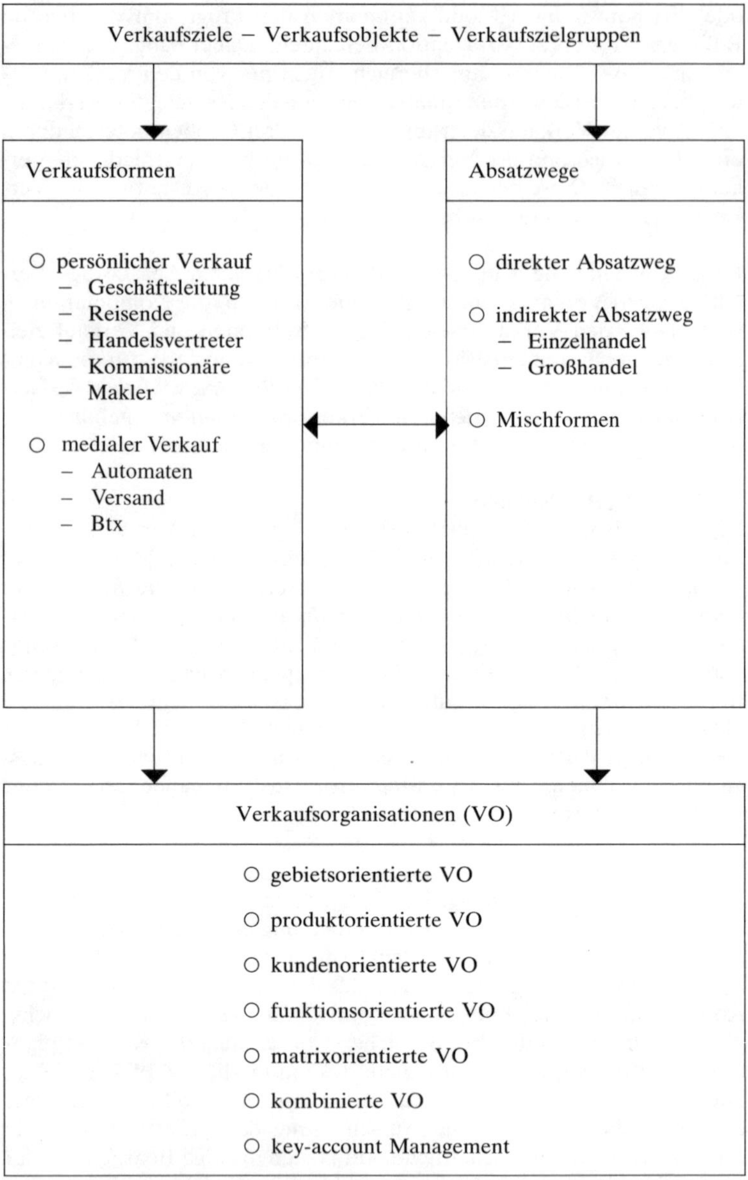

Abb. 39: Ausgestaltungs- und Kombinationsmöglichkeiten von Komponenten der Verkaufskonzeption.

zunehmen, werden verschiedene Verfahren empfohlen (vgl. Churchill, G. A.; Ford, N. M.; Walter, D. C.; 1981, S. 168, Fielder, K.-H.; 1982, S. 528, Wolter, F.-H.; 1984, S. 21 ff.). Eine wichtige Rolle können auch Kaufkraft- und Absatzkennziffern bei der Einteilung spielen. Sie erlauben z.B. die Gewichtung der Umsätze mit der regional vorhandenen Kaufkraft. Somit können diese Kennziffern wichtige Ansatzpunkte für die entsprechende Verkaufsgebietseinteilung bzw. für Verkaufsvorgaben liefern (vgl. Pöhner, H.; Ott, W.; 1958, S. 175 ff.). Im Konsumgüterbereich wurden z.B. schon seit Mitte der 30er Jahre derartige Kennziffern von der Gesellschaft für Konsum-, Markt- und Absatzforschung (GfK, Nürnberg) entwickelt. Nach Verfeinerungen und Einbeziehung der Investitionsgüter-Industrie, nehmen diese Kennziffern der GfK auch heute noch einen bedeutenden Stellenwert bei der Verkaufsplanung ein.
Ebenso wie die Verkaufsgebiete muß der *Umfang des Außendienstes* geplant werden. Da der Außendienst einerseits den Marktertrag direkt beeinflußt und andererseits sehr hohe Kosten verursacht, muß diesem Planungsbereich besondere Beachtung geschenkt werden. Zwei häufige Planungsverfahren sollen kurz dargestellt werden.
Das *Potentialverfahren,* das auf der Prämisse beruht, daß die Produktivität jedes Verkäufers gleich und dieser deshalb in der Lage ist, in einem gegebenen Zeitraum den gleichen Umsatz zu erzielen, ist einfach anzuwenden. Das prognostizierte Umsatzvolumen wird durch den erwarteten Umsatz pro Verkäufer dividiert, um die notwendige Anzahl der Personen zu errechnen (vgl. Janetzko, G.; 1977, S. 38 ff.). Ein weiteres Verfahren ist das *Arbeitslastverfahren.* Hier wird von der Prämisse ausgegangen, daß alle Verkäufer die gleiche Arbeitslast haben sollen. Es wird zunächst die für die Bearbeitung des Gesamtmarktes notwendige Arbeitsleistung ermittelt, die von der Anzahl der Kunden, der Besuchshäufigkeit und der Besuchsdauer abhängt. Die so ermittelte Gesamt-Arbeitslast wird durch die einem Verkäufer zumutbare Arbeitsleistung dividiert, um so die Anzahl der Außendienstmitarbeiter zu ermitteln (vgl. Tally, W. J.; 1961, S. 7 ff.).
Im Anschluß an die Verkaufsgebietseinteilung und Festlegung des Außendienstumfangs kann die *Verkaufsrouten- bzw. -tourenplanung* vorgenommen werden. Voraussetzung sind folgende Informationen: Standorte der aktuellen und potentiellen Kunden, Besuchshäufigkeit dieser Kunden, die dabei notwendigen Kontaktzeiten, Wohnort des Verkäufers, tägliche Arbeitszeit des Verkäufers und die von ihm genutzten Transportmittel (vgl. Goehrmann, K. E.; 1984, S. 63). Liegen diese Daten vor, kann der optimale Routenplan mittels mathematischer Modelle und EDV-Einsatzes ermittelt werden (vgl. Dodge, H. R.; 1973, S. 147 ff.; Böcker, F.; 1981, S. 98 ff.).
Abschließend wird die *Besuchsplanung,* die der unmittelbaren Kontaktplanung zugeordnet wird, dargestellt. Sie beinhaltet die drei Berei-

che Kontaktqualität, Kontaktquantität und Kontaktperiodizität. *Kontaktqualität* bedeutet die Ausgestaltung und den Ablauf der einzelnen Verkaufskontakte, also worüber und wie lange mit dem Kunden gesprochen werden soll. *Kontaktquantität* meint die Angabe über die Anzahl der Verkaufskontakte mit jedem einzelnen Kunden, also wie oft mit Kunden gesprochen werden soll. *Kontaktperiodizität* befaßt sich mit der Angabe über die zeitlichen Abstände zwischen den einzelnen Kontakten, also in welchem zeitlichen Abstand mit dem Kunden wieder Kontakt aufgenommen werden soll. Art und Umfang der Verkaufsziele entscheiden über die Ausgestaltung dieser drei Bereiche.

3.3.2.2 Die Personalplanung. Bei der Personalplanung geht es in erster Linie um die Vorbereitung der Akquisition und Selektion bzw. Auswahl von Verkaufspersonal für den Innen- und Außendienst. Fehlentscheidungen in diesem Bereich verursachen hohe Kosten sowie beträchtliche Opportunitätskosten (vgl. Goehrmann, K. E.; 1984, S. 69), die nur durch sorgfältige Planung teilweise vermieden werden können.

Zunächst sind *Selektionskriterien* zu bestimmen, anhand derer die Bewerber beurteilt werden sollen. Es haben sich Kriterienkomplexe bewährt, die persönliche und fachliche Eigenschaften bewerten (vgl. Moss, S.; 1978, S. 47). Die Selektionskriterien können jedoch nur sinnvoll angewendet werden, wenn zuvor die Stellenbeschreibung mit den Aufgaben klar definiert wird.

Die sich daran anschließende *Akquisitionsplanung* hat festzulegen, wie und woher die Bewerber akquiriert werden sollen. Es geht also z.B. um die Fragen: Sollen Mitarbeiter aus der eigenen Unternehmung oder aus fremden Einzelwirtschaften angesprochen werden? Soll selbst mit Anzeigen oder über Personalberater geworben werden? Hat man sich für die Akquisitionsart entschieden, muß abschließend der Selektionsprozeß geplant werden, d.h. es muß festgelegt werden, nach welchem Ablaufschema der Selektionsprozeß durchgeführt werden soll. Als mögliche Prozeßanordnung wird vorgeschlagen: Analyse der Bewerbungsunterlagen, Analyse der Referenzen, Persönlichkeitstest, Eignungstest, medizinische Untersuchung, Bewerbungsgespräch, Annahme oder Ablehnung (vgl. Wotruba, T. R.; 1970, S. 47).

3.3.2.3 Die Entlohnungsplanung. Die Entlohnung hat für die Motivation und damit für die Leistungsbereitschaft der Verkäufer einen hohen Stellenwert. Falsch praktizierte Entlohnung hat damit direkte Auswirkungen auf die Aufgabenerfüllung. Bei der Planung effizienter Entlohnungssysteme sind folgende Anforderungen zu beachten: Die Entlohnung muß »zur Steuerung des Außendienstes geeignet sein, flexibel gegenüber wechselnden Aufgaben im Verkaufsaußendienst sein, den Zusammenhang ›Leistung und Entlohnung‹ beachten, d.h. als gerecht

empfunden werden, das Einkommengefüge beachten, einfach, zweckmäßig und wirtschaftlich abzurechnen sein, gesetzliche, tarifliche und betriebliche Rahmenbedingungen beachten und darf den Teamgeist im Verkaufsaußendienst nicht behindern« (Goehrmann, K. E.; 1984, S. 101).
Gewählt werden kann zwischen den Entlohnungsformen Festgehalt, Provision und Prämie, oder Kombinationen davon. Das *Festgehalt* garantiert dem Verkäufer monatlich gleichbleibende Einkommenszahlungen (vgl. Zentes, J.; 1980, S. 51 ff.). *Provisionen* beruhen auf der Zahlung einer anteiligen Vergütung für einen erzielten Verkaufserfolg (vgl. Limbert, W.; Hofer, R.; 1975, S. 32). *Prämien* treten immer nur in Verbindung mit anderen Entlohnungsarten auf, da sie keine selbständige Vergütungsform darstellen. Ihre Aufgabe ist es, weitere Leistungsanreize zu schaffen, besonders dann, wenn eine Vielzahl von Aufgaben durch den Verkäufer erfüllt wird, die durch das Festgehalt oder die Provision nicht abgedeckt werden. Da die dargestellten Entlohnungsarten in ihrer reinen Form nicht in der Lage sind, die Verkäufer zur Durchführung aller Aufgabenstellungen zu motivieren (vgl. Goehrmann, K. E.; 1984, S. 103), müssen Kombinationen gefunden werden, die dies gewährleisten.

3.3.2.4 Die Verkaufsbudgetplanung. Häufig wird das Verkaufsbudget, als Teil des Marketingbudgets, bereits vorgegeben. Aufgabe ist es dann nicht, die Höhe des Budgets zu planen, sondern dessen Verwendung. Es gilt festzulegen, wieviel finanzielle Mittel z.B. für Trainingsmaßnahmen, für Sachmittel oder für Personalmittel bereitzustellen sind. Wird das Verkaufsbudget nicht vorgegeben, können folgende vier häufig verwendete Methoden der Budgetierung eingesetzt werden (vgl. Wotruba, T. R.; 1971, S. 123 ff.):

- Das Verkaufsbudget wird anhand der in der Vergangenheit ermittelten Relation zwischen den Verkaufskosten und den Umsätzen festgelegt.
- Orientierung an den zur Verfügung stehenden Mitteln; das Verkaufsbudget eignet sich somit als Residualgröße.
- Orientierung an den Wettbewerberbudgets, oder am Branchendurchschnitt.
- Ziel-Aktivitäten-Methode, d.h. die Verkaufsbudgetierung unterteilt sich in drei Schritte:
  - Formulierung der spezifischen Zielsetzungen des Verkaufs,
  - Festlegung der für die Erreichung dieser Ziele notwendigen Aktivitäten,
  - Ermittlung der mit diesen Aktivitäten verbundenen Kosten.

Die ersten zwei Methoden sind zum Teil unlogisch, vergangenheitsbezogen und nicht zielgerichtet. Die dritte Methode bietet Schwierigkeiten in der Datenbeschaffung und ist ebenfalls vergangenheitsbezogen (vgl. Goehrmann, K. E.; 1984, S. 53 f.). Nur die vierte Methode garantiert eine zielgerichtete, zukunftsorientierte und gut kontrollierbare Vorgehensweise. Die Länge der Budgetperiode hängt von den Fristen der Ziele und Maßnahmen ab.

3.3.3 Die Verkaufsdurchführung

In dieser dritten Ablauffunktion wird die Durchführung der in der Planung festgelegten Entscheidungen und Maßnahmen behandelt. Dabei sollen drei Durchführungsbereiche näher untersucht werden. Es handelt sich um die Tätigkeiten des Außen- und Innendienstes, die Absatz- und Verkaufsförderung und die Verkaufssteuerung.

3.3.3.1 Die Tätigkeiten des Außen- und Innendienstes. Die zentrale Tätigkeit des *Außendienstes* stellt das Verkaufsgespräch dar, dessen Ziel es ist, einen Vertragsabschluß zu erzielen. Je besser die Umsetzung der Kontaktplanung gelingt, desto erfolgreicher wird die Verkaufstätigkeit ausfallen. Obwohl die Durchführung von Verkaufsaufgaben die dominierende Tätigkeit des Außendienstes darstellt, hat der Außendienst oft noch weitere Aufgaben zu erfüllen, wie z.B. Informationsbeschaffung, Akquirierung neuer Kunden, Anwendungsberatung und Absatzförderung (vgl. Kotler, Ph.; 1982, S. 571; Ohletz, H.; 1978, S. 88 f.).
Die Hauptzielsetzung des Innendienstes liegt in der Unterstützung des Außendienstes (vgl. Golembusch, R.; 1982, S. 181). Dies kann durch die Abgabe von Angeboten oder telefonischem Nachfassen bei noch offenen Aufträgen der Fall sein. Die Haupttätigkeiten des Innendienstes »bestehen in der Abwicklung eingehender Kundenaufträge, der Auftragsbestätigung, . . . der Beantwortung von Anfragen, der Erledigung von Reklamationen, der Anfertigung von Statistiken und anderen verwaltenden Funktionen« (Ohletz, H.; 1978, S. 87). Zunehmend übernimmt der Innendienst aktive Funktionen. Als Beispiel dafür kann der Telefonverkauf angeführt werden, mit dem »sich der Innendienst unmittelbar auf telefonischem Wege in die Marktbearbeitung und Kundenansprache zwecks Auftragserlangung einschaltet und sonst klassische Aufgaben des Außendienstes mit übernimmt« (Ohletz, H.; 1978, S. 87). Diese Aufgabenverlagerung kann zum Teil auf die steigenden Betreuungsansprüche verschiedener Abnehmergruppen und die stark gestiegenen Außendienstkosten zurückgeführt werden.

3.3.3.2 Die Absatz- und Verkaufsförderung. Absatz- und Verkaufsförderung (Promotions) dienen der Unterstützung der Verkaufstätigkeit im eigenen Absatzmarkt und in nachfolgenden Absatzmärkten. Die

Unterstützungs- bzw. Förderungsmaßnahmen sind dabei auf die drei Zielgruppen ausgerichtet:
- Eigene Verkäufer
- Zwischenanbieter (Handel)
- Letzte Nachfrager.

Die *Verkaufsförderung* versucht die Effizienz der eigenen Verkäufer zu beeinflussen und wirkt damit in den Eigenmarkt hinein. Die *Absatzförderung* zielt auf die Unterstützung der Zwischenanbieter und die Einwirkung auf die letzten Nachfrager (vgl. Meyer, P. W.; 1973, S. 132).
Verkaufsförderung bezieht sich somit nicht, wie häufig behauptet (vgl. Jaspert, F.; 1981, S. 94 ff.; Kotler, Ph.; 1982, S. 552 ff.), auf alle drei oben genannten Zielgruppen, sondern umfaßt nur die Maßnahmen, die »der Aktivierung und Erhöhung der Schlagkraft der eigenen Verkaufsorgane dienen« (Dornach, B.; 1978, S. 93).
Die Verkaufsförderung oder sales-promotion kennt drei Maßnahmenbereiche:
- Verkäuferschulung und Information
- Motivation und Verkäuferwettbewerbe
- Ausstattung mit Sachmitteln.

Basisziele der Verkäuferschulung und Information »sind die Verbesserung der Verkaufsproduktivität, der Verkaufsmoral, der Kundenbeziehungen und die Verringerung des Mitarbeiterwechsels« (Goehrmann, K. E.; 1984, S. 77 f.). Eine Erhöhung der Motivation läßt sich durch direkte und indirekte finanzielle Leistungsanreize sowie durch immaterielle Anreize, z.B. Belobigungen, erzielen. Leistungswille und Leistungsbereitschaft sollen dadurch gefördert werden (vgl. Ohletz, H.; 1978, S. 114 ff.). Verkäuferwettbewerbe können zur Erreichung folgender Ziele eingesetzt werden (vgl. Dodge, H. R.; 1973, S. 284 f.):
- Erhöhung des Abverkaufs
- Vermeidung saisonaler Absatzschwankungen
- Einführung neuer Produkte
- Gewinnung neuer Kunden
- Erzielung von Wiederholungskäufen.

Das Ausstatten mit Sachmitteln, wie z.B. mit Sales-Foldern oder Prospekten, dient der direkten Unterstützung beim Verkaufsgespräch.
Absatzförderung bzw. merchandising beim Zwischenanbieter läßt sich in Grund- und Aktionsabsatzförderung unterteilen. Die Grundabsatzförderung soll sicherstellen, daß die Versorgungsobjekte des ersten Anbieters beim Händler optimal dargeboten werden (z.B. Regalpflege). Die Aktionsabsatzförderung beinhaltet zeitlich begrenzte Verkaufsaktionen, die in Zusammenarbeit mit dem Handel durchgeführt werden.

Absatzförderung beim letzten Nachfrager, die am Einkaufsort bzw. außerhalb des Einkaufsortes stattfinden kann, hat das Ziel, den Konsumenten bzw. Kunden durch zusätzliche Informationen, wie z.B. Probieraktionen, zum Kauf der angebotenen Versorgungsobjekte zu bewegen.

3.3.3.3 Die Verkaufssteuerung. Die Steuerung der Tätigkeiten des Außen- und Innendienstes zählt zu den Hauptaufgaben der Verkaufsleitung. Verkaufssteuerung beinhaltet die Aufgaben *Führung, Überwachung und Koordination.* Der Aspekt der Überwachung soll an dieser Stelle ausgeklammert werden, da er im Rahmen der Verkaufskontrolle beschrieben wird.
Steuerungsaktivitäten bzw. Führung sind notwendig, weil die Umsetzung von Zielsetzungen und Planvorgaben nicht reibungslos abläuft. Erschwerend kommt im Falle des Außendienstes hinzu, daß durch die häufige Abwesenheit von der Zentrale nur wenig direkte Einwirkungsmöglichkeiten bzw. Steuerungsmaßnahmen möglich sind. In diesem Fall sollen motivierende Anreizsysteme geschaffen und der Verkaufsmannschaft so verdeutlicht werden, daß die Steuerungsmaßnahmen insbesondere der individuellen Unterstützung der Mitarbeiter im Verkauf dienen (vgl. Wolter, F. H.; 1978, S. 238 f.).

Dazu werden von mehreren Autoren verschiedene *Steuerungsmöglichkeiten bzw. -maßnahmen* vorgeschlagen. Kotler empfiehlt die Entwicklung von Kundenzielen und Besuchsnormen sowie Motivation der Verkäufer (vgl. Kotler, Ph.; 1982, S. 593 ff.).
Ohletz diskutiert Steuerungsmöglichkeiten durch Planungs-, Anweisungs- und Anreizsysteme (vgl. Ohletz, H.; 1978, S. 98 ff.). Goehrmann schlägt drei Möglichkeiten vor: Steuerung durch dienstvertragliche Regelungen, Steuerung durch Verkaufsrichtlinien und Steuerung durch Motivation (vgl. Goehrmann, K. E.; 1984, S. 99 ff.).
Für Koinecke sind Lohnsysteme und Motivationspläne die wichtigsten Mittel der Verkaufssteuerung (vgl. Koinecke, J.; 1984, S. 13 ff.).
Die Auflistung der verschiedenen Vorschläge zeigt, daß nur geringfügige Unterschiede in der Bewertung der geeigneten Steuerungsmaßnahmen bestehen.
Da *Koordinationsaufgaben* auch Teil der Steuerung sein können, sollen hier abschließend zwei wichtige Koordinationsbereiche dargestellt werden.
Zum einen geht es um die Koordination der Tätigkeit von Innen- und Außendienst, damit die Effizienz gesteigert wird und »Fehler nicht kumuliert, sondern kompensiert werden« (Wolter, F. H.; 1980, S. 106); zum anderen betrifft es die Koordination von Verkaufsmaßnahmen bzw. -aktionen mit den Verkaufsaktivitäten des Verkaufspersonals.

3.3.4 Die Verkaufskontrolle

Nach der Verkaufsdurchführung werden die tatsächlich erreichten Ergebnisse mit den Sollvorgaben aus der Planung verglichen, um den Zielerreichungsgrad des Verkaufs zu messen. Dies ist die Hauptaufgabe der Verkaufskontrolle. Dabei ist die Erfassung der Ergebnisse mit dem anschließenden Soll-Ist-Vergleich nur die eine Seite. Mindestens genauso wichtig ist die anschließende Analyse der erhobenen Ergebnisse; denn nur, wenn die richtigen Schlußfolgerungen gezogen werden, können zukünftige Abweichungen vermieden werden.
Ausgangspunkt bzw. Grundlage der Verkaufskontrolle ist in der Regel das *Verkaufsberichtswesen* (vgl. Goehrmann, K. E.; 1984, S. 107). Es dient der Übermittlung von Markt-, Kunden- und Außendienstdaten und ermöglicht dadurch die Ergebnis- bzw. Leistungskontrolle sowie die Prozeß- bzw. Tätigkeitskontrolle. Häufig wird darauf aufbauend ein Verkaufskontrollsystem errichtet, welches auch als Informationssystem dienen kann.

3.3.4.1 Die Ergebnis- und Prozeßkontrolle. Bei der Ergebnis- und Prozeßkontrolle geht es um den Vergleich von Soll- und Ist-Ergebnissen und Soll- und Ist-Handlungen.
Dabei hat die Kontrolle und Beurteilung der Leistung des Verkäufers die Qualität einer *Ergebniskontrolle,* die mit Hilfe von primären Leistungskennziffern vorgenommen wird. Wird hingegen die Kontrolle und Beurteilung der Arbeitsweise des Verkäufers vorgenommen, hat diese die Qualität einer *Tätigkeitskontrolle,* die mit Hilfe sekundärer Leistungskennziffern durchgeführt wird (vgl. Ohletz, H.; 1978, S. 137).
Zunächst soll die *Ergebniskontrolle* behandelt werden. Die Leistungen des Verkäufers, die sich direkt auf die Erfolgsrechnung der Einzelwirtschaft auswirken, also in unmittelbarer Beziehung zu den Absatzzielen stehen, werden primäre Leistungen genannt. Die Ergebniskontrolle muß überprüfen, ob und in welchem Umfang diese Ziele, also z.B. Umsatz, Deckungsbeitrag, Marktanteil und Gewinn durch den Verkauf erreicht wurden. Die Ergebnisse dieser Prüfung spiegeln sich in den primären Leistungskennziffern wider. Der Aussagewert dieser Kennziffern wird deutlich erhöht, wenn sie mehrdimensional ermittelt und analysiert werden, z.B. verschiedene Zeiträume miteinander verglichen werden (vgl. Ohletz, H.; 1978, S. 136). Gilt z.B. als Zielsetzung die Verkaufsmenge um 10 % zu erhöhen, so wird der Erfolg des Verkäufers daran gemessen, in welchem Ausmaß er diese Planzahl erreicht. Weitergehende Aussagen können gemacht werden, wenn das vom Verkäufer erreichte Ergebnis z.B. nach Verkaufsbezirken und Abnehmergruppen analysiert wird. Hier können auch die Kaufkraft- und Absatzkennziffern, die bereits bei der Verkaufsplanung dargestellt wurden,

eine wertvolle Hilfe sein (vgl. Pöhner, H.; Ott, W.; 1958, S. 145 ff. und Meyer, P. W.; 1958, S. 223 ff.).
In der Praxis findet zum Teil eine Abkehr vom Mengendenken hin zum Erfolgsdenken statt. Dies zeigt sich z.B. daran, daß die Umsatzzahl als Kennziffer langsam von der Deckungsbeitragszahl verdrängt wird.
Mit der Behandlung der Kennzahlen, die nicht in unmittelbarer Beziehung zu den Absatzzielen stehen und damit nur indirekt zur erbrachten Leistung etwas beigetragen haben, sind wir bei der *Prozeßkontrolle* angelangt. Da diese Daten nur eine indirekte Leistungskontrolle ermöglichen, werden sie als sekundäre Leistungskennziffern bezeichnet.
Sekundäre Leistungskennziffern sind tätigkeitsbezogen und erlauben damit keine Kontrolle und Beurteilung der eigentlichen Leistung, wie dies z.B. durch die primären Leistungskennziffern möglich ist. Sekundäre Leistungskennziffern wie Zahl der besuchten Kunden, gefahrene Kilometer oder Anzahl der Verkaufsangebote können nur ergänzend zur Kontrolle und Bewertung von Verkäufern herangezogen werden.
Am Beispiel »Zahl der besuchten Kunden« wird der Unterschied beider Kennziffern deutlich. Ein Verkäufer, der pro Woche weniger Kunden besucht als sein Kollege, kann durchaus erfolgreicher sein, weil die Anzahl der besuchten Kunden nichts über die Qualität und das Ergebnis dieser Besuche aussagt. Es wäre aber falsch, daraus den Schluß zu ziehen, daß die sekundären Leistungskennziffern überflüssig sind. Zur Kontrolle und Beurteilung von Tätigkeiten sind diese Kennziffern unerläßlich.
Abschließend bleibt festzustellen, daß die Ergebnis- und Prozeßkontrolle ihre volle Wirkung erst durch die sich anschließende Analyse entfalten kann.

3.3.4.2 Das Kontrollsystem des Verkaufs. Bei der Errichtung eines Kontrollsystems ist es von grundsätzlicher Bedeutung festzulegen, welche Bereiche in welchem Umfang kontrolliert werden sollen. Dabei sind jedoch zwei einschränkende Prinzipien zu beachten (vgl. Ohletz, H.; 1978, S. 137 f.):
- Das Prinzip der gleichdimensionierten Auswertungskapazität
- Das Prinzip der Funktionsminimierung.

Das *Prinzip der gleichdimensionierten Auswertungskapazität* besagt, daß der Umfang des Kontrollsystems nicht größer sein darf als die dafür verfügbare Auswertungskapazität. Es ist z.B. einsichtig, daß Informationen, die nicht ausgewertet werden, Kosten verursachen, die vermieden werden können, wenn auf diese Informationen verzichtet wird. Hinzu kommt, daß unausgewertete Informationen keine Rückkoppelung zum Verkäufer als Informationslieferant geben. Damit sinkt seine Informationswilligkeit, und die Abgabe der Verkaufsberichte wird, weil als überflüssig empfunden, dementsprechend gehandhabt. Da die

Verkaufsberichte häufig Grundlage der Verkaufskontrolle sind, muß man an einer sorgfältigen Anfertigung der Berichte interessiert sein und ihren Stellenwert durch solche Nachlässigkeiten nicht aufs Spiel setzen.
Nach Beachtung der oben angeführten Restriktion muß geprüft werden, welche Funktionen das Kontrollsystem erfüllen soll. Es geht also um die Frage, welche Informationen muß das System liefern und auf welche kann verzichtet werden. Das *Prinzip der Funktionsminimierung* fordert, nach einer Funktionsanalyse, alle überflüssigen Informationsteile aus dem Kontrollsystem herauszunehmen.
Da jedes Unternehmen andere Erfordernisse an sein Kontrollsystem stellt, d.h. entweder nur ein Minimum an Informationen oder tief strukturierte Daten benötigt, gibt es keine optimale Lösung, die unternehmensunabhängig ist. So sind z.B. Kontrollsysteme denkbar, die schwerpunktmäßig nur primäre Leistungskennziffern berücksichtigen und andere, die neben den primären Kennziffern auch den an Tätigkeiten orientierten sekundären Leistungskennziffern große Bedeutung einräumen. Kontrollsysteme, die rein auf sekundären Leistungskennziffern beruhen, sind nicht sinnvoll, da der Bezug zur eigentlichen Leistung völlig verlorengeht (vgl. Ohletz, H.; 1978, S. 139 ff.).

Literaturverzeichnis

Angehrn, O. (1973); System des Marketing, Bern und Stuttgart 1973.

Baumann, J. (1982); Stärken und Schwächen bestehender Strukturen, in: Verkaufsleiter-Handbuch, Hrsg. F.-H. Wolter, Landsberg am Lech 1982.

Böcker, F. (1981); Computergestrickte Sparprogramme, in: Absatzwirtschaft, April 1981, S. 98–103.

Churchill, G. A.; Ford, N. M.; Walker, O. C. (1981); Sales Force Management: Planning, Implementation, Control, Homewood, III./Georgetown, Ont. 1981.

Dodge, H. R. (1973); Field Sales Management – Text and Cases, Dallas, Texas/ Georgetown, Ont. 1973.

Dornach, B. (1978); Abschluß Marktvertrag, in: Integrierte Marketingfunktionen, Absatz, Beschaffung und Öffentlichkeitsarbeit, Hrsg. P. W. Meyer u. A. Hermanns, 1. Aufl., Stuttgart u.a. 1978, S. 79–101.

Engelhardt, W. H.; Schuster, F. (1980); Kompensationsgeschäfte – Erscheinungsformen und Marketing-Probleme, in: zfbf, 1980, S. 103–120.

Goehrmann, K. E. (1984); Verkaufsmanagement, Stuttgart u.a. 1984.

Golembusch, R. (1982); Der Beitrag des modernen Innendienstes zur Lösung betriebswirtschaftlicher Engpässe im Verkauf, in: Verkaufsleiter-Handbuch, Hrsg. F. H. Wolter, Landsberg am Lech 1982, S. 172–206.

Gross, W.; Söhnlein, W. (1976); Bürgerliches Recht, Fall – Systematik – Lösung, Band III, Wiesbaden 1976.

Gutenberg, E. (1984); Grundlagen der Betriebswirtschaftslehre, 2. Band, Der Absatz, 17. Aufl., Berlin u.a. 1984.
Hack-Unterkircher, E. (1978); Absatzdurchführung (Distribution), in: Integrierte Marketingfunktionen, Absatz, Beschaffung und Öffentlichkeitsarbeit, Hrsg. P. W. Meyer u. A. Hermanns, 1. Aufl., Stuttgart u.a. 1978, S. 102–122.
Heinen, E. (1976); Grundlagen betriebswirtschaftlicher Entscheidung. Das Zielsystem der Unternehmung, 3. Aufl., Wiesbaden 1976.
Hill, W. (1982); Marketing II, Die Marketinginstrumente – Integration des Marketing, 5. Aufl., Bern u. Stuttgart 1982.
Holme, P. (1991); Neue Wege zur Käuferzentrierung – Kauf und Verkauf im Abschlußprozeß, Augsburg 1991.
Janetzko, G. (1977); Sales Promotion by Agents. Wie man Verkaufsreisen organisiert, Wiesbaden 1977.
Jaspert, F. (1981); Marketing: Intensivkurs, München und Wien 1981.
Koinecke, J. (1984); Lohnsysteme und Motivationspläne als Mittel der Verkaufssteuerung, in: Verkauf & Marketing, 2/1984, S. 13–16.
Kotler, P. (1995); Marketing-Management, Analyse, Planung und Kontrolle, 8. vollst. überarb. u. erw. Aufl., Stuttgart 1995.
Limbert, W.; Hofer, R. (1975); Zielorientierte Verkäuferentlohnung – Beurteilungskriterien bei der Auswahl wirkungsvoller Verkäuferentlohnungssysteme, München 1975.
Lippmann, H. (1980); Beschaffungsmarketing, Grundlagen einer einzelwirtschaftlich–funktionalen Beschaffungslehre, Bielefeld u. Köln 1980.
Meyer, A. (1994); Dienstleistungs-Marketing, Erkenntnisse und praktische Beispiele, 6. Auflage, München 1994.
Meyer, P. W. (1958); Marktforschung, in: Handbuch der Verkaufsleitung, 2. Aufl., München 1958, S. 197–237.
Meyer, P. W. (1973); Die machbare Wirtschaft, Grundlagen des Marketing, Essen 1973.
Meyer, P. W. (1978); Die Marketingfunktionen im Rahmen des integrativen Marketing-Ansatzes, in: Integrierte Marketingfunktionen, Absatz, Beschaffung und Öffentlichkeitsarbeit, Hrsg. P. W. Meyer u. A. Hermanns, 1. Aufl., Stuttgart u.a. 1978, S. 13–31.
Meyer, P. W. (1985); Wirtschaft, Markt, Marketing, Materialien zum Marketing, Band 1, Augsburg 1985.
Meyer, P. W.; Hermanns, A. (1981); Theorie der Wirtschaftswerbung – Ein Beitrag zum Wissenschafts-Praxis-Transfer, Stuttgart u.a. 1981.
Moss, S. (1978); What Sales Execution Look For in New Salespeople, in: Sales and Marketing Management, März 1978, S. 41–64.
Ohletz, H. (1978); Verkaufs- und Marketingpraxis, Stuttgart u.a. 1978.
Pöhner, H.; Ott, W. (1958); Verkaufskontrolle – Verkaufsbezirke – Verkaufsquoten, in: Handbuch der Verkaufsleitung, 2. Aufl., München 1958, S. 129–195.
Robertson, D. H.; Bellenger, D. N. (1980); Sales Management, New York 1980.
Sellien, R. (Hrsg.), (1971); Gablers Wirtschaftslexikon, zweiter Band L–Z, 8. Aufl., Wiesbaden 1971, Stichwort Verkauf, Spalte 1806.
Storholm, G. R. (1982); Sales Management, Englewood Cliffs 1982.

Sundhoff, E. (1958); Grundlagen und Technik der Beschaffung von Roh-, Hilfs- und Betriebsstoffen, Essen 1958.

Talley, W. J. (1961); How to Design Sales Territories, in: Journal of Marketing, Januar 1961, S. 7–13.

Wolter, F. H. (1978); Steuerung und Kontrolle des Außendienstes, Gernsbach 1978.

Wolter, F. H. (1980); Wie der moderne Innendienst den Verkauf fördert, Wiesbaden 1980.

Wolter, F. H. (1984); Die zweckmäßige Rayoneinteilung, in: Verkauf & Marketing, 5/1984, S. 21–27.

Wotruba, T. R. (1970); An Analysis of the Salesmen Selection Process, in: Southern Journal of Business, Januar 1970, S. 39–51.

Wotruba, T. R. (1971); Sales Management – Planning, Accomplishment and Evaluation, New York u.a. 1971.

Zentes, J. (1980); Außendienststeuerung – Konstruktion und Implementierung eines computergestützten Entscheidungssystems, Stuttgart 1980.

Zimmerli, H. (1972); Verkaufsplanung – Eine modelltheoretische Betrachtung, Winterthur 1972.

4. Absatz-Realisierung

von JOHANNES A. BURGHOLD*

4.1 Grundlegung

4.1.1 Definitorische Abgrenzung der Absatz-Realisierung

Der Begriff der Absatz-Realisierung beinhaltet die »... Durchführung des Austausches von Leistung gegen Gegenleistung sowie die Gestaltung und Steuerung des dazugehörenden Informationsflusses« (Hack-Unterkircher, E.; 1978, S. 103). Dies umfaßt alle Aufgaben von Einzelwirtschaften auf der Absatzseite, die es ermöglichen, daß die von den Nachfragern zu kaufen beabsichtigten bzw. gekauften Versorgungsobjekte in deren Verfügungsbereich und das Entgelt oder die Gegenleistung der beschaffenden Einzelwirtschaft in den Verfügungsbereich der absetzenden Einzelwirtschaft gelangen (Specht, G.; 1992, S. 25). Absatz-Realisierung umfaßt den Leistungsaustausch aller Versorgungsobjekte, also Waren, Objektsysteme, Dienstleistungen und Chancen. Damit ist Absatz-Realisierung eine systemübergreifende und somit systemneutrale Funktion aller am Markt tätigen Einzelwirtschaften, also grob gegliedert der Hersteller, Händler und Dienstleister (vgl. Meyer, P. W.; 1973, S. 66f.).

Teilaufgaben (Unterfunktionen) der Absatz-Realisierung sind:
- Bereitschaft zur Abgabe der Leistung
- Abgabe der Leistung
- Anforderung der Gegenleistung
- Annahme der Gegenleistung (vgl. Meyer, P. W.; 1973, S. 59).

Diese Teilaufgaben können, müssen aber nicht, explizit vorhanden sein und in dieser Reihenfolge ablaufen. Bei Dienstleistungen beispielsweise fallen Teile der Bereitschaft zur Abgabe und die Abgabe der Leistung mit der Leistungserstellung zusammen. Wird eine Dienstleistung über Datex-J erbracht, so wird i.d.R. vor der Leistungserstellung die Gegenleistung angefordert und angenommen.
In der Praxis und der absatzwirtschaftlichen Theorie sind für die Absatz-Realisierung unterschiedlichste Begriffe zu finden. Einige Begriffe werden von Autoren oft synonym zu Absatz-Realisierung, obwohl sie

* Dipl. oec. rer. pol. Johannes A. Burghold, Bereichsleiter Marketing, Bausparkasse Schwäbisch Hall AG, Schwäbisch Hall.

nur Teilbereiche umfassen, benützt, während andere Verfasser für das Betrachtungsobjekt Absatz-Realisierung eigene Begriffe prägten.
Kotler beispielsweise verwendet Distribution synonym zu Absatz-Realisierung (vgl. Kotler, P.; 1995, S. 802 f.).
Krulis-Randa und Pfohl verstehen beide unter Marketing-Logistik, abgesehen von der Beschränkung nur auf Güter, dasselbe wie Absatz-Realisierung (vgl. Krulis-Randa, J. S.; 1977, S. 83 und Pfohl, H.-C.; 1972, S. 26), während Poth Marketing-Logistik sehr eingeschränkt als physischen Warenfluß vom Hersteller zum Nachfrager sieht (vgl. Poth, L. G.; 1973, S. 22).

4.1.2 Entwicklung und Stellenwert der Absatz-Realisierung

Obwohl der Bereich der Absatz-Realisierung für Einzelwirtschaften unerläßlich ist, wurde dieser Bereich in der Betriebswirtschaftslehre sehr lange vernachlässigt. Erst 1961 verfaßten Smykay, E. W., Bowersox, J. D. und Mossman, F. H. in den USA das erste Lehrbuch über »Physical Distribution«.[33] Das erste deutschsprachige Werk »Praxis der betrieblichen Warenverteilung« veröffentlichte Ludwig G. Poth im Jahr 1970.[34] Infolgedessen fand die »physische Distribution« immer größere Beachtung und wandelte sich langsam von der reinen logistischen Warenfluß-Betrachtung zur ganzheitlichen, die Informations- und Entgeltbereiche beinhaltenden Betrachtungsweise. Erst durch diese Betrachtungsweise wurde die Absatz-Realisierung zu einer gleichrangigen Funktion im Marketing von Einzelwirtschaften.
Die Beachtung und der Stellenwert der Absatz-Realisierung im Marketing wird zukünftig sicher noch zunehmen, da:

- die Kosten für Lagerung und Transport immer höher werden, da Löhne und Preise für Transportmittel und Lagereinrichtungen steigen,

---

33 Vor dieser ersten Monographie von Symkay, E. W., Bowersox, J. D. und Mossman, F. H.: Physical Distribution Management: Logistics Problems of the Firm, New York 1961, haben in den USA auch andere Autoren in Zeitschriften oder in Publikationen zu anderen Themen diese Problematik gestreift. Einen guten Überblick bietet: Bowersox, J. D.: Physical Distribution Development, Current Status and Potential, in: Marketing Journal, Vol. 33, 1969, S. 63–70.

34 E. Schäfer befaßte sich schon in seinem Werk: Die Aufgabe der Absatzwirtschaft, Heft 1 der Beiträge zur Handels- und Absatzforschung, Leipzig 1943, S. 123 f., mit den Teilaspekten Verpackung und Auslieferung.

- die Kosten für das Lagermanagement und den Versand steigen, da aufgrund der zunehmenden Handelsmacht kleinere Bestellungen eingehen und kürzere Lieferzeiten durchgesetzt werden,
- die Produktlinien immer tiefer und breiter werden, zur Befriedigung der immer vielfältiger werdenden Kundenwünsche,
- die Anteile der Kosten der Absatz-Realisierung am Netto-Umsatz ständig steigen; bei der Industrie durch Verringerung der Wertschöpfung der Fertigung, durch Miniaturisierung von Schaltkreisen in der Mikroelektronik beispielsweise, und im Handel durch Schrumpfen der Handelsspanne durch den Trend zum Discount bzw. durch Wettbewerbsverschärfung,
- die Probleme durch die Fertigung in großen Stückzahlen bei gleichzeitiger Verkürzung des Produktlebenszyklus im Bereich des Lagerwesens größer werden und
- der Trend zu weltweiter Produktion und zum internationalen Absatz ungebrochen ist. (vgl. Scharman, G.; 1985, S. 48 f.).

Eine Einzelwirtschaft, die es versäumt ihre Absatz-Realisierung unter Vernachlässigung der oben genannten, sicher nicht vollständigen Aspekte, auf ein branchenübliches Leistungsniveau zu bringen, gefährdet ihre Marktstellung trotz gegebenenfalls höchster Marktforschungs-, Werbe- und Verkaufsanstrengungen.

4.2 Die Funktionen der Absatz-Realisierung

4.2.1 Bereitschaft zur Abgabe der Leistung

Im Rahmen der Bereitschaft zur Abgabe der Leistung werden die Daten aus den Aufträgen der Kunden erfaßt, nötigenfalls ergänzt und als Auslöser zur Steuerung und zur Kontrolle des Güterstroms von der absetzenden Einzelwirtschaft zum Kunden genützt. Diese Unterfunktion, die die Objektverteilung, d.h. das richtige Objekt, in der richtigen Menge, zur richtigen Zeit, zu den günstigsten Kosten, an den richtigen Ort, initiiert und beeinflußt, übt also eine wesentliche Steuerfunktion aus. Die idealtypische Form setzt sich aus den Grundelementen Auftragsübermittlung, -aufbereitung und -umsetzung zusammen.
Die prinzipiellen Möglichkeiten der Auftragsübermittlung sind unmittelbare oder mittelbare Kommunikation. Als Beispiel für die unmittelbare Kommunikation kann die mündliche Übermittlung von Aufträgen eines Verkäufers an einen Verkaufsinnendienstmitarbeiter und für die mittelbare die Bestellung eines Einzelhändlers beim Großhändler via Brief, Telefon, Telex oder Datex-J herangezogen werden. Welche Möglichkeit gewählt wird, hängt von der örtlichen und zeitlichen Situation, der Bequemlichkeit, der Schnelligkeit und den Kosten ab (vgl. Pfohl, H.-C.; 1972, S. 87 ff.).

Abhängig von der Übermittlungsart gehen die Bestellungen in unterschiedlichster Form bei der absetzenden Einzelwirtschaft ein. Die Auftragsaufbereitung muß nun die Bestellungen auf eine firmeninterne, abwicklungssystemgerechte Form bringen und anhand bestimmter Abgleiche kontrollieren. Mögliche Tätigkeiten und Abgleiche können sein:

- Identifizierung des Kunden,
- Kontrolle und gegebenenfalls Ergänzung der Angaben,
- Feststellung der Bezugsberechtigung,
- Feststellung der Lieferfähigkeit,
- Überprüfung der Bonität und des Kreditlimits und
- Feststellen von kundenspezifischen Sonderkonditionen und Sonderpreisaktionen (vgl. Pfohl, H.-C.; 1972, S. 87 ff.).

Diese Kontroll- und Abgleichstätigkeiten sind sehr arbeitsintensiv. Rationalisierungsmöglichkeiten bestehen durch den Einsatz von EDV oder der Verlagerung von einzelnen Tätigkeiten an den Kunden, durch Bereitstellung kundenspezifischer Bestellformulare beispielsweise.
Daran anschließend hat die Auftragsumsetzung die Aufgabe mit allen firmeninternen Abteilungen bzw. Stellen, die von den Auftragseingängen tangiert werden, und mit den Kunden in Kommunikation zu treten. So sollten u.a. die Verkaufsabteilung, das Lager- und das Transportmanagement und die Marktforschungsabteilung informiert werden. Dem Kunden sind gegebenenfalls die Lieferdaten oder eine Fehlmengenanzeige zu übermitteln (vgl. Krulis-Randa, J. S.; 1977, S. 261 ff.). Wie umfangreich und komplex die Bereitschaft zur Abgabe der Leistung ausgestaltet ist, hängt von unterschiedlichsten Kriterien, wie der Art der Einzelwirtschaft und Versorgungsobjekte, ab. In einem großen Industrieunternehmen kann eine ganze Abteilung mit diesen Tätigkeiten beschäftigt sein, während sich in einem Einzelhandelsunternehmen dies alles in den Gedanken eines Verkäufers abspielen kann. Bei hochwertigen Investitionsgütern können diese Tätigkeiten im Zuge der Vertragsverhandlungen auf Geschäftsführungsebene persönlich abgewickelt werden, während bei einfachen Gebrauchsgütern ein Sachbearbeiter dies vor dem EDV-Terminal in Sekunden abwickelt.

4.2.2 Abgabe der Leistung

Die Unterfunktion der Abgabe der Leistung stellt den eigentlichen physischen Teilbereich der Absatz-Realisierung dar. Sie beinhaltet die vier davon betroffenen Aufgabenbündel: Lagerhaltung, Bestandsmanagement, Verpackung und Transport.
Eine Lagerhaltung von Versorgungsobjekten kann aus den unterschiedlichsten Gründen erfolgen. Dies können beschaffungs-, produktions- und absatzorientierte Gründe oder staatliche Vorschriften sein.

Absatzorientierte Gründe für die Lagerhaltung und damit auch Aufgaben der Absatz-Lagerhaltung sind:

- der Ausgleich von quantitativen und zeitlichen Disparitäten zwischen Produktion bzw. Anlieferung und Absatz,
- die Reduzierung des Unsicherheitsfaktors, resultierend aus der Unbestimmtheit des Zeitpunkts und der Höhe der Nachfrage
  und
- die Verminderung der Transportkosten, durch Bündelung der abgesetzten Objekte bei der Auslieferung (vgl. Möllers, P.; 1974, Sp. 1181 f.).

Die Absatz-Lagerhaltung ist bei Auftragsproduktion ohne Bedeutung. In der Handelsstufe erscheint sie teilweise auf zwei Ebenen. So ist im Einzelhandel und teilweise im Großhandel, in C & C-Märkten beispielsweise, diese Problematik zum einen im Absatzlager und zum anderen am Point of Purchase, also im Regal, vorhanden. Die Lagerhaltung am Point of Purchase, mit Ausnahme bei Hochregal-Lagerung, kann aber gleichzeitig auch werbende und verkaufende Aufgaben, auf die jedoch hier nicht eingegangen werden soll, übernehmen.

Das Bestandsmanagement befaßt sich mit allen Beständen an Objekten, also Rohmaterialien, Halbfertigfabrikaten und fertigen Versorgungsobjekten innerhalb einer Einzelwirtschaft und zwar vom Zeitpunkt des Einkaufs über die Lagerung bis hin zur Auslieferung. Die Aufgabe des Bestandsmanagements ist die Aufrechterhaltung eines vorgegebenen Niveaus an Realisierungsbereitschaft, Ermöglichung eines bestimmten Rhythmus der Produktion bzw. Belieferung und Minimierung aller durch das Bestandsmanagement beeinflußbaren Kosten. Konkret bedeutet dies, daß das Bestandsmanagement zu entscheiden hat, wann von einem Objekt wieviel bestellt werden muß, um den oben gestellten Anforderungen gerecht zu werden (vgl. Krulis-Randa, J. S.; 1977, S. 209 ff.).

Die Verpackung hat im Rahmen der Absatz-Realisierung fünf Aufgaben zu erfüllen: eine Schutz-, Lager-, Transport-, Manipulations- und Informationsfunktion.

Die Schutzfunktion kann in zweifacher Hinsicht notwendig sein. So muß die Verpackung zum einen das Objekt gegen mechanische Beanspruchung durch Druck, Stoß oder gegen klimatische Einwirkungen und zum anderen die Umwelt und die Menschen vor Schäden, Verschmutzung von Gewässern durch auslaufendes Öl oder Vergiftung von Menschen durch ausströmendes Gas, schützen.

Die Lagerfunktion der Verpackung hat die Lagerhaltung zu erleichtern, d.h. sie muß u.a. stapelbar sein und in Form und Abmessung das Aufeinandersetzen einzelner Verpackungen erlauben oder eine entsprechend hohe Haftreibung bieten.

Die Transportfunktion fordert von der Verpackung, daß sie den Trans-

port durch ein möglichst geringes Eigengewicht und durch Berücksichtigung von DIN-Maßen bei Form und Abmessung erleichtert.
Die Manipulationsfunktion soll einerseits die Zusammenstellung der Objekte zu größeren Einheiten zur Erleichterung der physischen Warenbewegung und andererseits auch das Gegenteil, nämlich die Aufteilung von großen Umverpackungen zu nachfragegerechten Einheiten, ermöglichen.
Die Informationsfunktion ist von besonderer Bedeutung bei der Kommissionierung. Hier muß die Verpackung durch Farbe oder Aufschrift so gekennzeichnet sein, daß die Ware leicht identifizierbar ist, um so Fehler bei der Kommissionierung zu vermeiden. Ferner sind auf der Verpackung Besonderheiten des Objektes wie Zerbrechlichkeit, Verderblichkeit oder Entflammbarkeit zu vermerken.
Die Verpackung kann auch als ein Mittel der Absatzförderung im System der Marktkette eingesetzt werden. So kann beispielsweise die Form und Abmessung der Verpackung so gestaltet werden, daß sie optimal ins logistische System des Beschaffers paßt, um damit Logistik- und Handlungskosten zu minimieren und so als ein Gegenargument bei Preisverhandlungen eingesetzt werden zu können (vgl. Krulis-Randa, J. S.; 1977, S. 254 ff.).
Der Teilbereich Transport als logistische Aufgabe befaßt sich mit allen betriebsfremden und betriebseigenen Transporteinrichtungen, die zu außer- und innerbetrieblicher Güterbewegung eingesetzt werden. Als grundsätzliche Entscheidungen sind hier zu treffen, ob die Transportabwicklung über betriebseigene oder -fremde und über welche Art von Transporteinrichtungen abgewickelt wird. Diesen Entscheidungen wird i.d.R. ein Leistung-/Kosten-Abgleich im Gesamtrahmen der angestrebten Realisierungsqualität[35] vorausgehen. Einsetzbare Leistungskriterien können hierbei sein:

- die Transportzeit, u.a. abhängig von der Transportgeschwindigkeit,
- Häufigkeit und Regelmäßigkeit pro Periode,
- Zuverlässigkeit und
- technische und infrastrukturelle Eignung.

35 Realisierungsqualität knüpft an dem aus dem industriellen Marketing stammenden Begriff des Lieferservice an. Realisierungsqualität geht aber hinsichtlich zweier Dimensionen weiter. Sie beinhaltet Lieferzeit, -bereitschaft und -zuverlässigkeit im übertragenen Sinn auch für Handels- und Dienstleistungsunternehmen. Also die Zuverlässigkeit, daß ein bestimmtes Produkt im Einzelhandel erhältlich ist oder die Leistungsbereitschaft eines Dienstleisters beispielsweise. Als zweite Dimension kommt die Realisierungsflexibilität, verstanden als die Flexibilität einer Einzelwirtschaft bei der Auftragsannahme und bei Annahme sowie Art der Gegenleistung hinzu.

Auch der Teilbereich Transport wird in der letzten Zeit häufig als Mittel der Absatzförderung benützt. Hier werden die abgesetzten Güter nicht nur bis zum Wareneingangsbereich des Beschaffers geliefert, sondern abverkaufsgerecht an den Point of Purchase, oft direkt ins Regal (Regalpflege), gebracht (vgl. Pfohl, H.-C.; 1972, S. 148 ff. und Kunz, D.; 1977, S. 6 ff.).

4.2.3 Anforderung der Gegenleistung

Die dritte Unterfunktion, Anforderung der Gegenleistung, hat die Aufgabe, daß alle bereits abgesetzten oder noch abzusetzenden Güter bzw. geleisteten oder noch zu leistenden Dienstleistungen von der absetzenden Einzelwirtschaft exakt erfaßt, in Form einer Rechnung umgesetzt werden und diese in den Verfügungsbereich des Beschaffers gelangt. Ziel der Rechnungsstellung ist es, den Fluß der Gegenleistung vom Beschaffer zum Absetzer zu initiieren. Reagiert der Beschaffer auf die Rechnungsstellung nicht, wird der Absetzer ihn mahnen, d.h. nochmals auffordern die geschuldete Gegenleistung zu erbringen (vgl.: § 284 und § 285 BGB).

Die Rechnungstellung, auch Fakturierung genannt, kann bei zeitlicher Betrachtung vor, gleichzeitig und/oder nach Abgabe der Leistung, d.h. Auslieferung von Gütern und Erstellung von Dienstleistungen, erfolgen.

Als Beispiele für die Fakturierung vor Abgabe der Leistung können die Deutsche Bahn AG oder alle Fluggesellschaften genannt werden, die vor der Realisierung, in diesen Fallen identisch mit der Leistungserstellung, die Rechnung, im Falle der Bahn i.d. R. die Fahrkarte, dem Kunden zustellen bzw. überreichen.

Gleichzeitig mit Abgabe der Leistung wird die Rechnung i.d.R. im Einzelhandel erstellt. Als Beispiel par excellence können die Scannerkassen gelten, die zeitidentisch mit Auslieferung der Güter an den Beschaffer fakturieren.[36] Aber auch bei industriellen Herstellern ist die Gleichzeitigkeit der Lieferung und Fakturierung immer häufiger anzutreffen, da es die Schnelligkeit der EDV erleichtert, die Rechnung mit den ausgelieferten Gütern zuzustellen.

Eine Fakturierung erst nach der Abgabe der Leistung kann aus unterschiedlichsten Gründen erfolgen. Dies kann aus einer gewissen Inflexi-

---

36 Einen weiteren Schritt in Richtung Automatisierung und Verknüpfung von unterschiedlichen Leistungsbereichen stellen die Point-of-Sales-Systeme dar. Hier wird über ein On-line-System, mit Hilfe von elektronischen Zahlkarten der Kunden, direkt vom Point-of-Sale aus eine automatische Bonitätsprüfung durchgeführt und bei positivem Ergebnis der berechnete Betrag vom Konto des Käufers direkt auf das des Händlers umgebucht (vgl. o.V., 1984a, S. 52 ff.).

bilität oder aus Gewohnheit sein, aber auch beispielsweise im Falle der regelmäßigen, häufig sogar täglichen Belieferung mit kleineren Beträgen, so daß für gewöhnlich im 14-tägigen oder im monatlichen Rhythmus fakturiert wird. Auch bei hochkomplizierten und sehr umfangreichen Versorgungsobjekten, bei Anlagensystemen beispielsweise, können erst nach der Abgabe der Leistung umfangreiche innerbetriebliche Leistungsabrechnungen durchgeführt werden, die zum Teil dann die Grundlage der Fakturierung bilden.
Als letzte Möglichkeit existiert noch der Fall, daß mehrmals fakturiert wird, d.h. ein Teil der Leistung unmittelbar nach dem Abschluß-Marktvertrag, also noch vor der Abgabe der Leistung, ein weiterer Teil bei Lieferung bzw. Leistung und ein letzter Teil erst im Anschluß in Rechnung gestellt wird. Dies wird häufig praktiziert bei kostenintensiven Leistungen, wie Investitionsgütern und bei Dienstleistungen (z.B. Marktanalysen), die sich über einen längeren Zeitraum erstrecken.
Ein weiterer wesentlicher Aspekt dieser Unterfunktion ist, wer der Adressat der Anforderung nach Gegenleistung ist. Grundsätzlich existieren zwei Möglichkeiten:
Die erste Möglichkeit ist, die Rechnung an die beschaffende Einzelwirtschaft bzw. an den Kunden persönlich zu stellen.
Die zweite ist, die Rechnungsstellung gegenüber einer dritten Einzelwirtschaft bzw. einer dritten Person. In diesem Fall wird aus dem ursprünglich zweiseitigen vertraglichen Verhältnis ein Dreiecksverhältnis:[37]

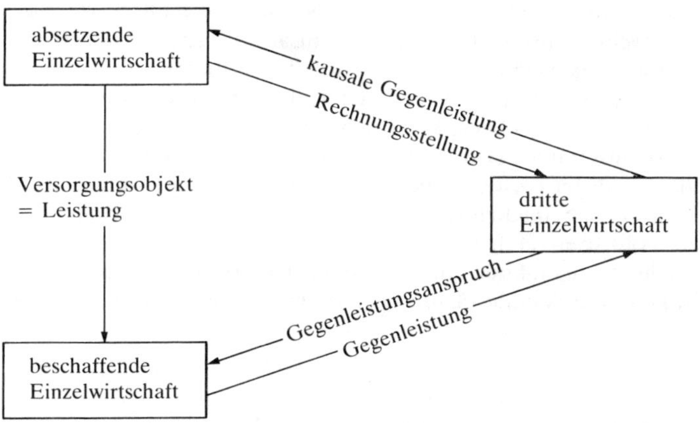

Abb. 40: Beziehungen im Dreiecksverhältnis der Absatz-Realisierung.

37 Diese Beziehungsverhältnisse in der Absatz-Realisierung sind grundsätzlich nicht nur auf zwei- und dreiseitige Verhältnisse beschränkt. Bei Barterge-

Hier leistet die absetzende Einzelwirtschaft die vertraglich vereinbarte Leistung an die beschaffende Einzelwirtschaft und erhält aufgrund der Rechnungsstellung von der dritten die kausale Gegenleistung. Diese Gegenleistung wird deshalb als kausal bezeichnet, weil sie sich direkt aus der abgesetzten Leistung begründet. Sie kann sowohl ein Nominal- als auch ein Realgut sein. Die dritte Einzelwirtschaft hat nun ihrerseits einen Gegenleistungsanspruch gegenüber dieser ursächlich beschaffenden Einzelwirtschaft. Dieser Anspruch kann materieller oder ideeller Art sein. Dem materiellen Gegenleistungsanspruch kann die ursächlich beschaffende Einzelwirtschaft mit einer kausalen, und damit akzidentellen, oder nichtkausalen Gegenleistung nachkommen. Die kausale Gegenleistung wird zu einem Zeitpunkt oder innerhalb eines Zeitraumes, bei Ratengeschäften beispielsweise, geleistet und ist deshalb akzidentell. Die nichtkausale Gegenleistung begründet sich nicht in einem direkten Leistungsaustausch sondern i.d.R. in einem längerfristigen Beziehungs- oder Vertragsverhältnis.
Für das oben dargestellte Dreiecksverhältnis der Absatz-Realisierung existieren vielfältige Beispiele. Beim Delkrederegeschäft sind die beschaffenden Einzelwirtschaften Handelsunternehmen, die eine Einkaufsgenossenschaft, in diesem Fall die dritte Einzelwirtschaft, gegründet haben. Die Handelsunternehmen schließen die Kaufverträge direkt mit den 1. Anbietern ab, werden auch von diesen direkt beliefert, die Rechnung wird jedoch im Rahmen von Inkasso-Verträgen an die Einkaufsgenossenschaft gestellt. Diese leistet nun unter Ausnutzung von Mengenrabatten an den 1. Anbieter die kausalen Gegenleistungen. Im nächsten Schritt fordert nun die Einkaufsgenossenschaft in einem gewissen zeitlichen Turnus ihrerseits die kausale Gegenleistung von den Händlern an (vgl. Seyffert, R.; 1972, S. 215).
Weitere Beispiele für diese Art von Dreiecksverhältnissen der Absatz-Realisierung sind Strecken-, Factoring- und Leasinggeschäfte. In diesen Fällen sind dann der Streckengroßhändler, das Factoring-Institut oder die Leasinggesellschaft die dritte Einzelwirtschaft. Als weiteres Beispiel kann der medizinische Bereich herangezogen werden. Hier setzt der Arzt seine Dienstleistung an den Patienten ab, fakturiert gegenüber der Krankenkasse und bekommt daraufhin, im Fall von Kassenpatienten, die kausale Gegenleistung. Die Krankenkasse bekommt

schäften mit Fremdkompensationen beispielsweise sind vier und mehr Einzelwirtschaften beteiligt (vgl. Moser, R., Topritzhofer, E.; 1978, S. 192).

nun aus ihrem materiellen Gegenleistungsanspruch die nichtkausale Gegenleistung in Form von regelmäßigen Beiträgen.
Als letztes Beispiel soll der Fall eines Geschenkgutscheins betrachtet werden. Die absetzende Einzelwirtschaft, ein Einzelhandelsunternehmen, gibt die Leistung an den Besitzer des Geschenkgutscheins ab und stellt die Rechnung an den Verschenkenden des Geschenkgutscheins. Der Verschenkende besitzt nun gegenüber dem Beschaffer einen ideellen »Gegenleistungsanspruch«.

4.2.4 Annahme der Gegenleistung

Die Unterfunktion Annahme der Gegenleistung umfaßt alle Aufgaben einer Einzelwirtschaft, die es ermöglichen, daß die Gegenleistung der beschaffenden Einzelwirtschaft in den Verfügungsbereich der absetzenden, unter Berücksichtigung der unterschiedlichen Möglichkeiten die Gegenleistung zu erbringen, gelangt. Dazu gehört auch die Überwachung des Zahlungseingangs bei allen Geschäften, die nicht mit Barzahlung abgewickelt werden. Bestand bis zum Eingang der Gegenleistung ein Eigentumsvorbehalt seitens der absetzenden Einzelwirtschaft, so wird dieser durch Erbringung der Gegenleistung gegenstandslos. Das abgesetzte Versorgungsobjekt geht dadurch in das Eigentum der beschaffenden Einzelwirtschaft über, womit der Marktvertrag erfüllt ist.
Prinzipiell existieren zwei Arten, wie die Gegenleistung erfüllt werden kann. Dies ist durch die Generaltauschware Geld und durch die Versorgungsobjekte Waren, Objektsysteme und Dienste möglich.
Ferner muß grundsätzlich der zeitliche Aspekt betrachtet werden. Hier besteht die Möglichkeit, die Gegenleistung vor, nach und bei Abgabe der Leistung oder sukzessive bzw. in Raten zu erbringen.
Sowohl die absetzende als auch die beschaffende Einzelwirtschaft hat die Möglichkeit der Wahl, welcher Art die Gegenleistung sein wird und zu welchem Zeitpunkt sie abgegolten wird. Wie die konkrete Ausgestaltung letztendlich aussieht, wird u.a. determiniert von:
- der Verhandlungsstärke der Marktpartner,
- den Marktusancen,
- der Art des Versorgungsobjekts,
- dem Wert des Versorgungsobjekts,
- der Bonität der beschaffenden Einzelwirtschaft,
- der Liquidität der beschaffenden Einzelwirtschaft und
- den Marketingzielen der Marktpartner.

Entsprechend der Ausgestaltung der Annahme der Gegenleistung muß die absetzende Einzelwirtschaft organisatorische und technische Möglichkeiten zur reibungslosen Abwicklung, wie Installation von Kassen oder Einrichtungen von Bankkonten, vornehmen.
Bei Realgütern als Gegenleistung übernehmen beide Marktpartner die

Rolle der absetzenden und beschaffenden Einzelwirtschaft. In diesem Fall ist es von Bedeutung, daß beide Tauschpartner die angebotenen und nachgefragten Güter hinsichtlich quantitativer und qualitativer Aspekte bereitstellen und abnehmen können. Da diese Voraussetzungen in der hochentwickelten und spezialisierten Wirtschaft nur sehr selten gegeben sind, müssen zur Lösung der Disparitäten weitere Einzelwirtschaften integriert werden. Dies kann im einfachsten Fall eine weitere Einzelwirtschaft sein, die in den Versorgungsobjektstrom zwischengeschaltet wird, wodurch ein Ringtauschprozeß initiiert wird. Die erste Einzelwirtschaft liefert an die zweite, erhält die Gegenleistung aber von der dritten usw.
Eine weitere Möglichkeit stellt die Fremdkompensation dar. Hier schließt die absetzende Einzelwirtschaft eine Koalition mit einer dritten Einzelwirtschaft in dem Sinne, daß die absetzende Einzelwirtschaft die Versorgungsobjekte der beschaffenden liefert und diese ihre Realgüter an die dritte Einzelwirtschaft leistet. Die dritte Einzelwirtschaft verwendet die Versorgungsobjekte selbst oder veräußert sie weiter und bezahlt der ursprünglich absetzenden Einzelwirtschaft den Gegenwert (vgl. Engelhardt, H. und Schuster, F.; 1980, S. 103 ff.).

4.3 Das Realisierungs-Management

4.3.1 Konzeption

4.3.1.1 Grundsätze und Ziele der Realisierung. Eine zielorientierte Vorgehensweise bei der Absatz-Realisierung hat primär die Realisierungsgrundsätze und Realisierungsziele zu betrachten.
Die Realisierungsgrundsätze sind i.d.R. aus der Unternehmensphilosophie abgeleitet und von den technischen, organisatorischen und finanziellen Gegebenheiten determiniert. Die Realisierungsziele sind ursächlich aus der Unternehmens- bzw. den Marketingzielen abgeleitet. Beide, Realisierungsgrundsätze und -ziele, sind im Marktprogramm unter Berücksichtigung der teilfunktionalen Interdependenzen konkret niedergeschrieben.
Als ein aus der Unternehmensphilosophie Qualitätsstreben abgeleiteter Realisierungsgrundsatz läßt sich beispielsweise das Streben nach zufriedenen Kunden anführen, was u.a. durch freundliche und hochqualifizierte Mitarbeiter, durch kurze Realisierungszeit, durch hohe Realisierungszuverlässigkeit oder nur durch eine übersichtliche Rechnungsstellung erreicht werden kann. Hat ein Unternehmen ein nationales Netz von Auslieferungslägern mit einem ausgebauten eigenen Transportfuhrpark, so ist zumindest mittelfristig der Transport der abgesetzten Güter mit Hilfe der unternehmenseigenen Transportfaktoren ein

aus den technischen und organisatorischen Gegebenheiten abgeleiteter Realisierungsgrundsatz.
Diese Realisierungsgrundsätze stecken den Rahmen ab, in dem das Management die vorgegebenen Realisierungsziele umzusetzen und zu optimieren hat. Teilaufgabe und damit auch Ziel der Absatz-Realisierung ist, das richtige Versorgungsobjekt (was), in richtiger Menge (wieviel), zur richtigen Zeit (wann), am richtigen Ort (wo) mit möglichst geringen Kosten bereitzustellen. Diese Leistungen hinsichtlich Versorgungsobjekt, Menge, Zeit und Ort sind zwar teilweise aus den Teilfunktionen Absatz-Anbahnung und Abschluß-Marktvertrag vorgegeben, dennoch bleibt der Absatz-Realisierung hinsichtlich der Realisierungsqualität ein gewichtiger Gestaltungsspielraum. Als zweite Gestaltungsgröße können im Rahmen der Realisierungsziele die Kosten betrachtet werden.
Die Ausrichtung eines Unternehmens nach Marketinggesichtspunkten bedingt eine stark nachfrage- und absatzorientierte Denkweise, was sich unter anderem in einem Streben nach maximaler Realisierungsqualität äußert. Eine hohe Realisierungsqualität bedingt jedoch auch hohe Realisierungskosten. Zwischen diesen beiden Zielkomponenten besteht eine mathematisch-funktionale Relation der Art, daß mit Erreichen einer bestimmten Höhe der Realisierungsqualität ($\Delta R = \Delta K$) die Kosten einer noch höheren Qualität überproportional steigen.

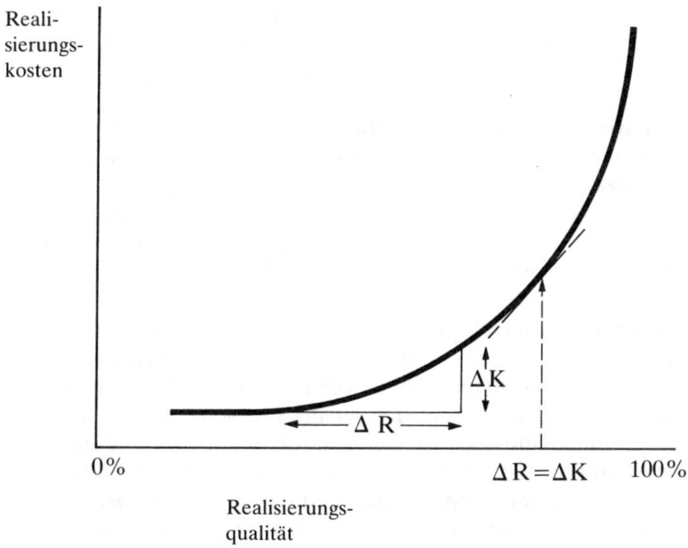

Abb. 41: Funktionaler Zusammenhang zwischen Realisierungskosten und -qualität.

Das Realisierungs-Management hat nun die Aufgabe, zwischen den beiden konfliktären Zielsetzungen Maximierung der Realisierungsqualität und Minimierung der Realisierungskosten einen marketingtechnisch optimalen Ausgleich zu verwirklichen. Unter Zuhilfenahme von Entscheidungsregeln zur Lösung konfliktärer Zielbeziehungen lassen sich zwei alternative Zielrelationen formulieren:

- Mit gegebenen Realisierungskosten soll eine maximale Realisierungsqualität erreicht werden.
- Eine bestimmte Realisierungsqualität ist mit minimalen Realisierungskosten zu verwirklichen.

Welche dieser Zielrelationen von einer Einzelwirtschaft verfolgt werden kann, hängt von branchen-, versorgungsobjekt-, produktlebenszyklus- und kundenspezifischen Anforderungen bzw. Usancen sowie von gesetzlichen Bestimmungen und Verordnungen ab. Diese Determinanten müssen aber auch im Zusammenhang mit dem Stellenwert der Absatz-Realisierung im Marketing einer Einzelwirtschaft und der Marketingstrategie, die eine Einzelwirtschaft verfolgt, gesehen werden. Wird beispielsweise der Absatz-Realisierung eine hohe akquisitorische Bedeutung beigemessen oder wird eine Strategie der Marktanteilsausweitung gefahren, so muß eine möglichst hohe Realisierungsqualität angestrebt werden. Ist die Realisierungsqualität eher von geringerer Bedeutung und läßt sich ein unteres Niveau anhand der oben genannten Determinanten festlegen, so kann die zweite Zielrelation verfolgt werden (vgl. Bentz, S.; 1983, S. 192 ff., und vgl. Mossman, F. H., Morton, N.; 1965, S. 250 ff.).

4.3.1.2 Operationalisierung der Realisierungsziele. Die Forderung nach einem hohen oder bestimmten Niveau an Realisierungsqualität ist nicht operational. Um den Begriff Realisierungsqualität praktikabel zu machen, sind weitere Sachziele notwendig. Zur Konkretisierung werden die Größen Realisierungszeit, Realisierungsbereitschaft, Realisierungszuverlässigkeit und Realisierungsflexibilität herangezogen.

4.3.1.2.1 Realisierungszeit. Als Realisierungszeit wird die Zeitspanne bezeichnet, die vom Zeitpunkt der Auftragserteilung bis zum Gelangen der Güter in den Verfügungsbereich des Beschaffers bzw. bis zur Fertigstellung der Dienstleistung verstreicht. Der Begriff der Realisierungszeit ist bei industriellen Herstellern, beim Groß- und Versandhandel mit Lieferzeit gleichzusetzen. Die Realisierungszeit umfaßt den gesamten Leistungsbereich der beiden ersten Unterfunktionen der Absatz-Realisierung und setzt sich aus den einzelnen Zeiten der dort abzuwickelnden Tätigkeiten zusammen. Das Realisierungsmanagement hat bei der Bestimmung von Realisierungszeiten branchenübliche Usancen, die Haltbarkeit bei schnell verderblichen Waren, Mindestlaufzeiten bei der Bahn gemäß der Eisenbahnverkehrsordnung u.v.a.m. zu berücksichtigen, so daß dem Spielraum bei der Gestaltung deutliche Grenzen gesetzt sind. Für die Formulierung von Realisierungszeitvorgaben gibt es insbesondere folgende Möglichkeiten:

- Selektiv festgelegte Realisierungszeiten für einzelne Versorgungsobjekte, Versorgungsobjektgruppen oder Gruppen von Kunden. So sind z.B. Kunden der Kategorie A, mit hohen Umsätzen, innerhalb von zwei Tagen und Kunden der Kategorie B innerhalb von 5 Tagen zu beliefern.
- Auf Prozentzahlen der Kunden bezogene Vorgaben: d.h. es wird vom Realisierungsmanagement gefordert, daß bei 50 % aller Kunden die Realisierungszeit von 3 Tagen, bei 80 % aller Kunden die Realisierungszeit von 5 Tagen nicht überschritten wird.
- Die Orientierung der Realisierungszeit an den Erwartungen der Kunden. Hier ist wichtig, daß die Realisierungszeit nicht schlechter als die in der Branche üblichen ist, da die üblichen das Erwartungsniveau der Kunden prägen. Auf der anderen Seite entfalten kurze Lieferzeiten erst dann eine akquisitorische Wirkung, wenn sie deutlich besser als der Branchendurchschnitt sind. (Vgl. Sabath, R. E.; 1978, S. 26 ff. und Wagner, G. R.; 1978, S. 2 ff.).

4.3.1.2.2 Realisierungsbereitschaft. Die Realisierungsbereitschaft und die Realisierungszeit sind eng miteinander verknüpft, denn eine sofortige Fähigkeit zu realisieren hat direkte Auswirkungen auf die Realisierungszeit.

Die Realisierungsbereitschaft bedeutet, daß das richtige Versorgungsobjekt, in der richtigen Menge und zur richtigen Zeit im Absatzlager bzw. am Point of Purchase vorhanden ist. Für Dienstleistungsanbieter bedeutet dies, daß ausreichend interne Faktoren zur termingerechten Leistungserstellung bereitstehen. Für die Lieferbereitschaft existieren unterschiedlichste Kennzahlen. In vereinfachter Form geben sie an, wieviel Prozent der Aufträge oder Teile von Aufträgen innerhalb der zugesagten Realisierungszeiten erfüllt werden können. Die Differenz zu 100 % weist auf das Ausmaß der mangelnden Realisierungsbereitschaft hin.

Eine hohe Realisierungsbereitschaft wird überwiegend durch hohe Lagerbestände, speziell der Sicherheitsbestände, bzw. durch umfangreiche Leistungskapazitäten bei Dienstleistern erreicht und ist mit einer dementsprechend hohen Kapitalbindung verbunden. Deshalb hat es sich gerade bei Einzelwirtschaften mit einem breiten Angebot als zweckmäßig erwiesen, für bestimmte Versorgungsobjektgruppen oder Versorgungsobjekte unterschiedliche Realisierungsbereitschaftsgrade festzulegen. Hierbei wird das gesamte Angebot in A-, B- oder C-Gruppen bzw. -Versorgungsobjekte unterteilt (A-Versorgungsobjekte sind solche mit hohem Umsatzanteil, hohem Deckungsbeitrag oder hoher

Substituierbarkeit), wobei dann die Realisierungsbereitschaft bei A-Versorgungsobjekten deutlich höher als bei B-Objekten gehalten wird.
Die Höhe der Realisierungsbereitschaft wird insbesondere von folgenden Determinanten bestimmt:

- Substituierbarkeit der Versorgungsobjekte – eine große Substituierbarkeit zwingt zu hoher Realisierungsbereitschaft.
- Technisch-physikalische oder modische Eigenschaften der Versorgungsobjekte – verderbliche oder hoch modische eignen sich nicht zur längeren Lagerhaltung.
- Produktlebenszyklus – bei Neueinführung wird vorsichtiger aber häufiger geordert und es wird großer Wert auf hohe Realisierungsbereitschaft gelegt.
- Marktkonstellation – Käufermärkte fordern eine höhere Realisierungsbereitschaft als Verkäufermärkte.
- Kundenstruktur – eine hohe Wiederkaufsrate oder Abhängigkeit der Nachfrager erlauben eine niedrigere Realisierungsbereitschaft. (Vgl. Havighorst, D.; 1980, S. 67 ff. und Poth, L. G.; 1973, S. 53 ff.).

4.3.1.2.3 Realisierungszuverlässigkeit. Die Realisierungszuverlässigkeit ist die Größe für den Grad der Sicherheit, mit der die Realisierungszeiten für die Aufträge eingehalten werden können oder, anders ausgedrückt, eine Maßzahl für die Schwankungsbreite der Realisierungszeiten. Gleichzeitig kann sie auch für den Grad der Zuverlässigkeit und Regelmäßigkeit eines Realisierungssystems in bezug auf Unversehrtheit der gelieferten Waren und Übereinstimmung der Auslieferung mit der Bestellung benützt werden.
Gerade aus der Sicht der beschaffenden Einzelwirtschaft ist die Realisierungszuverlässigkeit eines Anbieters von wesentlicher Bedeutung, denn ein hoher Zuverlässigkeitsstandard erlaubt es ihr, die Lagerhaltung und insbesondere die Sicherheitsbestände knapp zu kalkulieren. Durch die zunehmende Reduzierung der Lagerbestände in der weiterverarbeitenden Industrie und im Handel legen die beschaffenden Einzelwirtschaften zunehmend mehr Wert auf eine hohe Realisierungszuverlässigkeit und machen oft deutlich mehr Zugeständnisse bei den Realisierungszeiten.

4.3.1.2.4 Realisierungsflexibilität. Die Realisierungsflexibilität ist die Maßzahl für die Fähigkeit einer Einzelwirtschaft auf realisierungsspezifische Anforderungen einer beschaffenden Einzelwirtschaft eingehen zu können. Dies bedeutet im Leistungsbereich der Bereitschaft zur Abgabe der Leistung, daß eine absetzende Einzelwirtschaft Aufträge auf den unterschiedlichsten Wegen und Möglichkeiten annehmen, bei der Abgabe der Leistung auf das Logistiksystem des Beschaffers, z.B.

durch beschafferkompatible Verpackungseinheiten, eingehen kann oder bei der Annahme der Gegenleistung flexibel bezüglich der Art und des Zeitpunkts der Gegenleistung ist (vgl. Tempelmeier, H.; 1980, S. 13).

4.3.1.3 Die Kosten der Realisierung

4.3.1.3.1 Die Dimensionen der Kosten der Realisierung. Bei der Betrachtung der Kosten der Realisierung muß zwischen gesamt- und einzelwirtschaftlichen Realisierungskosten differenziert werden.
Aus gesamtwirtschaftlicher Sicht ist der Anteil der Realisierungskosten am Letztnachfragerpreis, die Gesamtkosten der Realisierung einer Volkswirtschaft und deren Anteil am Bruttosozialprodukt interessant. Einzelwirtschaftliche Untersuchungen ergaben, daß der Anteil der physischen Distributionskosten von produzierenden Unternehmen zwischen 10 und 35 % vom Umsatz liegt (vgl. Specht, G.; 1992, S. 85).

4.3.1.3.2 Die einzelnen Kostenbereiche. In Anlehnung an die Differenzierung der Absatz-Realisierung in Unterfunktions- und Leistungsbereiche erscheinen die folgenden Kostenbereiche als wesentlich:

- Kosten der Auftragsübermittlung, -aufbereitung und -umsetzung: Als die real-physischen Prozesse der Warenhaltung und Warenbewegung begleitenden Informations- und Kommunikationsprozesse beanspruchen sie einen nicht zu unterschätzenden Anteil an den Kosten der Absatz-Realisierung. Als Kostenelemente fallen u.a. an: Kommunikationskosten (Telefon-, Telex- und Portogebühren), Personalkosten, Kosten des Auftragsaufbereitungs- und -umsetzungssystems (je nach Systemform von einfachen Fakturierautomaten bis zu integrierten EDV-Anlagen, deren Betriebskosten und Formulare).
- Kosten der Lagerhaltung: Den Hauptkostenfaktor der Lagerhaltung bilden die Kapitalkosten. Kapital wird einerseits gebunden durch Kauf bzw. Miete von Lagerräumen und den von der Lagertechnik abhängigen z.T. sehr aufwendigen Lagereinrichtungen bzw. -systemen. Den entscheidenden Anteil an den Kapitalbindungskosten hat jedoch der Lagerbestand selbst. Des weiteren sind miteinzubeziehen Kosten für Versicherung, Schwund, Wertminderung durch Verderb und Steuern.
- Kosten des Transports: Häufig sind die starken Abweichungen einzelner Unternehmen in der Höhe der Realisierungskosten darauf zurückzuführen, daß nur die direkten Kosten des Transports ausgewiesen werden und die anderen Kostenbereiche dagegen vernachlässigt werden. Dabei zeigt sich gerade hier der starke wechselseitige Beziehungszusammenhang zu anderen Kostenbereichen der Absatz-

Realisierung. So werden z.B. die Transportkosten wesentlich beeinflußt durch Anzahl, Größe und Standorte der Auslieferungslager (ein dichtes Netz von Auslieferungslagern hat im allgemeinen eine Transportkostendegression zur Folge). Die Kosten der unternehmensexternen Warenbewegung setzen sich zusammen aus den Kosten des Versands (Versandspesen, Spediteure, etc.) und/oder den – vor allem aus Fahrzeug- und Personalkosten bestehenden – Fuhrparkkosten. Dabei zeigt sich, daß die Personalkosten (Gehalt der Fahrer) die Fahrzeugkosten (Steuern, Versicherung, Wartung, Betriebskosten, Reparaturen, Abschreibungen) oft bei weitem übersteigen. (Vgl. Hack-Unterkircher, E.; 1978, S. 114 ff.).

Faßt man diese wesentlichen Kosten zusammen, so erhält man die Gesamtkosten der Absatz-Realisierung. Vollständig wird die Gesamtkostenbetrachtung allerdings erst, wenn man den eigentlichen Kosten die Kosten des entgangenen Gewinns d.h. die geschätzten Opportunitätskosten hinzurechnet. Diese können immer dann entstehen, wenn in Teilbereichen der Absatz-Realisierung nicht die optimale Lösung verwirklicht wird, aber eine Verringerung der Realisierungsqualität zu negativen Konsequenzen für die Umsätze führt (vgl. Bidlingmaier, J.; 1973b, S. 372).

4.3.2 Planung

Der nächste auf die Konzeption aufbauende Schritt ist die Phase der Planung. Die Planung hat die Aufgabe, die Grundsätze und Ziele der Absatz-Realisierung in konkrete Handlungsanweisungen und Soll-Vorgaben umzusetzen. So können die Zielvorgaben der Realisierungsqualität durch optimales Ausnützen der bestehenden Unternehmensfaktoren oder durch vollständige Neuplanung auch der Unternehmensfaktoren zu verwirklichen versucht werden. Dabei wird in kurz-, mittel- und langfristige Planung unterschieden. Die Lagerbestandsplanung beispielsweise gehört zur kurz-, die Lagerstandortplanung zur langfristigen Planung (vgl. Meyer, P. W.; 1973, S. 77 f.).
In den folgenden Abschnitten sollen nur die wesentlichsten Planungsbereiche, wie Organisations-, Lager-, Lagersystem- und Lagerbestandsplanung, betrachtet werden.

4.3.2.1 Organisationsplanung. Die Organisationsplanung der Absatz-Realisierung umfaßt prinzipiell zwei Problemkreise. Der erste Problemkreis betrifft die interne Organisation der Absatz-Realisierung und der zweite die Eingliederung der Absatz-Realisierung in die gesamte Unternehmensorganisation.
In sehr vielen Einzelwirtschaften sind die einzelnen Leistungsbereiche

der Absatz-Realisierung in unterschiedliche Kompetenzbereiche aufgesplittet. Wird nun versucht, die einzelnen Teilbereiche zu optimieren, so kann dies leicht zu einem Suboptimum der gesamten Absatz-Realisierung führen, weil ein Teiloptimum in einem Leistungsbereich oft stark negative Auswirkungen auf einen anderen Leistungsbereich hat. Müssen beispielsweise niedrige Lagerbestände durch den Transport per Flugzeug statt per LKW oder Bahn zur Einhaltung der Lieferzeit ausgeglichen werden, so führt dies zwar zu einer Reduzierung der Lagerkosten, aber zu drastisch höheren Transportkosten. Hieraus wird deutlich, daß die Organisation der Absatz-Realisierung eine integrierte Planung aller Teilbereiche ermöglichen muß.
Die Absatz-Realisierung ist aufgrund der hohen Bedeutung der Integration den einzelnen Teilfunktionen gleichberechtigt und auf der gleichen hierarchischen Ebene wie die Absatz-Vorbereitung, -Anbahnung und der Abschluß-Marktvertrag ins Marketing einzuordnen (vgl. Krulis-Randa, J. S.; 1977, S. 308 und Poth, L. G.; 1973, S. 94 ff.).

4.3.2.2 Lagerplanung. Die Lagerplanung befaßt sich primär mit dem Problem, welche Arten von Läger unterhalten werden sollen, d.h. ob der gesamte physische Warenfluß nur über ein Zentrallager oder auch über Regional- und Auslieferungsläger abgewickelt werden soll. Als Entscheidungskriterien können die Realisierungsqualität und die Kosten herangezogen werden. Die Realisierungsqualität insofern, als Regional- und Auslieferungsläger die Realisierungszeiten verkürzen und so auch weit entfernte Teilmärkte nachfragegerecht bedient werden können. Regional- und Auslieferungsläger können auch unter Kostengesichtspunkten betrieben werden. Das Betreiben weiterer dezentraler Läger ist so lange rentabel, wie die zusätzlich entstehenden Lagerkosten die eingesparten Transportkosten nicht überschreiten.
Eng verknüpft mit der Problematik der Art und Anzahl der Läger ist die Standortfrage. Die wichtige Wahl eines Lagerstandorts hängt insbesondere von folgenden Faktoren ab:

- Realisierungsqualität: Der Lagerstandort muß die von den Nachfragern erwartete Realisierungsqualität im vollen Umfang realisierbar machen.
- Absatzpotential: Das Einzugsgebiet des Lagers muß längerfristig einen rentablen Auslastungsgrad des Lagers gewährleisten.
- Verkehrsanknüpfung: Der Standort muß die für die An- und Auslieferung benötigten infrastrukturellen Voraussetzungen (Wasserstraße, Schiene, Flugplatz) bieten.
- Arbeitskräfte: Im näheren Umkreis des Lagerstandorts muß ein den speziellen Anforderungen gerecht werdendes Arbeitskräftepotential existieren.

Das Problem des Lagerstandorts wird in zunehmendem Maße auch durch Anwendung mathematischer Verfahren zu lösen versucht. Die Verfahren geben i.d.R. sehr wesentliche Anhaltspunkte über den optimalen Standort. Der letztendliche Standort ist aber dennoch auf Grund der örtlichen Gegebenheiten zu bestimmen (vgl. Pfohl, H.-C.; 1972, S. 114 ff.).

4.3.2.3 Lagersystemplanung. Die Lagersystemplanung befaßt sich mit dem gesamten Problemkreis der Lager-, Transport- und Bestandsfunktion innerhalb eines Lagers. D.h. sie versucht die Zielvorgaben aus der Konzeption für den lagerinternen Bereich durch entsprechende Gestaltung oder Einplanung der Lagergebäude, -einrichtungen und -transportmittel zu verwirklichen. Konkret hat die Lagersystemplanung dafür zu sorgen, daß eine ausreichende Lagerkapazität, ein sicheres Auffinden der gelagerten Versorgungsobjekte, eine Minimierung der lagerinternen Transportwege, eine optimale Raumausstattung, eine einfache Lagerverwaltung und ein an Markt- und Objektänderungen anpassungsfähiges Lagersystem gewährleistet ist.
Zur Verwirklichung der oben aufgezählten Aufgaben existieren u.a. bei Lagergebäuden:
- Flachläger, mittelhohe Läger und Hochregalläger (mit Stapelhöhen bis 6 m, bis 12 m und über 12 m),
- für lagerinterne Transportvorgänge: Flurfördermittel (Wagen, Stapler, etc.), Kräne, Förderbänder und Aufzüge und
- für Lagereinrichtung: Regale, Schränke, Behälter, Paletten, Durchlaufregale, Verpackungsgeräte und Palettenbeladungsgeräte.

Welche technischen Möglichkeiten zur Verwirklichung der Lager- und Bestandsfunktion am besten geeignet sind, hängt insbesondere von der Art der Versorgungsobjekte (Größe, Gewicht, physikalisch-technische Eigenschaften), der Anzahl der zu lagernden Objekte, der Anzahl und dem Umfang der Aufträge ab (vgl. Krulis-Randa, J. S.; 1977, S. 207 ff. und Kunz, D.; 1977, S. 3 ff.).

4.3.2.4 Lagerbestandsplanung. Die Lagerbestandsplanung beschäftigt sich grundsätzlich mit allen Beständen von Rohmaterialien, Produktionshilfsstoffen, Halbfertigfabrikaten und fertigen Versorgungsobjekten in einer Einzelwirtschaft. Im Rahmen der Absatz-Realisierung soll jedoch nur die Bestandsplanung von fertigen Versorgungsobjekten in Absatzlägern betrachtet werden. Die Aufgabe der Lagerbestandsplanung ist, welche Anzahl bzw. Menge an Versorgungsobjekten auf Lager gehalten werden soll, um ein bestimmtes Niveau bzw. eine maximale Realisierungsqualität bei minimalen bzw. bestimmten Kosten zu erreichen. Die Lagerbestandsmengen werden insbesondere determiniert durch die Höhe und Variabilität der Nachfrage, durch unterschiedlichste Kosten, durch die Wiederbeschaffungszeit und Realisierungszuverlässigkeit der Lieferanten.

Ist die Nachfrage nach den Versorgungsobjekten, bezogen auf die Menge und die Zeit, relativ gleichmäßig oder sicher prognostizierbar, so können die Lagerbestände entsprechend niedrig gehalten werden. Unterliegen jedoch die Abgänge größeren Schwankungen und sind sie schlecht prognostizierbar, so werden die Lagerbestände deutlich höher sein müssen.

Der Kostenfaktor muß hinsichtlich zweier Arten differenziert werden. Dies sind zum einen Kosten, die mit der Anzahl der Bestellungen steigen, jedoch unabhängig von der Bestellmenge sind. Zu diesen Kosten zählen vor allem Rüstkosten der Produktion, Kosten der Auswahl eines Lieferanten, Auftragsabwicklungs- und -überwachungskosten. Die zweite Art sind Kosten, die mit zunehmender Bestell- bzw. Produktionsmenge, also mit zunehmendem Lagerbestand steigen. Dies sind Lagerungskosten, Kapitalkosten und Kosten der Veralterung bzw. des Schwunds. Diese beiden Kostenarten implizieren ein unterschiedliches Bestell- und Bestandsmengenverhalten. Die ersteren verlangen wenige Bestellungen aber große Bestellmengen, die zweiten verlangen einen kürzeren Bestellzyklus mit kleinen Bestellmengen. Aufgabe des Realisierungsmanagements ist es, beide Kostenarten im Sinne einer Gesamtkostenminimierung zu optimieren.

Die Wiederbeschaffungszeit ist die Zeitspanne vom Zeitpunkt der Bestellung durch das Realisierungsmanagement bis zum Vorhandensein des bestellten Versorgungsobjekts an seinem kommissionierfähigen Platz. Dies bedeutet, daß die Wiederbeschaffungszeit der Realisierungszeit nur aus umgekehrter Sicht entspricht, bei 1. Anbietern aber gegebenenfalls um die Produktionsdauer zu verlängern ist. Je kürzer nun die Wiederbeschaffungszeiten sind, desto geringer können folglich die Lagerbestände gehalten werden.

Als letzter wesentlicher Einflußfaktor ist die Realisierungszuverlässigkeit des Lieferanten zu nennen. Auch hier ist der Zusammenhang offensichtlich: Je unzuverlässiger ein Lieferant ist, desto größer müssen die Lagerbestände sein (vgl. Kirsch, W., Bamberger, I., Gabele, E., Klein, H. K.; 1973, S. 315 ff.).

4.3.3 Ausführung

Die Ausführung der Absatz-Realisierung befaßt sich mit der Umsetzung der in der Planung antizipierten und allen in der Realität existierenden Tätigkeiten und Vorgängen der Absatz-Realisierung. Zur besseren Darstellung und Analyse soll eine Zwei-Ebenen-Betrachtung vorgenommen werden. Es wird im folgenden in eine Informations-Prozeß- und Objekt-Prozeß-Ebene unterschieden.

4.3.3.1 Informations-Prozeß-Ebene. Die Informations-Prozeß-Ebene umfaßt alle Informations- und Kommunikationsprozesse, die zur Ausführung der Absatz-Realisierung notwendig sind. Sie haben auslösende, steuernde, regelnde, gestaltende und kontrollierende Funktionen für den gesamten Realisierungsprozeß und insbesondere für die Objekt-Prozeß-Ebene. So wird beispielsweise die Absatz-Realisierung erst in Gang gesetzt mit dem Kommunikationsprozeß der Auftragsübermittlung bzw. -annahme, die kommissionierten Versorgungsobjekte erst zur beschaffenden Einzelwirtschaft transportiert nach Erstellung der Transportpapiere und -unterlagen und der konkrete Realisierungsvorgang ist erst mit der Kontrolle der eingegangenen Gegenleistung abgeschlossen.
Daneben ist noch in unternehmensinterne und -externe Kommunikationsprozesse zu differenzieren. Denn neben den oben exemplarisch dargestellten internen Kommunikationsprozessen existieren in der Realisierungsphase auch Kommunikationsprozesse zwischen der beschaffenden Einzelwirtschaft und Kunden aber auch mit Markthelfern, wie Spediteure, Transporteure, Factoring-Instituten oder Versicherungen. Neben der Anforderung der Gegenleistung wird mit der beschaffenden Einzelwirtschaft zur Bestätigung des Auftragseingangs, zur Übermittlung der Lieferzeiten oder eventueller Fehlmengen in Kommunikation getreten. Folgende Tätigkeiten und Aufgaben können als die wesentlichsten der Informations-Prozeß-Ebene bezeichnet werden: Alle Aufgaben der Auftrags-Übermittlung, -Aufbereitung und -Umsetzung, Erstellung der Kommissionierungsunterlagen, vorläufige interne Fakturierung, Abgleich der kommissionierten mit der bestellten Menge, Erstellung der Transportunterlagen (Lieferscheine, Ladelisten, Fahrtrouten, Fracht- und Zollpapiere), Fakturierung, Anforderung der Gegenleistung, ggf. Annahme der Gegenleistung und Zahlungseingangskontrolle (vgl. Krulis-Randa, J. S.; 1977, S. 258 ff.).

4.3.3.2 Objekt-Prozeß-Ebene. Die Objekt-Prozeß-Ebene schließt alle real-physischen Tätigkeiten, die mit der Absatz-Realisierung in Zusammenhang stehen, also Lagerhaltung im weitesten Sinne, Kommissionierung und Transport, mit ein. Auch die Annahme der Gegenleistung zählt im Fall der Barzahlung oder des Realgütertauschs zur Objekt-Prozeß-Ebene. Das immer weiter verbreitete Begleichen des Rechnungsbetrags durch eine bargeldlose Umbuchung hat zur Folge, daß die Annahme der Gegenleistung zu einem Informationsprozeß wird. Der ursächliche Objektprozeß wird hier lediglich auf eine unbestimmte Zeit verschoben, da der Nachweis (Buchungsbeleg z. B.) einer auf diese Art erhaltenen Gegenleistung jederzeit in ein Nominal- oder Realgut umgetauscht werden kann.
Noch mehr wie auf der Informations-Prozeß-Ebene kann hier ein

Großteil der Aufgaben und Tätigkeiten auf den Nachfrager bzw. die beschaffende Einzelwirtschaft verlagert werden. Als Beispiel par excellence kann der SB-Handel herangezogen werden, der alle Tätigkeiten der Kommissionierung und des Transports auf seine Kunden verlagert und auf der Objekt-Prozeß-Ebene nur noch die Lagerhaltung und das Inkasso übernimmt.

4.3.4 Kontrolle

Die Kontrolle hat die Aufgabe, die Ziele der Konzeption und die Soll-Vorgaben der Planung mit den tatsächlich erreichten Ergebnissen der Ausführung zu vergleichen und etwaige Abweichungen zu registrieren. Ausgehend von der Tatsache, daß die Absatz-Realisierung nicht nur eine kostenverursachende Hilfsfunktion des Verkaufs ist, sondern eine eigenständige Teilfunktion im Marketing einer Einzelwirtschaft mit einer nicht zu unterschätzenden akquisitorischen Wirkung ist, so sollte die Absatz-Realisierung eigentlich an ihrem Beitrag zum Umsatz oder Ertrag einer Einzelwirtschaft gemessen werden. Dieser Anspruch läßt sich jedoch nicht verwirklichen, da in der Praxis kaum feststellbar ist, welcher Prozentsatz des Umsatzes oder des Unternehmenserfolgs auf die Absatz-Realisierung direkt zurückzuführen ist.[38] Deshalb muß die Kontrolle der Absatz-Realisierung auf die realisierungsinternen Ziele und Planvorgaben zurückgreifen.

Die Kontrolle der Absatz-Realisierung kann in zwei Prioritätsstufen unterteilt werden. Ausgehend von einer marketing-orientierten Unternehmensausrichtung sind alle Tätigkeiten und Vorgänge, die direkt oder indirekt mit dem Außenverhältnis einer absetzenden zur beschaffenden Einzelwirtschaft in Verbindung stehen, zur ersten Prioritätsstufe zu zählen. Sie haben erste Kontrollpriorität, da hier negative Abweichungen von den Soll-Vorgaben, als Beispiele können die Realisierungszeit oder -zuverlässigkeit ausgeführt werden, oft sehr schnell zu hohen Absatzeinbußen und schwer wiedergutzumachenden Imageverlusten führen können. Zur zweiten Prioritätsstufe können alle rein realisierungsinternen Tätigkeiten und Kommunikationsprozesse und die Kosten gezählt werden. Abweichungen von der Soll-Vorgabe sind zwar auch hier von großer Bedeutung, jedoch sind ihre Auswirkungen bei weitem nicht so marktstellungsbeeinträchtigend. Zur Kontrolle der

38 Es existieren nur sehr wenige Untersuchungen mit dem Absatz-Realisierungs/Unternehmenserfolg-Zusammenhang als Untersuchungsobjekt. Der Teilaspekt Lieferzeit-Absatzerfolg wurde von W. Engels, in: Lieferzeit und Lieferzeitpolitik – Die Lieferzeit als Parameter einer Absatzprognosefunktion in einem Textilunternehmen, in: ZfB., 39. Jahrgang, 1/1969, S. 35ff., untersucht.

oben dargestellten Leistungsbereiche der Absatz-Realisierung existieren eine Vielzahl von Kennzahlen und -systemen, auf deren explizite Darstellung jedoch hier verzichtet werden soll.[39]
Die Ergebnisse der Kontrolle müssen letztendlich auch wieder als Input sowohl in die Konzeption und Planung der Absatz-Realisierung als auch in das Marktprogramm eingehen. Bei signifikanten Abweichungen von den Soll-Vorgaben ist zu untersuchen, ob die Ziele und Soll-Vorgaben, die auf der Basis von systematischen Analysen aber auch auf persönlicher Einschätzung des Realisierungsmanagements beruhen, zu realisieren sind. Erweisen sich die Soll-Vorgaben als durchaus realistisch und verwirklichbar, so sind der Realisierungsprozeß und/oder die Unternehmensfaktoren entsprechend zu ändern oder neu zu gestalten (vgl. Krulis-Randa, J. S.; 1977, S. 186 ff.).

Literaturverzeichnis

Bentz, S. (1983); Kennzahlensysteme zur Erfolgskontrolle des Verkaufs und Marketing-Logistik, Band 8 der Schriften zum Marketing, hrsg. von H. Meffert, Frankfurt u.a. 1983.

Bidlingmaier, J. (1973b); Marketing 2, Reinbek bei Hamburg 1973.

Bowersox, J. D. (1969); Physical Distribution Development, Current Status and Potential, in: Marketing Journal, Vol. 33, 1969, S. 63–70.

Engelhardt, H., Schuster, F. (1980); Kompensationsgeschäfte – Erscheinungsformen und Marketing-Probleme, in: zfbf, 1980, S. 103–120.

Engels, W. (1969); Lieferzeit und Lieferzeitpolitik – Die Lieferzeit als Parameter einer Absatzprognosefunktion in einem Textilunternehmen, in: zfB., 39. Jahrgang, 1/1969, S. 35–46.

Hack-Unterkircher, E. (1978); IV. Absatzdurchführung (Distribution), in: Integrierte Marketingfunktionen, Absatz, Beschaffung und Öffentlichkeitsarbeit, hrsg. von P. W. Meyer und A. Hermanns, Stuttgart u.a., 1978, S. 102–122.

Havighorst, D. (1980); Konzept und Leistungspotential der Marketing-Logistik, Weinheim 1980.

Kirsch, W., Bamberger, I., Gabele, E., Klein, H. K. (1973); Betriebswirtschaftliche Logistik. Systeme, Entscheidungen, Methoden, Wiesbaden 1973.

Kotler, P. (1995); Marketing-Management, Analyse, Planung, Umsetzung und Steuerung, 8. Auflage, Stuttgart 1995.

Krulis-Randa, J. S. (1977); Marketing-Logistik. Eine systemtheoretische Konzeption der betrieblichen Warenverteilung und Warenbeschaffung, Band 21 der Schriftenreihe des Instituts für betriebswirtschaftliche Forschung an der Universität Zürich, hrsg. von E. Rühli, Bern und Stuttgart 1977.

39 Eine ausführliche Darstellung der Kennzahlen und -systeme mit einem Anwendungsbeispiel findet sich bei Bentz, S.; 1983, S. 184 ff.

Kunz, D. (1977); Untersuchung über den Einfluß der Struktur von Warenverteilungsnetzen auf die Distributionskosten, in: Forschungsberichte des Landes Nordrhein-Westfalen, Opladen 1977.

Meyer, P. W. (1973); Die machbare Wirtschaft, Grundlagen des Marketing, Essen 1973.

Möllers, P. (1974); Lagerpolitik, in: Handwörterbuch der Absatzwirtschaft, hrsg. von B. Tietz, Stuttgart 1974, Sp. 1181–1191.

Moser, R., Topritzhofer, E. (1978); Gegengeschäfte – Ein Systematisierungsversuch, in: Journal für Betriebswirtschaftslehre, 4/1978, S. 190–195.

Mossman, F. H., Morton, N. (1965); Logistics of Distribution Systems, Boston 1965.

O. V. (1984a); Einzelhandel: Cash oder Karte, in: absatzwirtschaft, 10/84, S. 52–55.

Poth, L. G. (1970); Praxis der betrieblichen Warenverteilung – Marketing – Logistik, Band 4 der Schriftenreihe Marketing, Düsseldorf 1970.

Poth, L. G. (1973); Praxis der Marketing-Logistik, Heidelberg 1973.

Pfohl, H.-C. (1972); Marketing-Logistik. Gestaltung, Steuerung und Kontrolle des Warenflusses im modernen Markt, Mainz 1972.

Sabath, R. E. (1978); How Much Service Do Customers Really Want?, in: Business Horizons, Vol. 21/2 1978, S. 33 ff.

Schäfer, E. (1943); Die Aufgabe der Absatzwirtschaft, Heft 1 der Beiträge zur Handels- und Absatzforschung, Leipzig 1943.

Seyffert, R. (1972); Wirtschaftslehre des Handels, hrsg. von E. Sundhoff, Opladen 1972.

Sharman, G. (1985); Die Wiederentdeckung der Logistik, in: Harvard Manager, 3/1985, S. 47–53.

Specht, G. (1992); Distributionsmanagement, 2. Auflage, Stuttgart u. a. 1992.

Symkay, E. W., Bowersox, J. D. Mossman, F. H. (1961); Physical Distribution Management: Logistics Problems of the Firm, New York, London 1961.

Tempelmeier, H. (1980); Standortoptimierung in der Marketing-Logistik, Band 23 der Beiträge zur Datenverarbeitung und Unternehmensforschung, hrsg. von A. Angermann, Hain 1980.

Wagner, G. R. (1978); Lieferzeitpolitik, Wiesbaden 1978.

3. Kapitel

Die Funktionen des Beschaffungs-Marketing

von HERBERT J. LIPPMANN* / PAUL W. MEYER

1. Der Beschaffungsbegriff im Marketing-System

Auf dem 10. Deutschen Einkäufer-Kongreß 1976 in Düsseldorf stellt Erwin Grochla fest, »daß auch die neuen Entwicklungen in der Betriebswirtschaftslehre an den Fragen der Beschaffung vorbeigegangen sind« (Grochla, E.; 1977, S. 183). Seine Vorschläge münden in der Forderung nach einem Beschaffungs-Marketing (vgl. Grochla, E.; Schönbohm, P.; 1980, S. 8 ff.).
Tatsächlich hält die Beschaffungsliteratur einen quantitativen Vergleich mit dem Schrifttum über das Absatz-Marketing nicht stand. Aus den unterschiedlichen Marktsituationen (Käufermarkt = Absatzprobleme, Verkäufermarkt = Beschaffungsprobleme) heraus ist jedoch erklärbar, warum grundlegende Beschaffungsliteratur, die 1911 von Schär (vgl. Schär, J. F.; 1923) begonnen wurde, in den 50er Jahren abrupt endet. Mit dem erneuten Auftreten von Versorgungsengpässen seit Anfang der 70er Jahre erscheint nunmehr wiederum neue Grundlagenliteratur, besonders zu Organisations- und Entscheidungsproblemen beschaffender Betriebe. Jedoch ist auch die neuere Literatur mit der Problematik unterschiedlicher Begriffe behaftet, so daß es den hier verwendeten Beschaffungsbegriff näher zu erläutern gilt.

1.1 Beschaffung im Versorgungssystem Markt

Im Markt tritt die beschaffende Einzelwirtschaft (Unternehmen jeglicher Art, Verbände, Organisationen, staatliche Institutionen sowie Ein- und Mehrpersonen-Haushalte) als Nachfrager nach Objekten auf. Sie muß Anbieter finden, die über diese Objekte verfügen und die be-

* Dipl. oec. Dr. rer. pol. Herbert Lippmann, geschäftsführender Gesellschafter Marketing Consult GmbH, München.

reit sind, im Falle einer Einigung die gewünschten Objekte gegen Überlassung einer Gegenleistung abzugeben. Produktionsmittel, Dienstleistungen und kleinere Investitionsobjekte werden im industriellen Bereich von der Einkaufsabteilung aus unterschiedlichen Märkten beschafft, wobei für Einkaufsleistungen durchschnittlich über 50 % der Umsatzerlöse aufgewendet werden müssen (vgl. Straub, F.; 1974, S. 18). Aufwendige Investitionsobjekte im Sinne des Anlagevermögens werden einzeln aus dem Markt beschafft. Ihr Gesamtwert pro Periode, die Bruttoinvestition, ist abhängig von der Investitionsentscheidung der konkreten Einzelwirtschaft. Da im Markt jeder Leistung eine Gegenleistung, meist in Form von Geld, entgegensteht (vgl. Kappler, E.; Rehkugler, H.; 1978, S. 670, bedingt die Beschaffung der genannten Objekte die Verfügungsmacht über Kapital, so daß Sundhoff von einer zweistufigen Beschaffung spricht, deren erste Stufe durch die Kapitalbeschaffung und deren zweite Stufe durch die Umwandlung des Kapitals in Versorgungsobjekte gekennzeichnet ist (vgl. Sundhoff, E.; 1958, S. 20). Verfügt die Einzelwirtschaft nicht selbst über genügend Kapital, so bietet sich als eine Finanzierungsmöglichkeit der externe Kapitalmarkt an. Ein weiterer Markt, auf dem arbeitsteilige Einzelwirtschaften als Nachfrager auftreten, ist der Personal- oder Arbeitsmarkt. Die Tatsache, daß auf diesem Markt von Menschen erbrachte Dienste als Erstellungs- und Dienstleistungen angeboten und nachgefragt werden, gibt ihm gegenüber den Waren-, Chancen- und Objektsystem-Märkten eine Sonderstellung, die allerdings an der grundsätzlichen Beschaffungsaufgabe nichts ändert.
Die Reihe der Beschaffungsmärkte ließe sich beliebig fortführen, je nachdem, welches Gliederungskriterium zugrunde gelegt wird. Wichtig ist die Erkenntnis, daß die Einzelwirtschaft zur Deckung ihrer Bedarfe in verschiedenen Märkten als Nachfrager nach unterschiedlichen Objekten auftritt. Zu prüfen ist nun, welche Objekte in der Beschaffungslehre Berücksichtigung finden.

1.2 Objektumfang der Beschaffung

Die Frage nach dem Objektumfang der Beschaffung ist im Hinblick auf das zu untersuchende Marketing von zentraler Bedeutung, da ihre Beantwortung die Anzahl der unterschiedlichen Außenkontakte, also die Spannweite des Beschaffungsmarketing determiniert.
Weder in der deutschsprachigen, noch in der angelsächsischen Beschaffungsliteratur besteht hinsichtlich des Objektumfangs Einigkeit. Die teilweise synonym verwendeten Begriffe »Beschaffung« und »Einkauf« bzw. »procurement« und »purchasing« beziehen sich jedoch alle zumindest auf die Beschaffung von Materialien, gemeint sind Roh-, Hilfs- und Betriebsstoffe. Oft wird auch die Beschaffung von Anlagen und

Diensten in die Betrachtung einbezogen, wo hingegen die Beschaffung von Personal und Kapital überwiegend ausgeklammert wird (vgl. z.B. Heger, H.; 1957, S. 15; Mellerowicz, K.; 1963, S. 218; Meyer, W.; 1951, S. 5 und Berg, C. C.; 1981). Bemerkenswert ist, daß sehr frühe Ansätze, z.B. von Rogowsky (vgl. Rogowsky, B.; 1926, Sp. 1026) und Banse (vgl. Banse, K.; 1938, Sp. 731) mit einem alle Objekte umfassenden Beschaffungsbegriff arbeiten. Parallel zur fortschreitenden Spezialisierung der Betriebswirtschaftslehre entwickeln sich in der Beschaffungslehre spezielle Ansätze für einzelne Objekte, die als praxisorientiert bezeichnet werden können, und es ist Stark durchaus beizustimmen, wenn er feststellt, daß die praxisrelevanten Besonderheiten bei produktspezifischen Beschaffungstechnologien besser herausgearbeitet werden können (vgl. Stark, H.; 1977, S. 18). Sundhoff liefert hierzu eine verständliche Systematik, in der er ausgehend von der Beschaffung im weitesten Sinne einzelne Objekte ausgliedert, bis er zur Beschaffung im engsten Sinne kommt, die identisch mit dem Einkauf ist (vgl. Sundhoff, E.; 1958, S. 25).

Aus dem Blickwinkel der Theorie kann anders argumentiert werden. Da hier die Realität verdichtet und systematisiert werden soll, ist es wichtig, zu erkennen, daß es sich bei allen Aktivitäten auf den Beschaffungsmärkten »im Grund immer um vom Ablauf und vom System her gleiche Beschaffungsvorgänge handelt« (Meyer, P. W.; 1976a, S. 11), so daß die Unterschiede zwischen einzelnen Beschaffungsobjekten zugunsten gemeinsamer Verrichtungen in den Hintergrund treten können. Diese Vorgehensweise, die schon in der Absatz- und Fertigungswirtschaftslehre angewandt wurde (vgl. Grochla, E., Kubicek, H.; 1976, S. 261), impliziert einen weiteren Objektumfang, d.h. daß eine objektmäßige Einschränkung nicht erfolgen soll. Die Beschaffungsfunktion erstreckt sich demnach auf alle Objekte, deren eine Einzelwirtschaft zur Zielerreichung bedarf, also – wie erwähnt – auf Waren, Dienste, ökonomische Chancen und Objekt-Systeme.

1.3 Beschaffung und Beschaffungs-Marketing

Die Beschaffungsaufgabe endet, wenn die Einzelwirtschaft mit den benötigten Objekten versorgt ist. Die Beschaffungsfunktion ist also erfüllt, wenn die Objekte zur Erfüllung der einzelnen Funktionen zur Verfügung stehen. Sofern Produkte lagerbar sind, muß das Eingangslager der Beschaffung zugerechnet werden. Dies erscheint auch deshalb sinnvoll, weil die Beschaffungsentscheidung unter Kostenaspekten nicht nur den niedrigen Einstandsstückpreis beim Bezug größerer Mengen berücksichtigen darf, sondern auch die mengenabhängigen Kosten des Wareneingangslagers beachten muß.

Beschaffung kann damit definiert werden als Summe der Tätigkeiten, die der Erlangung und Bereitsstellung aller für die Tätigkeit der Einzel-

wirtschaft erforderlichen Versorgungsobjekte dienen. Die Beschaffung kann kein organisatorisches Gebilde sein, denn über die Verteilung der Tätigkeiten auf Stellen, Abteilungen oder Instanzen ist damit nichts ausgesagt. Eine Gleichsetzung mit der Organisationseinheit »Einkauf« ist deshalb nicht zulässig. Auch die Tätigkeit des Einkaufens kann nicht mit der des Beschaffens gleichgestellt sein, da der Abschluß eines Kaufvertrages nur eine Form von mehreren möglichen Beschaffungsverträgen ist.
Marketing setzt im einzelwirtschaftsexternen Bereich an, der gekennzeichnet ist durch vor- und nachgelagerte Märkte und durch die Beziehung zur sozialen Umwelt. Beschaffungs-Marketing bezieht sich nur auf die Märkte, aus denen heraus sich die Einzelwirtschaft versorgt; es handelt sich hier also um eine Marketingteillehre, deren Erforschung – wie erwähnt – noch nicht allzuweit fortgeschritten ist.[1] Bislang wurden Systeme entwickelt und praktiziert, die die Anbieter in die Lage versetzten, durch eigene Aktivitäten das Marktgeschehen in ihrem Interesse zu beeinflussen. Der Nachfrager wurde zum scheinbar schutzbedürftigen Subjekt, und das, obwohl der Nachfrager ein gleichberechtigter Partner im Markt ist, dem im Prinzip dieselben Möglichkeiten zur Verfügung stehen. Eigene Aktivität mit dem Ziel der Beeinflussung im Sinne der beschaffenden Einzelwirtschaft ist, ausgehend vom hier beschriebenen Marketing, auch der Kernpunkt des Beschaffungs-Marketing.
Zwei Voraussetzungen müssen für eine erfolgreiche Beeinflussung gegeben sein. Zum einen bedarf es einer klaren Zielsetzung, die als Basis des Beschaffungsmanagements gefunden werden muß. Zum anderen bedarf es der Transparenz des zu verändernden Systems, die nur durch

---

1 Bisher liegen z.B. Arbeiten vor von: Berg, C. C.: Beschaffungsmarketing, Würzburg und Wien 1981; Demarchi, Charles: Beschaffungsmarketing – Ein revolutionäres System zur Gewinnsteigerung, Düsseldorf und Wien 1974; Grochla, E.; Schönbohrn, P.: Beschaffung in der Unternehmung, Einführung in eine umfassende Beschaffungslehre, Stuttgart 1980; Hansen, Ursula: Absatz- und Beschaffungsmarketing des Einzelhandels, Band 1 und 2, Göttingen 1976; Harlander, N.; Platz, G.: Beschaffungsmarketing und Materialwirtschaft, Einkaufsmärkte erforschen und gestalten, 2. Aufl., Stuttgart 1982; Kotler, Philip; Levy, Sidney J: Buying is Marketing too!, in: Journal of Marketing, Vol. 37, H. 1/1973, S. 54–59; Lietz, Jürgen H.: Marketing in der Beschaffung, in: Management-Enzyklopädie, Bd. 4, München 1971, S. 414–425; Lippmann, H.: Beschaffungsmarketing, Grundlagen einer einzelwirtschaftlich-funktionalen Beschaffungslehre, Bielefeld und Köln 1980; Meyer, Paul W.: Die machbare Wirtschaft – Grundlagen des Marketing, Essen 1973; Stark, Heinz: Erfolgreiches Beschaffungsmarketing in der Industrie bei zunehmendem Kostendruck, in: Beschaffung aktuell, 21. Jg., Teil I, H. 10/1974, S. 66–68, Teil II, H. 11/1974, S. 17–18; Treis, Bartho: Beschaffungsmarketing, in: Marketing-Enzyklopädie, Bd. 1, München 1974, S. 249–260.

eigene Forschung zu gewinnen ist. Zielbestimmung und Systematik sind wesentliche Kennzeichen des Beschaffungs-Marketing, das damit definiert werden kann als Summe der Beeinflussungsverfahren und der dazugehörigen Forschung, die von der nachfragenden Einzelwirtschaft zur Beschaffung aller für ihre Tätigkeit notwendigen Versorgungsobjekte von anderen Einzelwirtschaften eingesetzt werden können.

2. Die funktionale Systematik des Beschaffungs-Marketing

Alle funktionalen Analysen in der Betriebswirtschaft erkennen die Beschaffung als eine Funktion, auf die nicht verzichtet werden kann. Hierbei wird der verrichtungsorientierte Funktionsbegriff (vgl. Bratschitsch, R.; 1974, Sp. 1597) zugrunde gelegt, wie schon bei der Begriffsdefinition deutlich geworden ist. Um über die komplexe Beschaffungsfunktion Näheres aussagen zu können, ist die Hauptfunktion systematisch in Teil-, gegebenenfalls in Unterfunktionen einerseits, in Managementfunktionen andererseits zu gliedern. Diese Untergliederung kann jedoch nur soweit erfolgen, solange die gewonnenen Erkenntnisse für alle Einzelwirtschaften anwendbar bleiben. Der breiten institutionalen Anwendbarkeit wird der Vorzug gegeben. Anders wäre das Vorgehen im Rahmen der Organisationsforschung. Dort bestünde Interesse an der Tiefe der Gliederung, so daß die Aufgabenanalyse zu »analytischen Teilaufgaben niedrigster Ordnung« (Hoffmann, F.; 1976, S. 125) führen würde, die dann im Rahmen der Aufgabensynthese zu Organen zusammengefügt würden. Da das einzelne Organ entbehrlich sein oder werden kann, werden die Funktionen als das Primäre und Unabdingbare (vgl. Schäfer, E.; 1955, S. 22) hier näher betrachtet. Die im folgenden beschriebene Untergliederung geht auf Paul W. Meyer (vgl. Meyer, P. W.; 1973, S. 58 ff.) und Erich Schäfer (vgl. Schäfer, E.; 1974a, S. 131 ff.) zurück.

2.1 Beschaffungsvorbereitung

Untersuchungen zum Kaufverhalten (vgl. Schulz, R.; 1972; Tostmann, Th. M.; 1982, S. 109 ff.) haben ergeben, daß Individuen und Gruppen mit Ausnahme des programmierten oder habituellen Kaufs einen Entscheidungsprozeß durchleben, dessen Intensität unterschiedlich sein kann, der aber immer das Sammeln und Bewerten unterschiedlicher Informationen zum Inhalt hat. In dieser Phase bereitet sich der Nachfrager auf die folgende Marktteilnahme vor, womit bereits eine unterscheidbare Teilfunktion gefunden ist. Marktforschung und Programmerstellung für die zukünftige Marktteilnahme charakterisieren die erste Teilfunktion des Beschaffungsmarketing.

2.1.1 Beschaffungsmarktforschung

Drei Unterfunktionen werden unter dem Begriff »Marktforschung« zusammengefaßt und zwar aus der Überlegung heraus, daß die Marktforschung zuerst die Gewinnung aller als relevant erachteten Daten zu besorgen hat, um nach der Datenaufbereitung die gewonnenen Informationen interpretieren zu können. So gesehen unterscheidet sich die Beschaffungsmarktforschung durch nichts von der bekannteren Absatzmarktforschung (vgl. Schmidbauer, B.; 1971, S. 285; Strache, H.; 1982, S. 15 ff.; Stangl, U.; 1985, S. 26 ff.), außer daß ihre Blickrichtung in die der Einzelwirtschaft vorgelagerten Beschaffungsmärkte geht. Die weiteren Ausführungen werden jedoch zeigen, daß die Beschaffungsmarktforschung spezielle Charakteristika aufzuweisen hat.

Das Budget der Marktforschung ist begrenzt. Deshalb ist gründliche Forschung für alle Objekte nicht möglich; es muß selektiert werden. Mögliche Einteilungskriterien sind:

- Die Marktsituation; es wird den Objekten Priorität eingeräumt, die aus Verkäufermärkten beschafft werden müssen.
- Das Störpotential eines Objektes; intensiv geforscht werden soll für die Objekte, deren Nichtvorhandensein die Einzelwirtschaft am empfindlichsten stört.
- Der Verbrauchsanteil eines Objektes pro Periode; die Einteilung innerhalb der einzelnen Objektkategorien erfolgt mit Hilfe der ABC-Analyse (vgl. Lietz, J. H.; Lissa, H.; 1975, S. 78 ff.). Ein Durchschnittswert aus der Praxis zeigt, daß z.B. 15 % der beschafften Artikel 65 % des Einkaufsvolumens verbrauchen (A-Produkte). Deren Beschaffung sollte auf jeden Fall marktforscherisch abgesichert sein. Bei B-Produkten ist fallweise abzuschätzen, ob den durch die Beschaffungsmarktforschung entstehenden Kosten ein entsprechender Nutzen gegenübersteht. Für C-Podukte wird in der Regel nicht intensiv geforscht.

Die Einteilung nach Verbrauchsanteilen eignet sich bei einigermaßen regelmäßig benötigten und bei teuren Objekten. Sie ist ungeeignet zur Klassifikation von Personal und Kapital. Das Störpotential ist bei jedem Objekt nachweisbar, aber schwierig zu messen. Leicht zu handhaben und zutreffend für alle Objekte ist die Einteilung anhand der Marktsituation. Mischformen, in der Form, daß unterschiedliche Kriterien an unterschiedliche Objekte angelegt werden, sind denkbar.

Ausgangspunkt des Absatzmarketing ist der Kunde, der Nachfrager oder der Verwender. Informationen über ihn liefert die Verwenderforschung. Übertragen auf die Beschaffung bedeutet dies, daß der Ausgangspunkt dieser Marketingbemühungen der Verwender, also die beschaffende Einzelwirtschaft selbst sein muß. Der nach außen gerichteten Verwenderforschung der Absatzseite entspricht die nach innen gerichtete Bedarfsforschung auf der Beschaffungsseite. Soll der eigentlich zu eng gefaßte Begriff der Marktforschung nicht durch »Marketingforschung« ersetzt werden, so muß er zumindest im Sinne von Markt- und Verwenderforschung interpretiert werden, da nur dann deutlich wird, daß die Beschaffungsmarktforschung in zwei Richtungen aktiv wird, nämlich extern und intern. Da der Verwender, nämlich die beschaffende Einzelwirtschaft, bekannt ist, geht es nur noch um die Ermittlung ihrer Bedarfe, so daß nur die Beschaffungsforschung als Teil der Verwenderforschung relevant ist.

2.1.1.1 Bedarfsforschung als interne Bedarfsanalyse. »Der Beschaffungsvorgang beginnt mit der Ermittlung des zu deckenden betrieblichen Bedarfs« (Sundhoff, E.; 1958, S. 150). Dies ist nicht, wie Dörsch in bezug auf Dienstleistungen meint, ausschließlich Aufgabe des Bedarfsträgers (vgl. Dörsch, W.; 1974, S. 466), sondern eine Aufgabe, die in Zusammenarbeit des Bedarfsträgers mit der Beschaffungsmarktforschung gelöst werden sollte, denn die Marktkenntnis kann die Bedarfsfestlegung beeinflussen. Außerdem wirkt sich die Bedarfsdeckung auf die Beschaffungskosten aus, wodurch eine Alleinverantwortung des Bedarfsträgers eigentlich ausgeschlossen ist.
Die mengenmäßige Bedarfsbestimmung bei Einkaufsgütern ist direkt abhängig von der kurz- und mittelfristigen Absatzlage. Bei Vollbeschäftigung ist die Berechnung z.B. über Stücklisten leicht und exakt möglich. Risikoreicher werden die Ergebnisse, wenn sie auf Schätzungen basieren. Vorausberechnungen für Investitionsgüter, für Patente, Lizenzen oder Rechte hängen auch von der Einschätzung der Zukunft ab, sind aber eher mittel- bis langfristig angelegt. Die Länge der Planungsperiode erhöht die Schwierigkeit der quantitativen Bedarfsermittlung.
Ebenso schwierig ist das Problem der qualitativen Bedarfsermittlung zu lösen. Sofern keine verbindlichen Normen vorliegen, stellen die Ansprüche des Bedarfsträgers für den Beschaffenden, der nach wirtschaftlichen Lösungen strebt, keine unumstößlichen Forderungen dar. Je nach Bedeutung des benötigten Objektes kann genau untersucht werden, ob die qualitativen Anforderungen an das Objekt zwangsläufig notwendig sind. Als Hilfsmittel für die Bedarfsforschung bietet sich die Wertanalyse (vgl. Trautmann, W. P.; 1960) an, die mithelfen kann, für den Bedarfsträger hinreichend geeignete Problemlösungen zu finden. Der Abbau unnötiger Qualitätsforderungen wirkt sich direkt auf die Beschaffungskosten aus.
Eine Untersuchung hat ergeben, daß das Beschaffungswesen in etwa 30 % der Unternehmen die Richtigkeit der angeforderten Bedarfsmenge überprüft (vgl. o.V.; 1977, S. 65). Über ein Mitspracherecht bei der Festlegung des qualitativen Bedarfs ist nichts ausgesagt. Im Personalbereich scheint diese Koordination bereits besser gelöst zu sein,

denn die Personalabteilung arbeitet mit den Bedarfsträgern in der Regel eng zusammen.
Als Ergebnis der hier als Bedarfsforschung benannten Tätigkeit sollen die benötigten Objekte quantitativ, qualitativ und zeitlich genau bestimmt sein. Die Bedarfsforschung legt damit die Grundlage für die anschließende Markterforschung und Marktbearbeitung (vgl. z.B. Bahlmann, A. R.; 1982).

2.1.1.2 Externe Beschaffungsmarktforschung. Während die Bedarfsanalyse für alle benötigten Objekte erstellt werden muß, kann externe Marktforschung nur schwerpunktmäßig betrieben werden. Die möglichen Auswahlkriterien wurden bereits genannt. Auszuschließen sind nun noch diejenigen Objekte, deren Beschaffungsquellen und -wege unverrückbar festgelegt sind, z.B. durch Konzernbindungen oder Gegengeschäftsvereinbarungen. Damit sind die bedarfsbezogenen Forschungsobjekte determiniert.
Bei der bedarfsbezogenen Forschung geht es darum, Versorgungsmöglichkeiten zur Deckung der Bedarfe aufzuspüren, zu analysieren und zu bewerten, und sie für die Beschaffungsentscheidung transparent zu machen. Konkret bedeutet dies, die Beschaffungsquellen[2] (Lieferanten), die Beschaffungskonkurrenz und die Konjunkturlage zu erforschen.
Als Beschaffungsquellen für ein konkretes Objekt werden diejenigen Anbieter betrachtet, die in der Lage sind, genau dieses Objekt zu liefern. Im ersten Schritt sind deshalb alle potentiellen Beschaffungsquellen zu ermitteln, wobei getrennt werden kann in erste Anbieter, die das Objekt selbst erstellen und direkt vermarkten (geschlossener Markt), und Händler (Zwischenanbieter), die am Prinzip der ersten Angebote nichts ändern (Marktketten) (vgl. Meyer, P. W.; 1973, S. 90 ff.), denn im letzteren Fall kann die Erforschung der Marktkette bis zurück zum ersten Anbieter die Bewertung des Zwischenanbieters beeinflussen oder Möglichkeiten zur Verkürzung des Beschaffungsweges offenlegen. Nach der Erfassung der Angebotsseite des Beschaffungsmarktes erfolgt die Beurteilung der einzelnen Beschaffungsquellen im Hinblick auf das zu beschaffende Objekt anhand vom Marktforscher subjektiv festgelegter Beurteilungskriterien. Folgende Kriterien sollten zumindest berücksichtigt werden: Qualität des Objektes, Preis im weitesten Sinne (Arbeitsentgelt bei Arbeitskräften, Zinsen bei Fremdkapital, Produktpreis bei Waren, Chancen und Objektsystemen; Konditionen

2 In der Literatur zur Beschaffungsmarktforschung wird von Lieferantenforschung gesprochen. Beim Bezug von Materialien jeglicher Art ist die Bezeichnung zutreffend. Bei der Betrachtung aller Versorgungsobjekte wird der Bezeichnung »Beschaffungsquelle« der Vorzug gegeben.

und eventuelle Zusatzkosten), Bereitstellungstermin sowie sonstige Charakteristika des Anbieters, wie Image, wirtschaftliche Situation oder technische Leistungsfähigkeit. Bei überschaubar vielen Anbietern werden Vollerhebungen durchgeführt (vgl. Arnold, P.; 1972, S. 461), so daß als Ergebnis der Bezugsquellenforschung eine Reihung der einzelnen Bezugsquellen auf einer Ordinalskala möglich ist.
Relativ selten fragt ein Nachfrager allein ein Objekt auf dem Markt nach, so daß ein Monopson oder ein beschränktes Monopson entsteht. Häufiger sind die Marktformen (vgl. Theisen, P.; 1974, Sp. 339 ff.) des Oligopols oder Polypols anzutreffen, die durch eine Mehrzahl von nachfragenden Einzelwirtschaften gekennzeichnet sind. In diesen Fällen steht dem oben ermittelten Angebot die Nachfrage verschiedener Einzelwirtschaften gegenüber, die als Konkurrenten auf dem Beschaffungsmarkt auftreten. Diese Beschaffungskonkurrenz ist in erster Linie bei den direkten absatzseitigen Konkurrenten zu suchen. Darüber hinaus gibt es meist weitere Einzelwirtschaften, die als Nachfrager für das zu erforschende Gut auftreten. Auch die gilt es zu finden, um die Gesamtnachfrage zu ermitteln, die dem Gesamtangebot gegenübersteht. Typische Märkte hierfür sind der Personal- und der Kapitalmarkt. Je vielfältiger ein Versorgungsobjekt verwendbar ist, desto komplizierter wird die Ermittlung der Beschaffungskonkurrenz. Doch diese Daten sind aussagefähig, denn aus der Relation des eigenen Bedarfs zur gesamten Nachfrage kann für Schlüsselmärkte der eigene Beschaffungsmarktanteil berechnet werden, dessen Kenntnis für die Beschaffungsentscheidung und für das Auftreten in Verhandlungen vorausgesetzt werden muß. Außerdem können bei kontinuierlicher Betrachtung Versorgungsengpässe frühzeitig erkannt und Beschaffungsquellen rechtzeitig gesichert werden. Bei komplexen oder räumlich weit ausgedehnten Märkten werden derartige Untersuchungen für ein Unternehmen zu aufwendig; jedoch gibt es auch hierfür spezialisierte Dienstleister, wie z.B. das Worldwatch Institute in Massachusettes (vgl. Dam, A. van; 1977, S. 32), das durch seine Untersuchungen frühzeitig kommende weltweite Engpässe signalisiert.
Das Verhalten der Wirtschaftssubjekte wird von der kurz-, mittel- und langfristigen Entwicklung der Wirtschaftslage mit beeinflußt. Bei gleichbleibendem Konjunkturverlauf entwickeln sich für regelmäßig benötigte Objekte routinemäßige Beschaffungsprozesse. Beschaffungsentscheidungen für längerfristig zu nutzende Objekte werden planbar: der Personalbedarf ist überschaubar. Eine sich rasch verändernde Konjunktur erfordert Reaktionen der Beschaffung. Bei Materialien müssen Mengen und Beschaffungszeitpunkte der erwarteten Entwicklung angepaßt werden. Bezugsquellen müssen rechtzeitig vor einem Boom gesichert sein; im Extrem werden Spekulationskäufe getätigt. Dadurch wird wiederum die Finanzplanung der Einzelwirtschaft beeinflußt. Gezielte Reaktionen auf sich verändernde Wirtschaftslagen betreffen die

ganze Einzelwirtschaft. Deshalb kann die Konjunkturforschung nicht ausschließlich der Beschaffung zugeordnet werden. Ein koordiniertes Vorgehen gemeinsam mit der Absatzmarktforschung bietet sich an (vgl. Ellenrieder, J.; 1974, S. 22), um die Erforschung der Gesamtwirtschaft, die oft im argen liegt (vgl. Meyer, P. W.; 1974, S. 25) für jede Einzelwirtschaft optimal gestalten zu können.
Ein weiterer Arbeitsbereich der Beschaffungsmarktforschung kann als »bedarfsunabhängige Forschung« bezeichnet werden, denn sie wird nicht im Hinblick auf die Deckung konkreter Bedarfe betrieben. Sie basiert auf dem Interesse an allgemeinen Veränderungen in den Beschaffungsmärkten. Beispiele sollen das verdeutlichen. Die Beobachtung des technischen Fortschritts ist für jede Einzelwirtschaft von Bedeutung. In der Industrie (vgl. Spiegel-Verlag; 1982, S. 7 ff.) z.B. kommen zwei Drittel der Anregungen zur Einführung von Neuerungen aus dem eigenen Haus; 32 % der Fälle waren zunächst zweckfrei, d.h. sie wurden ohne konkreten Bedarf verfolgt und realisiert. Auch bei EDV-Anlagen hat erst der technische Fortschritt Problemlösungen für jede Unternehmensgröße ermöglicht. Neue Angebote im Dienstleistungsbereich, z.B. die Vermietung von Berufskleidung, eröffnen zusätzliche Beschaffungsalternativen. Leasing und Factoring sind als neue Finanzierungsformen entstanden, und im Personalbereich entstehen laufend neue Berufsbilder durch spezialisierte Ausbildungen. Das Auffinden neuer Materialien oder geeigneter Substitutionsmaterialien kann die Produktion und die Produktentwicklung ebenso befruchten wie die rechtzeitige Sicherung von Patenten und Lizenzen. Auf diese Weise kommt der Einzelwirtschaft die intensive Erforschung aller Beschaffungsmärkte aufgrund eigener Aktivität zugute.

2.1.1.3 Methoden der Beschaffungsmarktforschung. »Die bei der Erhebung und bei der Verarbeitung, Aufbereitung und Darstellung anzuwendenden Methoden sind auf dem Gebiet der Beschaffungsmarktforschung im wesentlichen dieselben, wie bei der Absatzmarktforschung« (Arnold, P.; 1972, S. 466). Nach der Häufigkeit der durchgeführten Untersuchungen ergeben sich Zeitpunkt- oder Zeitraumbetrachtungen, also statische oder dynamische Analysen (vgl. Ellenrieder, J.; 1974, S. 21), wobei letztere bei erkennbaren Regelmäßigkeiten zum Erstellen von Marktprognosen führen können. Die Datenerhebung erfolgt mittels Primär- oder Sekundärforschung. Da in Beschaffungsmärkten oft überschaubare Grundgesamtheiten vorgefunden werden, sind Totalerhebungen hier eher möglich als in der Absatzmarktforschung. Der Sekundärforschung steht in der Regel eine Fülle von Material zur Verfügung, das regelmäßig ausgewertet in einem Archiv zusammengefaßt werden kann, wodurch zukünftige Schreibtischforschung (Desk-Research) wesentlich erleichtert wird.

2.1.2 Erstellung eines Beschaffungsprogramms

Nachdem die internen Bedarfe exakt ermittelt wurden und die Markttransparenz hergestellt ist, muß nun entschieden werden, wie die Einzelwirtschaft in unterschiedlichen Märkten konkret als Nachfrager auftreten will. Es müssen operative Maßnahmen bestimmt werden, deren Summe das Beschaffungsprogramm ergibt (vgl. Meyer, P. W.; 1973, S. 61; Lippmann, H.; 1980, S. 90). Es handelt sich hierbei um planerische Tätigkeiten, die als kurzfristige Planungen einzuordnen sind. Damit ist das Beschaffungsprogramm gleichzeitig ein Teilplan der Marketingplanung im Beschaffungsbereich, die analog der Absatzplanung nicht, wie es wünschenswert wäre, mit Totalmodellen arbeiten kann, sondern die ebenfalls auf sukzessive Teilplanungen angewiesen ist (vgl. Bidlingmaier, J.; 1973a, S. 23). Die möglichen Marketingziele, die der Planung zugrunde liegen, werden später im Rahmen der Beschaffungs-Konzeption behandelt.

Im einzelnen soll das Beschaffungsprogramm zu folgenden Punkten Auskunft geben:

- Zu Objekten, die zu beschaffen sind: Die einzelnen Objekte werden in der Bedarfsanalyse genau spezifiziert. Die Bedarfsmenge muß nicht identisch sein mit der hier festgelegten Beschaffungsmenge, dabei bei lagerfähigen Objekten Lagerhaltungsüberlegungen einfließen, die ihrerseits wiederum von den Marktsituationen und von der Einschätzung der Konjunktur beeinflußt sind. Als weitere Erschwerung für die Planung kommt hinzu, daß einzelne Beschaffungsobjekte sich gegenseitig bedingen können. So kann der Kauf einer Maschine die Beschaffung von Serviceleistungen und Bedienungspersonal sowie die Beschaffung spezifischer Werkstoffe auslösen. Gleichzeitig wirken sich diese Beschaffungsmaßnahmen auf den Kapitalbedarf aus, so daß die eigentliche Anlageinvestition eine Reihe weiterer Beschaffungsmaßnahmen mit sich bringt.

  Eng mit dem Objekt verbunden ist der Preis, der im Beschaffungsprogramm als Preisobergrenze oder als Preisspielraum definiert werden sollte. Da der Preis aus mehreren Faktoren gebildet werden kann, sind erklärende Angaben zum Preis notwendig. Bei möglichen Mengen-Preis-Staffelungen stehen sinkenden Einstandspreisen erhöhte Lagerkosten gegenüber, es sei denn, es wird fertigungs- oder angebots-synchrone Anlieferung vereinbart. Deshalb wäre es in diesen Fällen denkbar, statt Preisen eine Obergrenze der Beschaffungskosten vorzugeben, wodurch jedoch die Handhabung in Einkaufsverhandlungen erschwert ist.
- Zu Beschaffungsquellen: Aus den in der Marktforschung erstellten Rangreihen können je nach Zielsetzung leicht einzelne oder mehrere Quellen benannt werden. Wurde diese Untersuchung nicht durchgeführt, können Beschaffungsräume, Wirtschaftsstufen oder konkrete Anbieter benannt werden.

- Zur Beschaffungszeit: Hier sollen Aussagen über die Zeitpunkte getroffen werden, an denen die jeweiligen Objekte der Einzelwirtschaft zur Verfügung stehen sollen. Bei regelmäßigen Bedarfen werden gleichzeitig die Bestell- oder Lieferrhythmen vorgeschrieben.
- Zum Beschaffungsvertrag: Die vertraglichen Bindungen an die Anbieter können verschiedene Formen annehmen. Deshalb ist im Beschaffungsprogramm die Art des angestrebten Vertrages festzuhalten. Sind die Beschaffungsquellen noch nicht namentlich bekannt, können Angaben über die Art der Ansprache gemacht werden, mit der Anbieter gewonnen werden sollen, also Angaben zur Beschaffungswerbung, die zum Vertrag führen soll.
- Zum angestrebten Effekt: Da bei der Beschaffung der verschiedenen Objekte mit unterschiedlichen Marktverhältnissen zu rechnen ist, soll im Sinne einer Teilzielsetzung stichpunktartig erklärt werden, worauf es bei der einzelnen Marktteilnahme besonders ankommt. Dadurch wird vorsorglich geklärt, in welcher Richtung vom Plan abgewichen werden kann, falls dies bei der Realisation erforderlich werden sollte.

Die für das Absatz-Markt-Programm erarbeiteten Definitionen (vgl. 2. Kapitel, 1.2) lassen sich im Prinzip übernehmen. Beschaffungsmarktprogramme sind demnach schriftliche oder gedankliche Zusammenstellungen von Entscheidungen, die die zukünftige Ausgestaltung aller Beschaffung-Marketingfunktionen einer Einzelwirtschaft determinieren. Basis der Erstellung von Beschaffungsprogrammen sind die Ergebnisse interner und externer Forschungen, spezialisiert nach den nachgefragten Objekten. Art und Umfang des jeweiligen Beschaffungsprogramms hängen von den spezifischen funktionalen, situationalen, organisationalen und systemorientierten Gegebenheiten der Einzelwirtschaften ab.
Die konstitutiven Bestandteile jedes Beschaffungsmarktprogramms sind Überlegungen über die zukünftige Programmstruktur, Programme über die nachzufragenden Objekte und alle Einzelwirtschaften, die diese Objekte anbieten sowie eine darauf aufbauende Positionierung als Nachfrager/Tauschpartner in den Beschaffungsmärkten.
Da anbietende und nachfragende Einzelwirtschaften wohl eine unterschiedliche Rolle im Marktprozeß realisieren, der Austauschvorgang aber als solcher gleich bleibt, ist auch dieses Ergebnis eine eindeutige Bestätigung für die Richtigkeit des hier vertretenen wissenschaftlichen Ansatzes.
Mit diesem Programm hat die Einzelwirtschaft ihre Marktteilnahme präzise vorbereitet. Damit endet systematisch gesehen diese Phase, die Teilfunktion der Beschaffungsvorbereitung ist erfüllt.

2.2 Beschaffungsanbahnung

Schon aus dem Marktmodell ist deutlich geworden, daß Verträge zwischen Marktpartnern nur dann zustande kommen können, wenn Anbieter und Nachfrager miteinander in Beziehung treten oder konkret gesprochen, wenn beide miteinander kommunizieren. Marktkommunikation dient der Einleitung oder Anbahnung von Beziehungen mit dem Zweck der Beschaffung oder des Absatzes (vgl. Meyer, P. W.; 1973, S. 61); sie teilt sich, je nach dem kommunikationsauslösenden Marktpartner, in Absatz- und Beschaffungswerbung. Gleichzeitig bahnt die Einzelwirtschaft als Ganzes Beziehungen zu ihrer Umwelt mittels Public Relations oder Öffentlichkeitsarbeit an, die ebenfalls auf mögliche und konkrete Marktpartner einwirkt, so daß diese anbahnenden Wirkungen ebenfalls untersucht werden müssen.

2.2.1 Beschaffungswerbung

Werbung ist im Absatzbereich hin und wieder mit negativen Assoziationen verbunden, da manche Werbungtreibende aus der Not der Käufermarktsituation heraus die Intensität der Werbung übertrieben haben. Dementsprechend unbeachtet blieb bislang die Beschaffungswerbung, die nur dann intensiv betrieben wurde, wenn die Nachfrager Probleme bei der Beschaffung von Versorgungsobjekten hatten. Die jeweilige Größe der Personalanzeige ist ein Indiz dafür.
Wird Beschaffungswerbung wie bei P. W. Meyer und A. Hermanns verstanden als besondere Form der Kommunikation zwischen Einzelwirtschaften, die zum Zwecke der Beschaffungsanbahnung betrieben wird (vgl. Meyer, P. W.; Hermanns, A.; 1981, S. 63), so lassen sich, analog zum Absatz, verschiedene reale Erscheinungsformen nachweisen. Das Gemeinsame aller Werbeformen ist der Zweck, den die Werbung verfolgen soll. Auch die Beschaffungswerbung ist zielgerichtet: sie will die Umworbenen, die unterschiedlichen Beschaffungsquellen im Sinne des Werbungtreibenden beeinflussen (vgl. Behrens, K. Ch.; 1970, S. 4 und Meyer, P. W.; 1972, S. 151). Dies kann mittelbar, mit Hilfe konservierter Werbebotschaften (Werbemittel) oder unmittelbar, im persönlichen Gespräch, erfolgen.
Mittelbare Werbung wendet sich mit Werbemitteln (Anzeigen, Plakaten, Prospekten, Werbebriefen u.a.), die von Werbeträgern transportiert werden, an die Umworbenen. Diese Art der Beschaffungswerbung findet sich vor allem im Personalbereich, wenn mittels Stellenanzeigen Arbeitskräfte umworben werden, und bei Außenfinanzierung, wenn beispielsweise Aktiengesellschaften potentielle Kapitalanleger auf dem Kapitalmarkt umwerben. Auch die privaten Haushalte bedienen sich laufend dieser Form der Beschaffungswerbung, denn Versorgungsobjekte jeglicher Art werden laufend in sogenannten Kleinanzeigen gesucht. Da es sich in den genannten Beispielen um große Zielgruppen

handelt, bei denen der einzelne Umworbene dem Werbungtreibenden nicht bekannt ist, entspricht derartige Beschaffungswerbung weitgehend der Massenumwerbung der Absatzseite.
Oft sind jedoch bei der Beschaffung alle möglichen Beschaffungsquellen bekannt oder es werden bevorzugte Quellen selektiert. Dadurch ist die Zielgruppe exakt bestimmt, und es kann gezielt geworben werden. Beispiele finden sich bei der Beschaffung komplizierter Objektsysteme in Form von beschränkten Ausschreibungen, bei der Suche nach qualifizierten Mitarbeitern, indem einzelne Ausbildungsstätten direkt angesprochen werden oder bei der Rohstoffbeschaffung aus Verkäufermärkten. Eine Sonderform, die nur bei überschaubaren Zielgruppen Anwendung findet, ist der koordinierte Einsatz von Absatz- und Beschaffungswerbung bei der Suche nach möglichen Gegengeschäften.
Unmittelbar ist Kommunikation dann, wenn sie im persönlichen Gespräch zwischen Menschen stattfindet. Unmittelbare Beschaffungswerbung zeichnet sich deshalb durch den persönlichen Kontakt zwischen der beschaffenden Einzelwirtschaft und den Anbietern aus. Ansatzpunkte zur Herstellung persönlicher Kontakte bieten besonders Messen und Ausstellungen, die von 50 % der Einkäufer genau aus diesem Grund besucht werden (vgl. Kater, W.; 1976, S. 18). Auch der Versuch des Bundesverbandes Junger Unternehmer, Arbeitskreis Niederrhein, 400 Stellungsuchenden auf einer »Arbeitslosen-Party« Arbeitsplätze anzubieten (vgl. Carl, P.; 1977, S. 99), ist als Anbahnung durch unmittelbare Beschaffungswerbung zu klassifizieren. Allgemein läßt sich formulieren, daß unmittelbare Beschaffungswerbung umso wichtiger ist, je bedeutender der Beschaffungsvorgang für die Einzelwirtschaft ist. Besonders dann, wenn der Beschaffungsvertrag persönlich ausgehandelt wird, ist ein Teil der Verhandlungen systematisch gesehen Beschaffungswerbung, und die Abgrenzung zum eigentlichen Vertragsabschluß läßt sich nur noch theoretisch ziehen, da beide Funktionen ineinander übergehen und nicht ausdifferenziert sind.
Maßnahmen der Beschaffungswerbung sind im Käufermarkt wenig spektakulär, aber immer nachweisbar und zwar in vielfältiger Form (vgl. Berg, C. C.; 1981, S. 35 ff.). Ihre Intensität steigt, je mehr die Beeinflussung durch den Werber auf ein verändertes Verhalten der Anbieter zielt. Trotzdem läßt schon die Aufforderung zur Angebotsabgabe Beeinflussungsversuche erkennen; sie zählt deshalb zur Beschaffungswerbung, die, wie jede Werbung, nach den Wirkungsstufen Bekanntmachung, Information, Imagebildung und Handlungsauslösung abläuft (vgl. Meyer, P. W.; 1973, S. 59 u. 66 f.).

2.2.2 Öffentlichkeitsarbeit

Die Öffentlichkeitsarbeit hat die Aufgabe, die Einzelwirtschaft der sozialen Umwelt gegenüber darzustellen, um ein gewünschtes Erscheinungsbild (Corporate Image) aufzubauen. Sie ist anders als die Be-

schaffungswerbung nicht auf konkrete Objekte ausgerichtet. Trotzdem wird sie auch bei Gruppen wirksam, mit denen die Einzelwirtschaft über Beschaffungsmärkte verbunden ist. Diese Gruppen können ebenfalls Zielgruppen der Public Relations sein, nämlich dann, wenn ein gutes Image oder wie Sandig es nennt »der Ruf des Beschaffers« (Sandig, C.; 1935, S. 180) sich positiv auf das Beschaffen auswirken können. Unabhängig von der Marktsituation wirkt sich das positive Image eines Arbeitsgebers immer fördernd auf die Personalbeschaffung aus (vgl. Blümle, E.-B.; 1974, Sp. 2933). Ähnliches gilt auch, obwohl kaum untersucht, für die Kapitalbeschaffung. Als Indiz für den eigenen Ruf kann hier beispielsweise die Gewährung von Lieferantenkrediten herangezogen werden (vgl. Spindler, G.; 1974, S. 180). Weiterhin ist es denkbar, daß ein Unternehmen technische Neuerungen dann als erstes beziehen kann, wenn für den Hersteller die Reputation des Kunden werblich einsetzbar ist.
Neben diesen positiven Wirkungen der Öffentlichkeitsarbeit kann deren Bedeutung für die Beschaffung auch an negativen Auswirkungen verdeutlicht werden. Genauso wie Handelsbetriebe den Vertrieb hochpreisiger Markenartikel verlieren können, wenn sie auf Discountprinzip umstellen, sind internationale Lieferboykotts auf Images zurückzuführen, die die Lieferländer, oft aus politischen Gründen, nicht tolerieren können. Sofern also die Selbstdarstellung einer Einzelwirtschaft die Beschaffung nicht von vornherein verhindert, beeinflussen Erscheinungsbild, Ruf oder Image zumindest die Beschaffung und es gilt aus der Sicht des Beschaffungsmarketing, die Wirkungen der eigenen Öffentlichkeitsarbeit zu erkennen und entsprechend einzusetzen.

2.3 Abschluß des Beschaffungsvertrages

Die dritte unterscheidbare Teilfunktion bezieht sich auf den Abschluß des Beschaffungsvertrages, dem, wollte man einzelne Funktionen bedeutungsmäßig gewichten, eine zentrale Bedeutung zugebilligt werden müßte, denn der Austausch von Objekten zwischen Einzelwirtschaften erfolgt im Markt nur auf der Grundlage abgeschlossener Verträge (vgl. Schäfer, E.; 1974a, S. 136; Dennstedt, D.; 1978, S. 18 ff.; Westermann, H.; 1982, S. 125 ff.). In der Praxis wird diese Funktion gern als Einkauf bezeichnet. Dieser Begriff muß hier aus zwei Gründen abgelehnt werden, denn einerseits verkennt der im Wort enthaltene Kaufbegriff die vielfältigen Möglichkeiten der Beschaffungsverträge, und andererseits ist das Organisationsgebilde »Einkauf« nur für die Beschaffung bestimmter Objekte zuständig, wodurch der geforderte weite Objektumfang vernachlässigt würde. Deshalb wird dem Begriff »Abschluß Beschaffungsvertrag« (vgl. Meyer, P. W.; 1973, S. 59 u. 64 f.) der Vorzug gegeben. Es geht also um den Abschluß von Verträgen, die zumin-

dest zwischen zwei Parteien, einem Anbieter und dem Beschaffer, geschlossen werden.
Der Rahmen für den angestrebten Vertrag ist bereits bei der Programmerstellung abgesteckt worden. Nun muß sich zeigen, inwieweit die Planung in der konkreten Marktsituation eingehalten werden kann. Problemlose und wirtschaftlich nicht so bedeutende Objekte werden routinemäßig z.B. über automatische, EDV-gesteuerte Bestellung beschafft. Der Vertragsabschluß erfolgt vollprogrammiert aufgrund gleicher oder ähnlicher wiederholter Beschaffungsvorgänge. Ist das zu beschaffende Objekt neu, einmalig zu beschaffen und/oder wertmäßig bedeutend, läuft die Beschaffungsentscheidung teil- oder nicht programmiert ab (vgl. Meyer, P. W.; 1973, S. 101 ff.; Tostmann, Th. M.; 1982, S. 109 ff.). d.h. es bedarf der gewissenhaften Einigung mit den Anbietern, die im Rahmen von Vertragsverhandlungen angestrebt wird. Auf Seiten der Beschaffer ist zu beobachten, daß um so mehr Personen an der Beschaffungsentscheidung mitwirken, je höher der Wert des Beschaffungsvertrages veranschlagt wird oder je länger die Beschaffungsentscheidung Auswirkungen zeigen wird (vgl. Hack-Unterkircher, E.; 1976, S. 114; Hunsinger, H.; 1975, S. 6 ff.). Buying-Center oder Einkaufs-Kommitees sind Begriffe für eine derartige Organisation der Beschaffung.

Die Stellung des Nachfragers in den Verhandlungen hängt sowohl von der Marktsituation und vom Image des Nachfragers als auch von seiner Stellung im Markt ab. Diese wird im Verhältnis zur Beschaffungskonkurrenz geprägt durch die Menge der benötigten Objekte, durch die Preise und Konditionen, die der Beschaffer zu akzeptieren bereit ist. Diese Spannweite seines vorher abgesteckten Einigungsbereiches (vgl. Fahn, E.; 1972, S. 78), die sich aus den interpretierten Marktforschungsergebnissen ergibt, beeinflußt wesentlich den Verhandlungsverlauf und damit das Ergebnis.
Die Stellung des Nachfragers kann bei der Beschaffung unterschiedlicher Objekte stark differieren. So hat der Lebensmitteleinzelhandel derzeit angesichts der Konzentrationstendenzen eine starke Stellung der Lebensmittelindustrie gegenüber. Auch die Kapitalbeschaffung bereitet momentan keine Probleme. Umgekehrt sieht es bei der Suche nach qualifiziertem Verkaufspersonal aus.

Eine Möglichkeit, die als unbefriedigend empfundene Stellung als Nachfrager in Vertragshandlungen zu verbessern, bietet die Kooperation zwischen Nachfragern, die gleiche Bedarfe zu decken haben. Der Zusammenschluß von privaten Haushalten zu Sammelbestellern ist hier genauso anzuführen wie der Gemeinschaftseinkauf, die Einkaufsgenossenschaft oder die selbständige Einkaufsgesellschaft, also Einkaufs-Kooperationen jeglicher Rechtsform. Durch Vergrößerung der

Beschaffungsmenge je Objekt können Preise und Konditionen für die Nachfrager positiv verändert werden. Beschaffungskooperationen erlauben also aktive Beeinflussung der Beschaffungsmärkte. Genau darin liegt ihre Bedeutung für das Beschaffungsmarketing.
Zusammenfassend geht es also bei aller Vielfalt der Beschaffungsverträge und der Vertragsvariablen um die Einigung auf konkrete Objekte, auf die Mengen dieser Objekte, auf Preise und auf Konditionen im weitesten Sinne und zwar für die benötigten Objekte und für die zu erbringende Gegenleistung. Erst dann kann der Vertrag geschlossen werden, der die dritte Teilfunktion beendet.

2.4 Die Realisierung der Beschaffung

Mit dem Abschluß des Beschaffungsvertrages hat sich die Rechtsposition von Anbieter und Nachfrager geändert, denn die Vertragspartner sind nun verpflichtet, das Vereinbarte zu realisieren. Die nachfragende Einzelwirtschaft wird zur Tauschpartei, sie muß die beschafften Objekte annehmen und die geforderte Gegenleistung erbringen. Verständlicherweise vollzieht sich die Realisation je nach Art des geschlossenen Vertrages und nach Art des Objektes sehr unterschiedlich, so daß die Unterfunktionen dieser Teilfunktion nur allgemein gefaßt werden können (vgl. Bichler, K.; 1981, S. 68 ff.).
Voraussetzung für eine erfolgreiche Realisation ist, daß der Beschaffer sich darauf einstellt, die gewünschten Objekte anzunehmen. Bei lagerfähigen Objekten muß entsprechender Lagerraum bereitstehen. Ist der Beschaffer für den Transport selbst verantwortlich, müssen entsprechende Transportkapazitäten bereitstehen, die von externen Dienstleistern, z.B. Spediteuren als Markthelfer (vgl. Meyer, P. W.; 1965b, S. 647), beschafft werden können, falls eigene Kapazitäten nicht ausreichen oder gar nicht vorhanden sind. Die Wahl eines geeigneten Transportmittels stellt dann wieder eine neue Beschaffungsmaßnahme dar. Bestimmte Vertragsarten, z.B. der Sukzessivlieferungsvertrag oder der Abrufauftrag, führen dazu, daß Bestell- und Liefermenge nicht identisch sein müssen. Werden einzelne Teilmengen abgerufen, so gibt der Beschaffer damit seine Bereitschaft zur Annahme der Leistung dem Absetzer bekannt. Werden neue Mitarbeiter eingestellt, so ist in dieser Phase deren Einstellung vorzubereiten und zwar verwaltungstechnisch und organisatorisch.
Trifft das gewünschte Objekt beim Beschaffer ein, nimmt er es an, jedoch nicht ohne vorher zu prüfen, ob die Lieferung die richtigen Objekte in der vereinbarten Menge mit der gewünschten Qualität im richtigen Zustand beinhaltet und ob der Liefertermin eingehalten wurde. Lieferzeitkontrolle und Wareneingangskontrolle müssen im Interesse des Beschaffers durchgeführt werden. Bei Anlagegütern ist die Kontrollfrist erst dann beendet, wenn das Objekt seine Funktion erfüllt

oder die gewünschte Leistung abgibt. Ist eine Herstellergarantie vereinbart, erstreckt sich die Kontrollzeit auf die gesamte Garantiezeit. Mit neuen Mitarbeitern wird in der Regel eine Probezeit vereinbart, die vom Arbeitgeber zur Kontrolle der menschlichen Leistungsfähigkeit genutzt wird. Mit der Annahme der Leistung ist verbunden, daß diese den Bedarfsträgern zur Verfügung gestellt wird oder vorübergehend eingelagert wird. Lagerung im Eingangslager ist deshalb eine weitere Teilaufgabe der Realisation.
Je nach Ausgang der durchgeführten Kontrollen wird der Beschaffer die angeforderte Gegenleistung akzeptieren oder variieren. Rechnungsannahme und Rechnungsprüfung gehen dem Zahlungsverkehr voraus. Bei Zahlungsfreigabe wird die Gegenleistung erbracht, und im Falle des Kaufvertrages ist der konkrete Beschaffungsvorgang dann beendet; der Vertrag ist realisiert und die vierte Teilfunktion erfüllt. Andere Verträge, nämlich Miet-, Pacht- und Anstellungsverträge erzwingen die Realisation während der gesamten Vertragslaufzeit, da die Gegenleistung nicht einmalig erbracht wird, sondern sich auf die gesamte Nutzungsdauer des Objektes erstreckt. Trotzdem ist diese Teilfunktion aufgrund der geschlossenen Verträge am ehesten berechenbar und planbar, so daß hier mathematisch exakte Rechenverfahren anwendbar werden, z.B. bei der Lagerhaltung oder bei der Transportkostenoptimierung.

3. Das Management der Beschaffung

Die funktionale Betrachtung hat gezeigt, wie die gesamte Beschaffungsfunktion in abgrenzbare und damit erfüllbare Teil- und Unterfunktionen untergliedert werden kann, jedoch nur soweit, als die Aussagen für alle Einzelwirtschaften und alle Versorgungsobjekte Gültigkeit haben. Eine andere Frage ist – wie erwähnt – die Verwirklichung, das Management der Funktionen. Entscheidungen, gleich welcher Art und Reichweite, laufen über vier voneinander trennbare Stufen ab: Konzeption, Planung, Ausführung und Kontrolle. Ebenso wie die einzelwirtschaftlichen Funktionen können sie institutionalisiert werden, woraus sich eine Vielzahl realer Organisationen ergibt, die der Transparenz nicht gerade förderlich ist (vgl. Arnold, U.; 1982; Lindner, T.; 1983).

3.1 Die Beschaffungskonzeption

Die Beschaffung, und das ist für deren Konzeption wichtig, wird beherrscht durch den Verwendungszweck (vgl. Sandig, C.; 1935, S. 176). Beim Beschaffen werden dem Versorgungssystem Markt Objekte mit dem Ziel der Verwendung oder Nutzung (Verbrauch/Produktionsmittel, Gebrauch/Investitionsgüter) entnommen. So gesehen ist Beschaffung stets Mittel zum Zweck; die gewünschte Verwendung liefert den Antrieb oder die Motivation. Dieses Erkennen der eigenen Handlungsmotive ist neben der Zielsetzung das zweite Kennzeichen von Konzeptionen (vgl. Meyer, P. W.; 1973, S. 69). Für die Zielsetzung hat der dienende Charakter der Beschaffung zur Folge, daß sie nicht autonom erfolgen kann, sondern daß Beschaffungsziele in Abstimmung mit anderen Funktionszielen aus den übergeordneten Unternehmenszielen oder den Einzelwirtschaftszielen abgeleitet werden müssen (vgl. Stark, H.; 1973, S. 45). Jedoch nicht jede Einzelwirtschaft verfügt über ein ausgebautes Zielsystem. Die privaten Haushalte zum Beispiel bestimmen auch heute noch ihre Ziele fast ausschließlich intuitiv (vgl. Blosser-Reisen, L.; 1972, S. 276). Existiert aber ein Zielbildungsprozeß mit der Absicht, klare Konzeptionen zu erstellen, so sollte die Formulierung der funktionalen Subziele möglichst gleichzeitig erfolgen. Da sich Ziele auf dieser Ebene auch gegenseitig beeinflussen, kann nur durch simultane Zielformulierung eine mögliche Zielkonkurrenz und damit ein vorprogrammiertes Gegeneinanderarbeiten vermieden werden.

Ziele, die für die gesamte Beschaffungsfunktion gesetzt werden, sind eher längerfristiger Natur und »meist nur relativ präzis formuliert und deshalb meist nur beschränkt operational« (Stark, H.; 1973, S. 51). Generalziele der Beschaffung lassen sich unabhängig von der konkreten Einzelwirtschaft festlegen. Es sind dies die zwei grundlegenden Ziele:

- Vermeidung von beschaffungsbedingten Störungen
- Erzielung optimaler Beschaffungsverträge

Konkreter werden kurz- und mittelfristige Beschaffungsziele formuliert, was nur im Hinblick auf eine konkrete Einzelwirtschaft möglich ist. Außerdem werden diese Ziele aus Gründen der Operationalität aufgespalten nach Teilfunktion und nach Objekt-Märkten, denn Ziele im Beschaffungsmarkt sind abhängig von der jeweiligen Marktkonstellation in den unterschiedlichen Beschaffungsmärkten. Damit konkretisiert sich die gesamte Zielsetzung im Rahmen der Beschaffungskonzeption in Form eines Zielbündels.

3.2 Die Beschaffungsplanung

»Jede Planung geht von ganz bestimmten Daten aus« (Grochla, E.; 1959, S. 394), d.h., daß für die Beschaffungsplanung Informationen benötigt werden, die konkreter und detaillierter sein müssen, als diejenigen, die für die Zielsetzung verwandt wurden. Diese Informationen muß die Marktforschung liefern, die, genau wie die anderen Teilfunktionen, ebenfalls der Planung bedarf. Da die Ziele nur die zu erreichenden »Endpunkte« markieren, müssen nun im Rahmen der Beschaffungsplanung die Wege gefunden werden, die zu diesen Endpunkten führen sollen, so daß als Ergebnis der Planung Schritte und Soll-Vorgaben für den nachfolgenden Realisierungsprozeß erarbeitet werden müssen.

Viele Variable beeinflussen die Planung, von denen ausgewählte kurz besprochen werden sollen (vgl. Hartmann, H.; 1978, S. 133 ff.). Jede Einzelwirtschaft verfügt in der Regel über einen beschränkten finanziellen Spielraum, der die Beschaffung ganz wesentlich beeinflußt, so daß innerhalb des Gesamtbedarfs nach Dringlichkeiten selektiert werden muß. Besondere Priorität besitzen diejenigen Objekte, die bei der Erstellung der Absatzleistung nicht substituierbar sind. Hierbei handelt es sich einerseits um regelmäßige oder periodische Bedarfe für die Produktion, deren Planung bei gleichbleibenden Marktverhältnissen längerfristig möglich ist und andererseits um einmalig oder aperiodisch benötigte Objekte, die zu genau vorgegebenen Zeiten verfügbar sein müssen und deren Beschaffung im Einzelfall geplant wird. Ist die Beschaffung dieser Objekte sichergestellt, kann mengen- und zeitmäßig im Rahmen der finanziellen Möglichkeiten optimiert werden. Damit sind indirekt die Variablen Güter- bzw. Objektmenge, Qualität und Preis mit einbezogen worden. Stehen alternative Beschaffungsmengen zur Auswahl, so gehen außerdem deren Image und Lieferzeit sowie Beschaffungswege und -kosten in die Planung ein. Die Einflüsse der Absatzseite werden durch die interne Bedarfsanalyse zu Vorgaben für die Planung, deren Bestimmung bei wechselnden Konjunkturlagen allerdings unter Unsicherheit erfolgt, so daß entsprechende Sicherheiten einzuplanen sind. Die Problematik möglicher Marktveränderungen kann durch elastische Beschaffungsplanung (vgl. Stark, H.; 1973, S. 94 ff.) abgemildert werden.

3.3 Ausführung und Kontrolle im Beschaffungs-Marketing

Mit der Ausführung der geplanten Maßnahmen soll die Einzelwirtschaft die Verfügungsgewalt über die benötigten Objekte erhalten, um sie entsprechend ihrer Zielsetzungen verwenden zu können. Dabei wird sich nun die Güte der Planung erweisen, indem laufend die Planeinhaltung kontrolliert wird. Ergeben sich aus der Diskrepanz von Planungs- und Realisationszeitpunkt Abweichungen, so muß auf Eventualpläne ausgewichen werden oder die Planung korrigiert werden. Dieser permanente Soll-Ist-Vergleich soll gewährleisten, daß die Zielerreichung nicht frühzeitig unmöglich wird. Diese Zielerreichung selbst unterliegt einer eigenen Kontrolle, die nur bei einer zeitlichen Fixierung der Ziele möglich ist. Diese »ergebnisorientierte Prüfung« (Stark, H.; 1973, S. 105) sagt aus, ob das geplante Ergebnis eingetreten ist. Aufgetretene Abweichungen liefern neue Soll-Daten für neue Ziele (vgl. Meyer, P. W.; 1973, S. 78). Für die nachfolgende weitere Planung ist eine Untersuchung der Abweichungsursachen empfehlenswert, um menschliche oder organisatorische Unzulänglichkeiten aufzudecken, die nachfolgende Beschaffungsvorgänge erneut negativ beeinflussen könnten.

Neben objektbezogenen Kontrollen, die der Einhaltung der geschlossenen Verträge dienen (Eingangs- und Zeitkontrollen), kann eine Überprüfung der Verwendung der Objekte Aufschlüsse für zukünftige Beschaffungsmaßnahmen und damit für neue Ziele geben. Diese Verwendungskontrolle, die gemeinsam mit den Bedarfsträgern durchgeführt werden muß, ist systematisch gesehen eine Kontrolle der intern durchgeführten Bedarfsanalyse. Ihr Zweck besteht darin, unter dem Aspekt der Wirtschaftlichkeit geplante Bedarfe mit den tatsächlich verbrauchten Objekten qualitativ, quantitativ und zeitmäßig zu vergleichen, denn reduzierte Bedarfe tragen direkt zur Verringerung der Beschaffungskosten und damit zur Erreichung eines Generalzieles des Beschaffungs-Marketing, das die Erreichung optimaler Abschlüsse anstrebt, bei. Die Kontrolle ist die letzte Stufe im Management des Beschaffungs-Marketing. Da die Ergebnisse zugleich wieder der Überprüfung der Beschaffungskommunikation dienen, erweisen sich die Managementfunktionen als kybernetischer Regelkreis, dessen konsequente Beachtung Voraussetzung für die Wirtschaftlichkeit der Einzelwirtschaft ist (vgl. Arnolds, H.; Heege, F.; Tussing, W.; 1986, S. 313 ff.).

Literaturverzeichnis

Arnold, P. (1972); Marktforschung in den Beschaffungsmärkten, in: Handbuch der praktischen Marktforschung, hrsg. v. W. Ott, München 1972, S. 451–476.

Arnold, U. (1982); Strategische Beschaffungspolitik, Steuerung und Kontrolle strategischer Beschaffungssubsysteme von Unternehmen, Frankfurt/M. 1982.

Arnolds, H.; Heege, F.; Tussing, W. (1986); Materialwirtschaft und Einkauf – Praktische Einführung und Entscheidungshilfe, 5. Auflage, Wiesbaden 1986.

Bahlmann, A. R. (1982); Informationsbedarfsanalyse für das Beschaffungsmanagement, Gelsenkirchen 1982.

Banse, K. (1938); Beschaffung, in: Handwörterbuch der Betriebswirtschaft, Bd. 1, 2. Aufl. hrsg. v. H. Nicklisch, Stuttgart 1938, Sp. 731–740.

Behrens, K. Chr. (1970); Begrifflich-systematische Grundlagen der Werbung – Erscheinungsformen der Werbung, in: Handbuch der Werbung, hrsg. v. K. Chr. Behrens, Wiesbaden 1970, S. 3–10.

Berg, C. C. (1981); Beschaffungsmarketing, Würzburg und Wien 1981.

Bichler, K. (1981); Beschaffungs- und Lagerwirtschaft, Wiesbaden 1981.

Bidlingsmaier, J. (1973a); Marketing, Bd. 1, Reinbek bei Hamburg 1973.

Blosser-Reisen, L. (1972); Die Entwicklung neuer Formen der Haushaltsorganisation aufgrund von Leistungsanalysen, in: Hauswirtschaft und Wissenschaft, 20. Jg., H. 6/1972, S. 276–282.

Blümle, E.-B. (1974); Personalbeschaffung, in: Handwörterbuch der Betriebswirtschaft, Bd. II, 4. völlig neu gestaltete Aufl., hrsg. v. E. Grochla und W. Wittmann, Stuttgart 1974, Sp. 2931–2937.

Bratschitsch, R. (1974); Funktionen, betriebliche, in: Handwörterbuch der Betriebswirtschaft, Bd. I, 4. völlig neu bearb. Aufl., hrsg. v. E. Grochla und W. Wittmann, Stuttgart 1974, Sp. 1596–1603.

Carl, P. (1977); Kein Ausweg aus der Klemme, in: Manager Magazin, H. 7/1977, S. 99–103.

Dam, A. van (1977); Marketing in Zeiten weltweiter Rohstoff-Verknappung, in: Absatzwirtschaft, 20. Jg., H. 5/1977, S. 32–35.

Demarchi, Ch. (1974); Beschaffungsmarketing – Ein revolutionäres System zur Gewinnsteigerung, Düsseldorf und Wien 1974.

Dennstedt, D. (1978); Möglichkeiten der Automation eines beschaffungspolitischen Entscheidungsprozesses, dargestellt am Beispiel der Auswahl des optimalen Lieferanten, Berlin 1978.

Dörsch, W. (1974); Grundsatzfragen bei der Beschaffung von Dienstleistungen, in: Einkaufsleiter-Handbuch, hrsg. v. G. Bretschneider, München 1974, S. 463–473.

Ellenrieder, J. (1974); Marktforschung im Dienste des Einkaufs, in: Beschaffung aktuell, 21. Jg., H. 12/1974, S. 21–22.

Fahn, E. (1972); Die Beschaffungsentscheidung – Ein Beitrag zur integrativen Betrachtung interorganisatorischer Beschaffungs- und Absatzaktivitäten, Diss., München 1972.

Grochla, E. (1977); Der Weg zu einer umfassenden betriebswirtschaftlichen Beschaffungslehre, in: Die Betriebswirtschaft, 37. Jg., H. 2/1977, S. 181–191.

Grochla, E. (1959); Elastische Beschaffungsplanung im Industriebetrieb zur Anpassung an die konjunkturelle Entwicklung, in: BFuP, 11. Jg., H. 7–8/1959, S. 393–409.

Grochla, E.; Kubicek, H. (1976); Zur Zweckmäßigkeit und Möglichkeit einer umfassenden betriebswirtschaftlichen Beschaffungslehre, in: Zfbf, 28. Jg., H. 5/1976, S. 257–275.

Grochla, E.; Schönbohm, P. (1980); Beschaffung in der Unternehmung, Einführung in eine umfassende Beschaffungslehre, Stuttgart 1980.

Hack-Unterkircher, E. (1976); Der organisierbare Haushalt, Essen 1976.

Hansen, U. (1976); Absatz- und Beschaffungsmarketing des Einzelhandels, Bd. 1 und 2, Göttingen 1976.

Harlander, N.; Platz, G. (1982); Beschaffungsmarketing und Materialwirtschaft, Einkaufsmärkte erforschen und gestalten, 2. Aufl., Stuttgart 1982.

Hartmann, H. (1978); Materialwirtschaft, Organisation, Planung, Durchführung, Kontrolle, Gernsbach 1978.

Heger, H. (1957); Die Beschaffung – unter besonderer Berücksichtigung ihrer Abhängigkeit vom Absatz- und Beschaffungsmarkt, Bd. III der Schriftenreihe Marktwirtschaft und Verbrauch, hrsg. v. Gesellschaft für Konsumforschung, Nürnberg 1957.

Hoffmann, F. (1976); Entwicklung der Organisationsforschung, 2. Auflage, Wiesbaden 1976.

Hunsinger, H. (1975); Die anonyme Macht – Einkaufsgremien im Lebensmittelhandel. Eine Untersuchung der Lebensmittelzeitung, Frankfurt 1975.

Kappler, E.; Rehkugler, H. (1978); Kapitalwirtschaft, in: Industriebetriebslehre, hrsg. v. E. Heinen, 6. Auflage, Wiesbaden 1978, S. 665–767.

Kater, W. (1976); Hannover Messe: Aktuelles Medium im Beschaffungsmarketing, in: Beschaffung aktuell, 23. Jg., H. 3/1976, S. 16–20.

Kotler, Ph.; Levy, S. (1973); Buying ist Marketing too!, in: Journal of Marketing, Vol. 37, H. 1/1973, S. 54–59.

Lietz, J. H. (1971); Marketing in der Beschaffung, in: Management-Enzyklopädie, Bd. 4, München 1971, S. 414-425.

Lietz, J. H. Lissa, H. (1975); Grundzüge des industriellen Beschaffungswesens, Berlin und Köln 1975.

Lindner, Th. (1983); Strategische Entscheidungen im Beschaffungsbereich, München 1983.

Lippmann, H. (1980); Beschaffungsmarketing, Grundlagen einer einzelwirtschaftlich-funktionalen Beschaffungslehre, Bielefeld und Köln 1980.

Mellerowicz, K. (1963); Unternehmenspolitik, Bd. II; 2. Aufl., Freiburg 1963.

Meyer, P. W. (1973); Die machbare Wirtschaft – Grundlagen des Marketing, Essen 1973.

Meyer, P. W. (1976a); Marketing, seine Basis, sein System und seine Zukunft, in: Absatzwirtschaft, 19. Jg., Sonderausgabe, H. 10/1976, S. 10–13.

Meyer, P. W. (1974); Marktforschung und Wirtschaftsforschung, in: Neuere Ansätze der Marketingtheorie, Festschrift zum 80. Geburtstag von O. R. Schnutenhaus, hrsg. v. P. Hammann, W. Kroeber-Riel und C. W. Meyer, Berlin 1974, S. 17–25.

Meyer, P. W. (1972); Wirkungs- und Erfolgskontrollen im Marketing, in: Werbung im Wandel, hrsg. v. C. Hundhausen, Essen 1972, S. 151–157.

Meyer, P. W. (1965b); Das betriebswirtschaftliche Marktmodell – Ein Beitrag zur Markttheorie, in: BFuP, 17. Jg. H. 11–12/1965, S. 638–666.

Meyer, P. W.; Hermanns, A. (1981); Theorie der Wirtschaftswerbung – Ein Beispiel zum Wissenschafts-Praxis-Transfer, Stuttgart u. w. 1981.

Meyer, W. (1951); Elemente zu einer Beschaffungstheorie des Betriebes, H. 10 der Basler betriebswirtschaftlichen Studien, hrsg. v. Th. Brogle, Basel 1951.

O. V. (1977); Industrie-Einkäufer richtig einschätzen, in: Absatzwirtschaft, 20. Jg., H. 3/1977, S. 62–65.

Rogowsky, B. (1926); Beschaffungstechnik, in: Handwörterbuch der Betriebswirtschaft, Bd. 1, hrsg. v. H. Nicklisch, Stuttgart 1926, Sp. 1026–1042.

Sandig, C. (1935); Grundriß der Beschaffung, in: Die Betriebswirtschaft, 28. Jg., Teil 1, H. 8/1935, S. 175–182; Teil 2, H. 9/1935, S. 196–201; Teil 3, H. 10/1935, S. 228–235.

Schäfer, E. (1974a); Die Unternehmung, Einführung in die Betriebswirtschaftslehre, 8. neubearb. u. erw. Aufl. Opladen 1974.

Schäfer, E. (1955); Die Funktionalbetrachtung in der Betriebswirtschaftslehre, in: Gegenwartsprobleme der Betriebswirtschaft, hrsg. v. F. Henzel, Baden-Baden und Frankfurt/M. 1955, S. 11–24.

Schär, F. J. (1923); Allgemeine Handelsbetriebslehre, 2. Aufl., Leipzig 1923.

Schmidbauer, B. (1971); Marktforschung im Dienste des Einkaufs, in: Betriebswirtschaftsmagazin, H. 6/1971, S. 285–288.

Schulz, R. (1972); Kaufentscheidungsprozesse des Konsumenten, Wiesbaden 1972.

Spiegel-Verlag (1982); Der Entscheidungsprozeß bei Investitionsgütern, Hamburg 1982.

Spindler, G. (1974); Public Relations – Aufgabe für Unternehmer, Frankfurt/M. und New York 1974.

Stangl, U. (1985); Beschaffungs-Marktforschung – Ein heuristisches Entscheidungsmodell, Köln 1985.

Stark, H. (1973); Beschaffungsführung. Grundlagen marktkonformen und zielorientierten Verhaltens in der Beschaffung, Stuttgart 1973.

Stark, H. (1977); Betriebswirtschaftslehre und Beschaffungspraxis (I), Teil 1, in: Beschaffung aktuell, 24. Jg., H. 2/1977, S. 15–18.

Stark, H. (1974); Erfolgreiches Beschaffungsmarketing in der Industrie bei zunehmendem Kostendruck, in: Beschaffung aktuell, 21. Jg., Teil I, H. 10/1974, S. 66–68; Teil II, H. 11/1974, S. 17–18.

Strache, H. (Hrsg.) (1982); Beschaffungsmarktforschung, Wiesbaden 1982.

Straub, F. (1974); Grundsätze der industriellen Beschaffungspraxis, in: Einkaufsleiter-Handbuch, hrsg. v. G. Bretschneider, München 1974, S. 15–35.

Sundhoff, E. (1958); Grundlagen und Technik der Beschaffung von Roh-, Hilfs- und Betriebsstoffen, Essen 1958.

Theisen, P. (1974); Beschaffungspolitik, in: Handwörterbuch der Absatzwirtschaft, Bd. IV der Enzyklopädie der Betriebswirtschaftslehre, hrsg. v. B. Tietz, Stuttgart 1974, Sp. 338–351.

Tostmann, Th. M. (1982); Konsument und Kaufentscheidung, Untersuchung zur praktischen Brauchbarkeit von Kaufprozeßmodellen, Bielefeld und Köln 1982.

Trautmann, W. P. (1960); Die Wertanalyse im Einkauf, Bd. I der Schriftenreihe Wirtschaft und Technik, Berlin und Baden-Baden 1960.

Treis, B. (1974); Beschaffungsmarketing, in: Marketing-Enzyklopädie, Bd. 1, München 1974, S. 249–260.

Westermann, H. (1982); Gewinnorientierter Einkauf, 3. neubearbeitete Aufl., Münster 1982.

Gesamtliteraturverzeichnis

Algermissen, J. (1981); Das Marketing der Handelsbetriebe, Würzburg, Wien 1981.

Angehrn, O. (1973); System des Marketing, Bern und Stuttgart 1973.

Ansoff, H. J. (1966); Management-Strategie, München 1966.

Arlt, J. (1972); Systematische Produktbewertung – Vorbedingung einer optimalen Produktionsprogrammplanung, in: Industrial Engineering, 3/1972, S. 115–122.

Arnold, P. (1972); Marktforschung in den Beschaffungsmärkten, in: Handbuch der praktischen Marktforschung, hrsg. v. W. Ott, München 1972, S. 451–476.

Arnold, U. (1982); Strategische Beschaffungspolitik, Steuerung und Kontrolle strategischer Beschaffungssubsysteme von Unternehmen, Frankfurt/M. 1982.

Arnolds, H.; Heege, F.; Tussing, W. (1986); Materialwirtschaft und Einkauf – Praktische Einführung und Entscheidungshilfe, 5. Auflage, Wiesbaden 1986.

Atteslander, P. (1993); Methoden der empirischen Sozialforschung, 7. Auflage, Berlin, New York 1993.

Backhaus, H. (1977); Das Marktexperiment – Methodologie und Forschungstechnik, Frankfurt/M. und Zürich 1977.

Backhaus, K. (1992); Investitionsgüter-Marketing, 3. überarb. Aufl., München 1992.

Bäumler, E.; Bodendieck, E. (1974); Public Relations, in: Marketing-Enzyklopädie, 2. Bd., hrsg. v. Verlag Moderne Industrie, München 1974, S. 69–76.

Bahlmann, A. R. (1982); Informationsbedarfsanalyse für das Beschaffungsmanagement, Gelsenkirchen 1982.

Baier, W. (1985); Man muß die Leute ehrlich informieren, in: werben und verkaufen, Nr. 12/1985, S. 20–23.

Banse, K. (1938); Beschaffung, in: Handwörterbuch der Betriebswirtschaft, Bd. 1, 2. Aufl., hrsg. v. H. Nicklisch, Stuttgart 1938, Sp. 731–740.

Bauer, E. (1976); Markt-Segmentierung als Marketing-Strategie, Berlin 1976.

Bauer, E. (1981); Produkttests in der Marketingforschung, Göttingen 1981.

Bauer, E. (1984); Die häufigsten Fehler bei Produkttests, in: Marketing – Zeitschrift für Forschung und Praxis, 3/1984, S. 157–165.

Baumann, J. (1982); Stärken und Schwächen bestehender Strukturen, in: Verkaufsleiter-Handbuch, Hrsg. F.-H. Wolter, Landsberg am Lech 1982.

BASF (Hrsg.) (1979); Strategische Planung bei BASF, Wesentliche Aussagen und Schaubilder des Referates von Dr. Cordes, Manuskript, Ludwigshafen 1979.

Becker, J. (1993); Grundlagen des strategischen Marketing-Management, 5. verb. u. erg. Aufl., München 1993.

Behrens, K. Chr. (1963); Absatzwerbung, Wiesbaden 1963.

Behrens, K. Chr. (1966); Die demoskopische Marktforschung, Wiesbaden 1966.

Behrens, K. Chr. (1970); Begrifflich-systematische Grundlagen der Werbung – Erscheinungsformen der Werbung, in: Handbuch der Werbung, hrsg. v. K. Chr. Behrens, Wiesbaden 1970, S. 3–10.

Beike, P. (1974); Beobachtung als Instrument der empirischen Marktforschung, in: K. Chr. Behrens (Hrsg.), Handbuch der Marktforschung, 1. Halbb., Wiesbaden 1974, S. 547 ff.

Benad, G. (1978); Produkttests, in: Handbuch Marketing, Bd. 2, hrsg. v. J. Koinecke, Gernsbach 1978, S. 1367–1378.

Bentz, S. (1983); Kennzahlensysteme zur Erfolgskontrolle des Verkaufs und Marketing-Logistik, Band 8 der Schriften zum Marketing, hrsg. v. H. Meffert, Frankfurt/M. u. a. 1983.

Berekoven, L.; Eckert, W.; Ellenrieder, P. (1993); Marktforschung, Methodische Grundlagen und praktische Anwendungen, 6. Auflage, Wiesbaden 1993.

Berg, C. C. (1981); Beschaffungsmarketing, Würzburg und Wien 1981.

Beuchtelmeyer, W.; Kaplitzer, G. (1984); Die Sekundäranalyse, in: Sozialwissenschaftliche Methoden, hrsg. v. E. Roth, München 1984, S. 303–318.

Bichler, K. (1981); Beschaffungs- und Lagerwirtschaft, Wiesbaden 1981.

Bidlingmaier, J. (1973a); Marketing, Bd. 1, Reinbek bei Hamburg 1973.

Bidlingmaier, J. (1973b); Marketing Bd. 2, Reinbek bei Hamburg, 1973.

Bidlingmaier, J. (1975); Festlegung der Werbeziele, in: Handbuch der Werbung, hrsg. v. K. Chr. Behrens, 2. Aufl., Wiesbaden 1975, S. 403–416.

Birkigt, K. (1971); Relaunch, Revival – oder was sonst, in: Marketing-Journal, 4/1971, S. 286–287.

Birkigt, K. (1978); Produktlebenszyklen als Entscheidungshilfe, in: Marketing-Journal 1/1978, S. 22–28.

Birkigt, K. (1980); Kritische Anmerkungen zu Dhalla und Yuspeh, in: Harvard Manager, 1/1980, S. 79–82.

Birkigt, K.; Stadler, M. M. (1985); Coporate Identity – Grundlagen, in: Corporate Identity, hrsg. v. K. Birkigt und M. M. Stadler, 2. Aufl., Landsberg 1985, S. 17–60.

Blosser-Reisen, L. (1972); Die Entwicklung neuer Formen der Haushaltsorganisation aufgrund von Leistungsanalysen, in: Hauswirtschaft und Wissenschaft, 20. Jg., H. 6/1972, S. 276–282.

Blümle, E.-B. (1974); Personalbeschaffung, in: Handwörterbuch der Betriebswirtschaft, Bd. II, 4. völlig neu gestaltete Aufl., hrsg. v. E. Grochla und W. Wittmann, Stuttgart 1974, Sp. 2931–2937.

Böcker, F. (1981); Computergestrickte Sparprogramme, in: Absatzwirtschaft, April 1981, S. 98–103.

Böhler, H. (1992); Marktforschung, 2. Auflage, Stuttgart u. a. 1992.

Bowersox, J. D. (1969); Physical Distribution Development, Current Status and Potential, in: Marketing-Journal, Vol. 33, 1969, S. 63–70.

Brand, H. W. (1978); Die Legende von den „geheimen Verführern“, Weinheim und Basel 1978.

Bratschitsch, R. (1974); Funktionen, betriebliche, in: Handwörterbuch der Betriebswirtschaft, Bd. I, 4. völlig neu bearb. Aufl., hrsg. v. E. Grochla und W. Wittmann, Stuttgart 1974, Sp. 1596–1603.

Burghold, J. A. (1984); Veränderung der Werbung durch den Einsatz neuer Technologien, in: Zukunftsorientiertes Marketing für Theorie und Praxis, Festschrift zum 60. Geburtstag von P. W. Meyer, hrsg. v. A. Hermanns und A. Meyer, Berlin 1984, S. 245–260.

Busse v. Colbe W.; Hammann, P.; Laßmann, G. (1985); Betriebswirtschaftstheorie, Bd. 2, Absatztheorie, 2. revidierte und erweiterte Auflage, Berlin u. a. 1985.

Carl, P. (1977); Kein Ausweg aus der Klemme, in: Manager Magazin, H. 7/1977, S. 99–103.

Churchill, G. A.; Ford, N. M.; Walker, O. C. (1981); Sales Force Management: Planning, Implementation, Control, Homewood, Ill./Georgetown, Ont. 1981.

Craemer, D. (1978); Netzplantechnik im Marketing, in: Handbuch Marketing, Bd. 1, hrsg. v. J. Koinecke, Gernsbach 1978, S. 461–477.

Dam van, André (1977); Marketing in Zeiten weltweiter Rohstoff-Verknappung, in: Absatzwirtschaft, 20. Jg., H. 5/1977, S. 32–35.

Dammenlang, K. (1984); Querschnitt- und Längsschnittmethoden, in: Sozialwissenschaftliche Methoden, hrsg. v. E. Roth, München 1984, S. 319–336.

Dangel, J. W. (1988); Wirtschaftsdatenbanken, in: Management Zeitschrift, Nr. 5/1988, S. 258–262.

Debruicker, S. F.; Summe, G. L. (1985); Aus Kunden Stammkunden machen, in: Harvard Manager, 3/1985, S. 40–47.

Demarchi, C. (1974); Beschaffungsmarketing – Ein revolutionäres System zur Gewinnsteigerung, Düsseldorf und Wien, 1974.

Dennstedt, D. (1978); Möglichkeiten der Automation eines beschaffungspolitischen Entscheidungsprozesses, dargestellt am Beispiel der Auswahl des optimalen Lieferanten, Berlin 1978.

Dhalla, N. K.; Yuspeh, S. (1980); Abschied vom Konzept des Produktlebenszyklus, in: Harvard Manager, 1/1980, S. 69–79.

Dichtl, E. (1970); Die Beurteilung der Erfolgsträchtigkeit eines Produktes als Grundlage der Gestaltung des Produktionsprogrammes, Berlin 1970.

Diller, H. (1980a); Budgetierungstechniken, in: Marketingplanung, hrsg. v. H. Diller, München 1980, S. 115–125.

Diller, H. (1980b); Planungstechniken im Marketing, in: Marketingplanung, hrsg. v. H. Diller, München 1980, S. 3–15.

Diller, H. (1985); Preispolitik, Stuttgart u. a. 1985.

Disch, W. K. A. (1985); Zu Gunsten der Marke. Konflikte zwischen Markentechniker und Verkaufsleiter abbauen, in: Marketing-Journal, 3/1985, S. 216–218.

Dodge, H. R. (1973); Field Sales Management – Text and Cases, Dallas, Texas/Georgetown, Ont. 1973.

Dörsch, W. (1974); Grundsatzfragen bei der Beschaffung von Dienstleistungen, in: Einkaufsleiter-Handbuch, hrsg. v. G. Bretschneider, München 1974, S. 463–473.

Dornach, B. (1978); Abschluß Marktvertrag, in: Integrierte Marketingfunktionen, Absatz, Beschaffung und Öffentlichkeitsarbeit. Hrsg. P. W. Meyer und A. Hermanns, 1.Aufl., Stuttgart u. a. 1978, S. 79–101.

Dornach, B. W. (1982); Selbstversorgung, Das vergessene Wirtschaftssystem, Bielefeld und Köln 1982.

Dornach, F. (1988); Der Einsatz von computergestützten Systemen zur Datenerhebung bei der Befragung, Bd. 15 der Arbeitspapiere zur Schriftenreihe Schwerpunkt Marketing, hrsg. v. P. W. Meyer und dem Lehr- und Forschungsteam Marketing an der Universität Augsburg, 3. Auflage, Augsburg 1988.

Dornach, F. (1988); Marketing-Informationssysteme, in: Thexis Nr. 5/1988, S. 45–49.

Eichholz, R. E. (1984); Alleinstellung, in: Blick durch die Wirtschaft, v. 6. 12. 1984, S. 1.

Ellenrieder, J. (1974); Marktforschung im Dienste des Einkaufs, in: Beschaffung aktuell, 21. Jg., H. 12/1974, S. 21–22.

Engelhardt, H.; Schuster, F. (1980); Kompensationsgeschäfte – Erscheinungsformen und Marketing-Probleme, in: Zfbf, 1980, S. 103–120.

Engelmann, K. (1962); Die Lehre von der Einzelwirtschaft, Köln und Opladen 1962.

Engels, W. (1969); Lieferzeit und Lieferzeitpolitik – Die Lieferzeit als Parameter einer Absatzprognosefunktion in einem Textilunternehmen, in: ZfB, 39. Jg., 1/1969, S. 35–46.

Engels, W. (1985); Von der Armee zur Kirche, in: WiWo, Nr. 37/85, S. 144.

Esser, W. M.; Höfner, K.; Kirsch, W.; Wieselhuber, N. (1983); Der Stand der strategischen Unternehmensführung in der Bundesrepublik Deutschland und West-Berlin, München 1983.

Fahn, F. (1972); Die Beschaffungsentscheidung – Ein Beitrag zur integrativen Betrachtung interorganisatorischer Beschaffungs- und Absatzaktivitäten, Diss., München 1972.

Fantapié Altobelli, C. (1993); Die „Neuen Medien" als Werbeträger, in: Handbuch Marketing Kommunikation, hrsg. v. R. Berndt und A. Hermanns, Wiesbaden 1993, S. 437–462.

Fisk, R. P. (1988); Eight Statistics Packages for the IBM-PC: From procrustean to flexible, in: Journal of Marketing Research, May 1988, S. 219–228.

Freter, H. (1978); Möglichkeiten und Grenzen der Marktsegmentierung unter spezieller Berücksichtigung der Produkt-Positionierung, in: Handbuch Marketing, Bd. 1, hrsg. v. J. Koinecke, Gernsbach 1979, S. 563–574.

Freter, H. (1980); Strategien, Methoden und Modelle der Marktsegmentierung bei der Markterkundung und Marktbearbeitung, in: Die Betriebswirtschaft, 3/1980, S. 453–463.

Freter, H. (1983); Marktsegmentierung, Stuttgart u. a. 1983.

Fuchs, R.; Kleindiek, H. W. (1984); Öffentlichkeitsarbeit heute, Bochum 1984.

Geschka, H. (1985); Auch Kreativität kann man lernen. Techniken zur Rationalisierung der Ideensuche, in: Blick durch die Wirtschaft, v. 8. 7. 85, S. 3.

Geyer, E. (1968); Marktgerechte Produktplanung und Produktentwicklung, Produktmanagement, Teil I, Produkt und Markt, Heidelberg 1968.

Geyer, E. (1972); Marktgerechte Produktplanung und Produktentwicklung, Produktmanagement, Teil II, Produkt und Betrieb, Heidelberg 1972.

Goehrmann, K. E. (1984); Verkaufsmanagement, Stuttgart u. a. 1984.

Goethe, J. W. v. (1947); Metamorphose der Pflanze, Herford 1947.

Golembusch, R. (1982); Der Beitrag des modernen Innendienstes zur Lösung betriebswirtschaftlicher Engpässe im Verkauf, in: Verkaufsleiter-Handbuch, hrsg. v. F. H. Wolter, Landsberg am Lech 1982, S. 172–206.

Gomberg, W. (1903); Handelsbetriebslehre und Einzelwirtschaftslehre, Leipzig 1903.

Graf, W. (1984); Absatzmarketing-Controlling. Eine Analyse aus der Sicht des integrierten Funktionalansatzes, in: Zukunftsorientiertes Marketing für Theorie und Praxis, Festschrift zum 60. Geburtstag von P. W. Meyer, hrsg. v. A. Hermanns und A. Meyer, Berlin 1984, S. 57–72.

Graumann, J.; Weismann, A. (1984); Vertriebs- und Marketingstrategien im Verdrängungswettbewerb, Marketing-Report 24, München 1984.

Green, P. E.; Tull, D. S. (1988); Methoden und Techniken der Marketingforschung, 4. Aufl., dt. Übersetzung von R. Köhler u. a., 2. Auflage, Stuttgart 1988.

Griese, M.; Single Source, Neue Möglichkeiten für Mediaplanung und Analyse, in: Planung und Analyse, 6/1993, S. 58–62.

Grochla, E. (1959); Elastische Beschaffungsplanung im Industriebetrieb zur Anpassung an die konjunkturelle Entwicklung, in: BFuP, 11. Jg., H. 7–8/1959, S. 393–409.

Grochla, E.; Kubicek, H. (1976); Zur Zweckmäßigkeit und Möglichkeit einer umfassenden betriebswirtschaftlichen Beschaffungslehre, in: Zfbf, 28. Jg., H. 5/1976, S. 257–275.

Grochla, E. (1977); Der Weg zu einer umfassenden betriebswirtschaftlichen Beschaffungslehre, in: Die Betriebswirtschaft, 37. Jg., H. 2/1977, S. 181–191.

Grochla, E.; Schönbohm, P. (1980); Beschaffung in der Unternehmung. Einführung in eine umfassende Beschaffungslehre, Stuttgart 1980.

Gröne, A. (1977); Marktsegmentierung bei Investitionsgütern, Wiesbaden 1977.

Grönroos, C. (1980); An applied service marketing theory, working-paper Nr. 57 der Institutionen für marknadsekonomie, Helsingfors 1980.

Gross, W.; Söhnlien, W. (1976); Bürgerliches Recht, Fall-Systematik – Lösung, Bd. III, Wiesbaden 1976.

Gümbel, R. (1963); Die Sortimentspolitik in den Betrieben des Wareneinzelhandels, Köln, Opladen 1963.

Gutenberg, E. (1984); Grundlagen der Betriebswirtschaftslehre, Bd. 2, Der Absatz, 17. Aufl., Berlin u. a. 1984.

Hack, J. (1976); Produktplanung am Beispiel der Investitionsgüterindustrie, Essen 1976.

Hack, J. (1978); Produktplanung für die Investitionsgüterindustrie, in: Handbuch Marketing, Bd. 1, hrsg. v. J. Koinecke, Gernsbach 1978, S. 449–460.

Hack-Unterkircher, E. (1976); Der organisierbare Haushalt, Essen 1976.

Hack-Unterkircher, E. (1978); Absatzdurchführung (Distribution), in: Integrierte Marketingfunktionen, Absatz, Beschaffung und Öffentlichkeitsarbeit, hrsg. v. P. W. Meyer und H. Hermanns, 1. Aufl., Stuttgart u. a. 1978, S. 102–122.

Haedrich, G.; Kreilkamp, E. (1983); Zur Situation der Öffentlichkeitsarbeit in deutschen Unternehmen, in: Die Betriebswirtschaft, 3/1983, S. 431–442.

Haller, P. (1984); Erst die Positionierung, dann das Produkt – Denn: Mit Me too-Produkten kann man leben, mit Me too-Positionierungen aber nicht, in: Marketing-Journal, 6/1984, S. 526–532.

Hamman, P.; Erichson, B. (1978); Marktforschung, Stuttgart und New York 1978.

Hansen, U. (1976); Absatz- und Beschaffungsmarketing des Einzelhandels, Bd. 1 und 2, Göttingen 1976.

Harlander, N.; Platz, G. (1982); Beschaffungsmarketing und Materialwirtschaft, Einkaufsmärkte erforschen und gestalten, 2. Aufl., Stuttgart 1982.

Hartmann, H.-J. (1992); Materialwirtschaft, Organisation, Planung, Durchführung, Kontrolle, 2. Aufl., München, Wien, 1992.

Havighorst, D. (1980); Konzept und Leistungspotential der Marketing-Logistik, Weinheim 1980.

Heger, H. (1957); Die Beschaffung – unter besonderer Berücksichtigung ihrer Abhängigkeit vom Absatz- und Beschaffungsmarkt, Bd. III der Schriftenreihe Marktwirtschaft und Verbrauch, hrsg. v. Gesellschaft für Konsumforschung, Nürnberg 1957.

Heinen, E. (1976); Grundlagen betriebswirtschaftlicher Entscheidung. Das Zielsystem der Unternehmen, 3. Aufl., Wiesbaden 1976.

Heinzelbecker, K. (1985); Marketing-Informationssysteme, Stuttgart u. a. 1985.

Hering, E. (1984); Planung neuer Produkt-Markt-Bereiche unter besonderer Berücksichtigung der Realisierung in Klein- und Mittelbetrieben, Frankfurt/M. u. a. 1984.

Hermanns, A. (1973); Werbewissenschaft und Kommunikationstheorie, in: Jahrbuch der Absatz- und Verbrauchsforschung, Nr. 1/1973, S. 47–59.

Hermanns, A. (1977); Betriebswirtschaftliche Funktionen und Verwirklichungsstufen der Werbung, in: Markenartikel Nr. 5/1977, S. 218–222.

Hermanns, A. (1978); Funktionen des Absatzmarketing, I. Absatzvorbereitung, in: Integrierte Marketingfunktionen, Absatz, Beschaffung und Öffentlichkeitsarbeit, hrsg. v. P. W. Meyer und A. Hermanns, 1. Aufl., Stuttgart u. a. 1978, S. 32–56.

Hermanns, A. (1979); Konsument und Werbewirkung – Das phasenorientierte Werbewirkungsmodell, Bielefeld und Köln 1979.

Hermanns, A.; Bohnert, D. (1983); Neue Kommunikationstechnologien im Marketing, Bd. 2, München 1983.

Hesse, J. (1978); Funktionale Marketing-Organisation, in: Integrierte Marketingfunktionen, Absatz, Beschaffung und Öffentlichkeitsarbeit, hrsg. v. P. W. Meyer und A. Hermanns, Stuttgart u. a. 1978, S. 168–189.

Heuer, G. (1968); Elemente der Werbeplanung, Köln und Opladen 1968.

Hill, W. (1982); Marketing II, die Marketinginstrumente – Integration des Marketing, 5. Aufl., Bern und Stuttgart 1982.

Hinse, D. (1978); Die Entwicklung detaillierter und in sich abgestimmter Gesamt- und Teilziele im Marketing und Vertrieb, in: Handbuch Marketing, Bd. 1, hrsg. v. J. Koinecke, Gernsbach 1978, S. 377–383.

Hinterhuber, H. H.; Mak, O. F. (1983); Strategische Alternativen in schrumpfenden Branchen, in: Harvard manager, 4/1983, S. 89–98.

Höfner, K. (1966); Der Markttest für Konsumgüter in Deutschland, Stuttgart 1966.

Höger, A. (1978); Pro und Contra Testmarkt, in: Handbuch Marketing, Bd. 2, hrsg. v. J. Koinecke, Gernsbach 1978, S. 1423–1430.

Hoffmann, F. (1976); Entwicklung der Organisationsforschung, 2. Auflage, Wiesbaden 1976.

Hoffmann, K. (1972); Der Produktlebenszyklus. Eine kritische Analyse, Freiburg 1972.

Hoffmann, K. (1979); Wie man Flop-Raten reduziert – Neue Produkte finden und erfolgreich plazieren, München 1979.

Holm, K. (Hrsg.) (1975); Die Befragung 1, Der Fragebogen – Die Stichprobe, München 1975.

Holme, P. (1991); Neue Wege zu Käuferzentrierung – Kauf und Verkauf im Abschlußprozeß, Augsburg 1991.

Holscher, C. (1976); Sozio-Marketing; Mittel zur Lösung gesellschaftlicher Probleme, in: Praxisorientiertes Marketing, Ansätze und Perspektiven, hrsg. v. P. W. Meyer und A. Hermanns, 1. Aufl., Stuttgart u. a. 1976, S. 156–170.

Holscher, C. (1978); Absatzanbahnung, in: Integrierte Marketingfunktionen, 1. Aufl., hrsg. v. P. W. Meyer und A. Hermanns, Stuttgart u. a. 1978, S. 57–78.

Holscher, C. (1984); Die PR-Agentur der Zukunft: Unternehmensberatung für Kommunikation, in: Zukunftsorientiertes Marketing für Theorie und Praxis, Festschrift zum 60. Geburtstag von P. W. Meyer, hrsg. v. A. Hermanns und A. Meyer, Berlin 1984, S. 235–244.

Holscher, C. (1985); Zielgruppe Neinsager, in: werben und verkaufen, Nr. 12/1985, S. 32–35.

Huber, O. (1984); Beobachtung, in: Sozialwissenschaftliche Methoden, hrsg. v. E. Roth, München, Wien 1984, S. 124–143.

Hüttner, M. (1978); Multivariate Methoden im Marketing, München 1978.

Hunsinger, H. (1975); Die anonyme Macht – Einkaufsgremien im Lebensmittelhandel. Eine Untersuchung der Lebensmittelzeitung, Frankfurt/M. 1975.

Huppert, E. (1978); Produkt-Lebenszyklus, eine Entscheidungshilfe?, in: Marketing-Journal, 5/1978, S. 416–423.

Huppert, E. (1984); Scanning: Elektronische Handels- und Konsumentenpanels, in: Neue Informations- und Kommunikationstechnologien in der Marktforschung, hrsg. von J. Zentes, Berlin u. a. 1984, S. 18–41.

Jacobi, H. (1975); Planung der Werbestrategien, in: Handbuch der Werbung, hrsg. v. K. Chr. Behrens, 2. Aufl. Wiesbaden 1975, S. 435–468.

Janetzko, G. (1977); Sales Promotion by Agents. Wie man Verkaufsreisen organisiert, Wiesbaden 1977.

Jaspert, F. (1981); Marketing: Intensivkurs, München und Wien 1981.

Joas, A.; Marktstudien am PC, in: Thexis, Nr. 3/1987, S. 54–57.

Jung, C. G. (1960); Gesammelte Werke, Bd. 6: Psychologie der Typen, Zürich und Stuttgart 1960.

Jung, C. G. (1967); Gesammelte Werke, Bd. 8: Die Dynamik des Unterbewußtseins, Zürich und Stuttgart 1967.

Junk, H. (1971); Optimale Werbeprogrammplanung – Grundlagen und Entscheidungsmodelle, Essen 1971.

Kaas, K. P. (1973); Diffusion und Marketing. Das Konsumentenverhalten bei der Einführung neuer Produkte, Stuttgart 1973.

Kachen, W. (1977); Augen zu und durch, in: Der Spiegel Nr. 48/77, S. 21–23.

Kappler, E.; Rehkugler, H. (1978); Kapitalwirtschaft, in: Industriebetriebslehre, hrsg. v. E. Heinen, 6. Auflage, Wiesbaden 1978, S. 665–767.

Kater, W. (1976); Hannover Messe: Aktuelles Medium im Beschaffungsmarketing, in: Beschaffung aktuell, 23. Jg., H. 3/1976, S. 16–20.

Katz, C. (1960); The Two Step Flow of Communication, in: Mass. Communications, hrsg. v. W. Schramm, 2. Aufl., Urbana u. a. 1960, S. 346–365.

Kirsch, W.; Bamberger, I.; Gabele, E.; Klein, H. (1973); Betriebswirtschaftliche Logistik. Systeme, Entscheidungen, Methoden, Wiesbaden 1973.

Kleine, M. L. (1975); Die neuen Techniken der Kreativität und Problemlösung, München 1975.

Kneule, S. (1975); Marketing an Schulen des Fachbereichs Wirtschaft in der Sekundarstufe II – Entwicklung eines Marketing-Curriculums, Diss., Augsburg 1975.

Knüppel, L. (1975); Entscheidungsorientierte Werbeträgerplanung, Essen 1975.

Koinecke, J. (1978); Schwachstellen im Produkt-Management beseitigen, in: Handbuch Marketing, Bd. 1, hrsg. v. J. Koinecke, Gernsbach 1978, S. 289–295.

Koinecke, J. (1984); Lohnsysteme und Motivationspläne als Mittel der Verkaufssteuerung, in: Verkauf & Marketing, 2/1984, S. 13–16.

Koppelmann, U. (1978); Grundlagen des Produktmarketing. Zum qualitativen Informationsbedarf von Produktmanagern, Stuttgart u. a. 1978.

Koppelmann, U. (1981); Produktwerbung, Stuttgart u. a. 1981.

Kotler, P.; Levy, S. (1973); Buying is Marketing too!, in: Journal of Marketing, Vol. 37, H. 1/1973, S. 54–59.

Kotler, P.; Andreasen, A. (1987); Strategie Marketing for Non-Profit-Organizations, 3. Aufl., Englewood Cliffs, New Jersey, 1987.

Kotler, P. (1995); Marketing-Management, Analyse, Planung und Kontrolle, 8. vollst. neubearb. u. erw. Aufl., Stuttgart 1995.

Kreilkamp, E. (1987); Strategisches Management und Marketing, Markt- und Wettbewerbsanalyse, Strategische Frühaufklärung, Portfolio-Management, Berlin, New York 1987.

Kreuz, A. (1975); Der Produkt-Manager. Seine Rolle im Marketing-Prozeß. Essen 1975.

Kreuz, A. (1981); Marketing-Organisation. Grundlagen praktischer Marketing-Organisation, Bielefeld u. a. 1981.

Kroeber-Riel, W.; Neibecker, B. (1983); Elektronische Datenerhebung: Computergestützte Interviewsysteme, in: Forschungsgruppe Konsum und Verhalten (Hrsg.). Innovative Marktforschung, Würzburg und Wien 1983, S. 193–208.

Krulis-Randa, J. S. (1977); Marketing-Logistik. Eine systematische Konzeption der betrieblichen Warenverteilung und Warenbeschaffung, Bd. 21 der Schriftenreihe des Instituts für betriebswirtschaftliche Forschung an der Universität Zürich, hrsg. v. E. Rühli, Bern und Stuttgart 1977.

Kucher, E. (1985); Scannerdaten und Preissensitivität bei Konsumgütern, Wiesenbaden 1985.

Kühn, H. J.; Kickuth, U. (1983); Know How bringt Licht ins Dunkel, hrsg. v. Geo GmbH, München 1983.

Künkel, F. (1975); Einführung in die Charakterkunde, 16. Aufl., Stuttgart 1975.

Künkel, F. (1976a); Charakter, Wachstum und Erziehung, 4. Aufl., Stuttgart 1976.

Künkel, F. (1976b); Charakter. Einzelmensch und Gruppe, 2. Aufl., Stuttgart 1976.

Künkel, F. (1976c); Charakter, Krisis, Weltanschauung, Stuttgart 1976.

Kuhlmann, E. (1979); Die Selektion von Segmentierungsmerkmalen, Arbeitspapier zum Marketing, Nr. 4, hrsg. v. W. H. Engelhardt und P. Hamann, Bochum 1979.

Kunz, D. (1977); Untersuchung über den Einfluß der Struktur von Warenverteilungsnetzen auf die Distributionskosten, in: Forschungsberichte des Landes Nordrhein-Westfalen, Opladen 1977.

Laswell, H. D. (1960); The Structure and Function of Communication in Society, in: Mass Communications, hrsg. v. W. Schramm, 2. Aufl., Urbana, Chicago und London 1960, S. 117–139.

Laukamm, T.; Steinthal, N. (1982); Methoden der Strategieentwicklung und des strategischen Managements – Von der Portfolio-Planung zum Führungssystem, in: Management im Zeitalter der strategischen Führung, hrsg. v. A. D. Little, International, Wiesbaden 1982, S. 7–36.

Lessing, R.; Groeger, H. (1982); Führen mit strategischen Geschäftseinheiten, Praxiskonzept und Anleitung für Mittelbetriebe mit Erfahrungsbericht über das Pilotobjekt der EBM-Industrie, Absatzwirtschaft-Schriften zum Marketing, Bd. 6, Düsseldorf u. a. 1982.

Lettau, H. G. (1984); Strategische Planung, die Inhalte für den Außendienst herunterbrechen, in: Marketing-Journal, 6/1984, S. 565–567.

Lietz, J. H. (1971); Marketing in der Beschaffung, in: Management-Enzyklopädie, Bd. 4, München 1971, S. 414–425.

Lietz, J. H.; Lissa, H. (1975); Grundzüge des industriellen Beschaffungswesens, Berlin und Köln 1975.

Limbert, W.; Hofer, R. (1975); Zielorientierte Verkäuferentlohnung – Beurteilungskriterien bei der Auswahl wirkungsvoller Verkäuferentlohnungssysteme, München 1975.

Lindner, T. (1983); Strategische Entscheidungen im Beschaffungsbereich, München 1983.

Link, J. (1985); Strategische Planung. Die 8 folgenschweren Mißverständnisse vermeiden, in: Marketing-Journal, 3/1985, S. 248–252.

Link, U. (1988); Strategische Konkurrenzanalyse im Konsumgütermarketing. Theoretische Grundlagen und Operationalisierung, Idstein 1988.

Lippmann, H. (1980); Beschaffungsmarketing. Grundlagen einer einzelwirtschaftlich-funktionalen Beschaffungslehre, Bielefeld und Köln 1980.

Lippmann, H. (1984); Strategische Marketing-Planung aus der Sicht des Betrachters, in: Zukunftsorientiertes Marketing für Theorie und Praxis, Festschrift zum 60. Geburtstag von P. W. Meyer, hrsg. v. A. Hermanns und A. Meyer, Berlin 1984, S. 43–55.

Litzenroth, H. (1985); Erste Begegnung mit der Hi-Tech-Marktforschung, in: Absatzwirtschaft, Nr. 7/1985, S. 68–70.

Majer, W. (1969); Programmbereinigung als unternehmenspolitisches Problem, Wiesbaden 1969.

Maletzke, G. (1963); Psychologie der Massenkommunikation, Hamburg 1963.

Meffert, H. (1974); Interpretation und Aussagewert des Produktlebenszykluskonzepts, in: Neuere Ansätze der Marketingtheorie, Festschrift zum 80. Geburtstag von O. Schnutenhaus, hrsg. v. P. Hammann, W. Kroeber-Riel und C. W. Meyer, Berlin 1974, S. 85–133.

Meffert, H. (1983); Strategische Planungskonzepte in stagnierten und gesättigten Märkten, in: Die Betriebswirtschaft, 2/1983, S. 139–209.

Mellerowicz, K. (1963); Unternehmenspolitik, Bd. II, 2. Aufl., Freiburg 1963.

Mentzel, K. H. (1978); Öffentlichkeitsarbeit als Marketingfunktion, in: Integrierte Marketingfunktionen – Absatz, Beschaffung und Öffentlichkeitsarbeit, 1. Aufl., Stuttgart u. a. 1978, S. 148–167.

Merton, R. K. (1949); Pattern of Influence: A Study of Interpersonal Influence and Communication Behavior via Local Community, in: Communication Research 1948–49, hrsg. v. F. Lazersfeld und F. N. Stanton, New York 1949, S. 180–219.

Meyer, A. (1994); Dienstleistungs-Marketing, Erkenntnisse und praktische Beispiele, 6. Aufl., München 1994.

Meyer, A. (1985); Produktdifferenzierung durch Dienstleistungen, in: Marketing. Zeitschrift für Forschung und Praxis, 2/1985, S. 99–107.

Meyer, A. (1989): Mikrogeografische Marktsegmentierung – Grundlagen, Anwendung und kritische Beurteilung von Verfahren zur Lokalisierung und gezielten Ansprache von Zielgruppen, in: Jahrbuch der Absatz- und Verbrauchsforschung, 4/1989, S. 342–365.

Meyer, P. W. (1957); Marktforschung. Ihre Möglichkeiten und Grenzen, Düsseldorf 1957.

Meyer, P. W. (1962); Was muß ein Unternehmen alles tun, ehe ein neues Produkt auf den Markt gebracht wird, in: Beiträge zur Absatzwirtschaft 1962, hrsg. v. Marketing- und Verkaufsleiter-Club Bielefeld e. V., Bielefeld 1962, S. 57–64.

Meyer, P. W. (1963); Die Werbeerfolgskontrolle, Düsseldorf und Wien 1963.

Meyer, P. W. (1965a); Ertrags- und Funktionsanalyse als Mittel betriebswirtschaftlicher Kontrolle, in: ZfbF, Nr. 5/6/65, S. 245–254.

Meyer, P. W. (1965b); Das betriebswirtschaftliche Marktmodell – Ein Beitrag zur Markttheorie, in: BFuP Nr. 11–12/65, S. 638–666.

Meyer, P. W. (1972); Wirkungs- und Erfolgskontrolle im Marketing, in: Werbung im Wandel, hrsg. v. C. Hundhausen, Essen 1972, S. 151–157.

Meyer, P. W. (1973); Die machbare Wirtschaft, Grundlagen des Marketing, Essen 1973.

Meyer, P. W. (1974); Marktforschung und Wirtschaftsforschung, in: Neuere Ansätze der Marketingtheorie, Festschrift zum 80. Geburtstag von O. R. Schnutenhaus, hrsg. v. P. Hammann, W. Kroeber-Riel und C. W. Meyer, Berlin 1974, S. 17–25.

Meyer, P. W. (1976a); Marketing, seine Basis, sein System und seine Zukunft, in: Absatzwirtschaft, 19. Jg., Sonderausgabe, H. 10/1976, S. 10–13.

Meyer, P. W. (1976b); Versuch eines neuen wirtschaftswissenschaftlichen Ansatzes für das Marketing, in: Praxisorientiertes Marketing, Ansätze und Perspektiven, hrsg. v. P. W. Meyer und A. Hermanns, Stuttgart u. a. 1976, S. 13–31.

Meyer, P. W. (1976c); Werbemittel und Werbeinstitutionen, in: Handwörterbuch der Betriebswirtschaft, 4. Aufl., Bd. 1/III, hrsg. v. E. Grochla und W. Wittmann, Stuttgart 1976, Sp. 4368–4376.

Meyer, P. W. (1978); Die Marketingfunktionen in Rahmen des integrativen Marketing-Ansatzes, in: Integrierte Marketingfunktionen, Absatz, Beschaffung und Öffentlichkeitsarbeit, hrsg. v. P. W. Meyer und A. Hermanns, 1. Aufl., Stuttgart u. a. 1978, S. 13–31.

Meyer, P. W. (1983); Marketing ist praktizierte Marktwirtschaft, in: asw Nr. 3/83, S. 46–51.

Meyer, P. W. (1985); Wirtschaft, Markt, Marketing, Materialien zum Marketing, Bd. 1, Augsburg 1985.

Meyer, P. W. (1985/86); Materialien zu den Grundlagen des Marketing, Band 1–7, Augsburg 1987/88.

Meyer, P. W.; Hermanns, A. (1974); Das Kommunikationsmodell der Werbung, in: Marketing-Enzyklopädie, Bd. 2, München 1974, S 107–118.

Meyer, P. W.; Hermanns, A. (1981); Theorie der Wirtschaftswerbung – Ein Beitrag zum Wissenschafts-Praxis-Transfer, Stuttgart u.a. 1981.

Meyer, P. W.; Hermanns, A. (1984); Panel-Untersuchungen, in: E. Roth (Hrsg.) Sozialwissenschaftliche Methoden, München und Wien 1984, S. 293–303.

Meyer, P. W.; Joas, A. (1988); Informationstechnologien als Istrument des Marketing: Wettbewerbsvorteile jetzt sichern, in: Gablers Magazin, Nr. 4/1988, S. 39–43.

Meyer, P. W.; Meyer, A. (1981); Markenführung mit Modellcharakter, in: Absatzwirtschaft, 4/1981, S. 122–129.

Meyer, P. W.; Meyer, A. (1985); Handel als Dienstleistung: Die Banken im Spannungsfeld zweier Marktsysteme; Standortbestimmung und kritische Anmerkungen zum Marketing der Banken und Sparkassen, in: Jahrbuch der Universität Augsburg 1984, Augsburg 1985, S. 135–143.

Meyer, W. (1951); Elemente zu einer Beschaffungstheorie des Betriebes, H. 10 der Basler betriebswirtschaftlichen Studien, hrsg. v. Th. Brogle, Basel 1951.

Milde, H. (1983); Single Source: Ein neuer Ansatz in der Marketing-Forschung macht Einkaufsentscheidungen transparent, in: planung u. analyse, 1/1983, S. 24–29.

Möller, P. (1974); Lagerpolitik, in: Handwörterbuch der Absatzwirtschaft, hrsg. v. B. Tietz, Stuttgart 1974, Sp. 1181–1191.

Moser, R. O. (1985); Mikrocomputer. Den Mikro für die Neuprodukte-Planung nutzen, in: Marketing-Journal, 2/1985, S. 146–149.

Moser, R.; Topritzhofer, E. (1978); Gegengeschäfte – Ein Systematisierungsversuch, in: Journal für Betriebswirtschaftslehre, 4/1978, Sp. 190–195.

Moss, S. (1978); What Sales Execution Look For in New Salespeople, in: Sales and Marketing Management, März 1978, S. 41–64.

Mossmann, F. H.; Morton, N. (1965); Logistics of Distribution Systems, Boston 1965.

Müller-Hagedorn, L. (1993); Handelsmarketing, 2. überarb. u. erw. Aufl., Stuttgart u.a. 1993.
Neske, F. (1977); PR-Management, Gernsbach 1977.
Nieschlag, R.; Dichtl, E.; Hörschgen, H. (1994); Marketing, 17. neu bearb. Aufl., Berlin 1994.
Oeckl, A. (1976); PR-Praxis, Düsseldorf, Wien 1976.
Oholetz, H. (1978); Verkaufs- und Marketingpraxis, Stuttgart u. a. 1978.
o.V. (1977); Industrie-Einkäufer richtig einschätzen, in: Absatzwirtschaft, 20. Jg., H. 3/1977, S. 62–65.
o.V. (1981); IGMA: Checkliste für die Projekt-Bewertung – Betriebliche Marktforscher: Entzauberung der Instituts-Landschaft, in: Context – Vertraulicher Informationsdienst zu Fragen der Kommunikation in Wirtschaft und Gesellschaft, Folge 415 vom 18. 10. 1981.
o.V. (1984a); Einzelhandel: Cash oder Karte, in: Absatzwirtschaft, 10/84, S. 52–55.
o.V. (1984b); Das richtige Segment vor Augen?, in: Absatzwirtschaft, 12/1984, S. 40–48.
Peddie, R. (1983); Produktpolitik, zehn Arten und Weisen, wie man ein altes Produkt mit neuen Kniffen aufpolieren kann, in: Der Kontakter, 38/1983, S. 22–28.
Pfohl, H.-C. (1972); Marketing-Logistik, Gestaltung, Steuerung und Kontrolle des Warenflusses im modernen Markt, Mainz 1972.
Pierzdioch, B. (1983); Werbeerfolgskontrolle auf der Grundlage von Imageanalysen, Berlin 1983.
Pinnekamp, H. J. (1980); Lebenszyklus-Modelle, empirische Lebenszyklus-Verläufe und praktisches Marketing, in: Innovatives / Strategisches Management, AAW-Schriftenreihe zur angewandten Wirtschaftswissenschaft, Reihe 17, Heft 3, hrsg. v. U. Frantz, Lemgo 1980, S. 358–384.
Plank, R. E. (1985); A critical Review of Industrial Market Segmentation, in: Industrial Marketing Management, 14/1985, S. 79–91.
Pöhner, H.; Ott, W. (1958); Verkaufskontrolle – Verkaufsbezirke – Verkaufsquoten, in: Handbuch der Verkaufsleitung, 2. Aufl., München 1958, S. 129–195.
Poth, L. G. (1970); Praxis der betrieblichen Warenverteilung – Marketing – Logistik, Band 4 der Schriftenreihe Marketing, Düsseldorf 1970.
Poth, L. G. (1973); Praxis der Marketing-Logistik, Heidelberg 1973.
Pudenz, W. (1978); Festsetzung und Verteilung von Werbebudgets, München 1978.
Raffée, H.; Wiedmann, K. (1983); Glaubwürdigkeitsoffensive, in: asw 12/1983, S. 52–61.
Reber, G.; Strehl, F. (1984); Organisatorische Bedingungen von Produktinnovationen, in: Marktorientierte Unternehmensführung, wiss. Tagung des Verbandes der Hochschullehrer für Betriebswirtschaft in Wien 1983, schriftliche Dokumentation, hrsg. v. J. Maznec und F. Scheuch, Wien 1984, S. 625–649.
Rehorn, J. (1977); Markttest, Neuwied 1977.
Rehorn, J. (1983); Was leisten Pretests?, hrsg. v. Simon, Rempen & Schmitz – SMS, Düsseldorf 1983.
Rehorn, J. (1988); Werbetests, Neuwied 1988.

Reimann, H. (1973); Kommunikation, in: Sowjetsystem und demokratische Gesellschaft – Eine vergleichende Enzyklopädie, Freiburg, Basel und Wien 1973, Sp. 713–731.

Reschke, H. (1978); Das Projekt-Management, in: Handbuch Marketing, Bd. 1, hrsg. v. J. Koinecke, Gernsbach 1978, S. 297–307.

Riegl, G. F. (1982); Marketing-Management – Ein Beitrag zur systematischen Verwirklichung des Absatzmanagement, Bielefeld u. a. 1982.

Robertson, D. H.; Bellenger, D. N. (1980); Sales Management, New York 1980.

Rogers, E. M. (1962); Diffusion of Innovations, New York u. a. 1962.

Rogge, H.-J. (1979); Grundzüge der Werbung, Berlin 1979.

Rogge, H.-J. (1992); Marktforschung, Elemente und Methoden betrieblicher Informationsgewinnung, München, Wien 1992.

Rogowsky, B. (1926); Beschaffungstechnik, in: Handwörterbuch der Betriebswirtschaft, Bd. 1, hrsg. v. H. Nicklisch, Stuttgart 1926, Sp. 1026–1042.

Rohlmann, P. (1977); Marketing in der Rezession. Ein Beitrag zur antizyklischen Produkt- und Programmpolitik, Wiesbaden 1977.

Ronneberger, F. (1967); Allgemeine Massenkommunikationslehre, vom Autor vervielfältigtes Manuskript, Nürnberg o. J. (1967).

Rosenstiel, L. von (1976); Marketing-Psychologie, in: Praxisorientiertes Marketing – Ansätze und Perspektiven, hrsg. v. P. W. Meyer und A. Hermanns, Stuttgart u. a. 1976, S. 171–192.

Ruland, J. (1972); Werbeträger, Einführung in die Praxis des Werbeträgereinsatzes, Bad Homburg 1972.

Rutschmann, M. (1976); Werbeplanung – Ein entscheidungsorientierter Ansatz, Bern 1976.

Sabath, R. E. (1978); How Much Service Do Customers Really Want?, in: Business Horizons, Vol. 21/2 1978, S. 33 ff.

Salcher, E. F.: (1978); Psychologische Marktforschung, Berlin und New York 1978.

Sand, H. (1979); Neue Methoden zum kreativen Denken und Arbeiten, Kissing 1979.

Sand, H.; Hörner, W. (1981); Praktische Beispiele erfolgreicher Marktforschung vom Schreibtisch aus, Kissing 1981.

Sandig, C. (1935); Grundriß der Beschaffung, in: Die Betriebswirtschaft, 28. Jg., Teil 1, H. 8/1935, S. 175–182, Teil 2, H. 9/1935, S. 196–201; Teil 3, H. 10/1935, S. 228–235.

Schäfer, E. (1943); Die Aufgabe der Absatzwirtschaft – Eine Grundlegung, Leipzig 1943.

Schäfer, E. (1955); Die Funktionalbetrachtung in der Betriebswirtschaftslehre, in: Gegenwartsprobleme der Betriebswirtschaft, hrsg. v. F. Henzel, Baden-Baden und Frankfurt/M. 1955, S. 11–24.

Schäfer, E. (1966); Absatzwirtschaft, in: K. Hax und Th. Wessel (Hrsg.), Handbuch der Wirtschaftswissenschaft, Bd. 1, Betriebswirtschaft, 2. Aufl., Köln und Opladen 1966, S. 22 ff.

Schäfer, E. (1974a); Die Unternehmung, Einführung in die Betriebswirtschaftslehre, 8. neubearb. u. erw. Aufl., Opladen 1974.

Schäfer, E. (1974b); Absatzwirtschaft, in: B. Tietz (Hrsg.), Handwörterbuch der Absatzwirtschaft, Stuttgart 1974, Sp. 186 ff.

Schäfer, E.; Knoblich, H. (1978); Grundlagen der Marktforschung, 5. Auflage, Stuttgart 1978.
Schär, F.-J. (1923); Allgemeine Handelsbetriebslehre, 2. Aufl., Leipzig 1923.
Schineis, M. (1989); Marketing und Datenschutz – Probleme, Lösungsansätze, empirische Ergebnisse, Augsburg 1989.
Schlicksupp, H. (1981); Innovation, Kreativität & Ideenfindung, 2. Aufl., Würzburg 1981.
Schmalen, H. (1985); Kommunikationspolitik – Werbeplanung, Stuttart u. a. 1985.
Schmidbauer, B. (1971); Marktforschung im Dienste des Einkaufs, in: Betriebswirtschaftsmagazin, H. 6/1971, S. 285–288.
Schmitt-Grohé, J. (1972); Produktinnovation, Verfahren und Organisation der Neuproduktplanung, Wiesbaden 1972.
Schnedlitz, P. (1985); Ein ganzheitlicher Ansatz zur Selektion von Produktinnovationen, in: Jahrbuch der Absatz- und Verbrauchsforschung, 2/1985, S. 138–166.
Schneider, D. J. G. (1985); Marktselektion im internationalen Marketing für Investitionsgüter, in: Der Betriebswirt, 1/1985, S. 10–16.
Schnell, R.; Hill, B.; Esser, E. (1988); Methoden der empirischen Sozialforschung, München, Wien 1988.
Schönpflug, A. (1954); Betriebswirtschaftslehre, 2. Aufl., Stuttgart 1954.
Scholz, C. (1984); Strategisches Rezessionsmangement, in: Harvard manager, 1/1984, S. 16–28.
Schramm, H. F. W. (1985); Von der Forschung zum Break-Even-Point, Innovation in der Büro- und Informationstechnik (5), in: Blick durch die Wirtschaft, v. 24. 5. 85, S. 4.
Schulz, R. (1972); Kaufentscheidungsprozesse des Konsumenten, Wiesbaden 1972.
Schwarzer, U. (1978); Marketingetats in der Praxis, in: Handbuch Marketing, Bd. 1, hrsg. v. J. Koinecke, Gernsbach 1978, S. 407–413.
Schyberger, B. W. (1973); Market Segmentation. An Overview and critical analysis. Department of Business Administration, Stockholms University, 1973.
Sellien, H. (Hrsg.) (1971); Gablers Wirtschaftslexikon, zweiter Band L–Z, 8. Aufl., Wiesbaden 1971, Stichwort Verkauf, Spalte 1806.
Seyffert, R. (1966); Werbelehre – Theorie und Praxis der Werbung, Bd. 1, Stuttgart 1966.
Seyffert, R. (1972); Wirtschaftslehre des Handels, hrsg. v. E. Sundhoff, Opladen 1972.
Sharmann, G. (1985); Die Wiederentdeckung der Logistik, in: Harvard Manager, 3/1985, S. 47–53.
Simon, H. (1982); Preismanagement, Wiesbaden 1982.
Specht, G. (1992); Distributionsmanagement, 2. Auflage, Stuttgart u. a., 1992.
Spiegel-Verlag (1982); Der Entscheidungsprozeß bei Investitionsgütern, Hamburg 1982.
Spindler, G. (1974); Public Relations – Aufgabe für Unternehmer, Frankfurt/M. und New York 1974.
Stahr, G. (1985); Schrittweise zu erfolgreichen Segmenten, in: Absatzwirtschaft, 4/1985, S. 60–67.

Stangl, U. (1985); Beschaffungs-Marktforschung – Ein heuristisches Entscheidungsmodell, Köln 1985.

Stankowski, W. (1985); Das visuelle Erscheinungsbild der Corporate Identity, in: Corporate Identity, hrsg. v. K. Birkigt und M. M. Stadler, 2. Aufl., Landsberg 1985, S. 175–199.

Stark, H. (1973); Beschaffungsführung. Grundlagen marktkonformen und zielorientierten Verhaltens in der Beschaffung, Stuttgart 1973.

Stark, H. (1974); Erfolgreiches Beschaffungsmarketing in der Industrie bei zunehmendem Kostendruck, in: Beschaffung aktuell, 21. Jg., Teil I, H. 10/1974, S. 66–68; Teil II; H. 11/1974, S. 17–18.

Stark, H. (1977); Betriebswirtschaftslehre und Beschaffungspraxis (I), Teil 1, in: Beschaffung aktuell, 24. Jg., H. 2/1977, S. 15–18.

Steiner, G. A. (1971); Top Management Planung, München 1971.

Stelzl, J. (1984); Experiment, in: Sozialwissenschaftliche Methoden, hrsg. v. E. Roth, München 1984, S. 220–237.

Storholm, G. R. (1982); Sales Management, Englewood Cliffs 1982.

Strache, H. (Hrsg.) (1982); Beschaffungsmarktforschung, Wiesbaden 1982.

Straub, F. (1974); Grundsätze der industriellen Beschaffungspraxis, in: Einkaufsleiter-Handbuch, hrsg. v. G. Bretschneider, München 1974, S. 15–35.

Strebel, H. (1985); Scoring-Methoden bei unvollkommener Information. Verfahren der Entscheidungsvorbereitung, in: Blick durch die Wirtschaft v. 15. 7. 85, S. 3.

Stritzky, O. O. v. (1978); Beurteilung und Bewertung von Produktideen, in: Handbuch Marketing, Bd. 1, hrsg. v. J. Koinecke, Gernsbach 1978, S. 531–546.

Sundhoff, E. (1958); Grundlagen und Technik der Beschaffung von Roh-, Hilfs- und Betriebsstoffen, Essen 1958.

Symkay, E. W.; Bowersox, J. D.; Mossmann, F. H. (1961); Physical Distribution Management: Logistics Problems of the Firm, New York und London 1961.

Tally, W. (1961); How to Design Sales Territories, in: Journal of Marketing, Januar 1961, S. 7–13.

Tempelmeier, H. (1980); Standortoptimierung in der Marketing-Logistik, Bd. 23 der Beiträge zur Datenverarbeitung und Unternehmensforschung, hrsg. v. A. Angermann, Hain 1980.

Theisen. P. (1974); Beschaffungspolitik, in: Handwörterbuch der Absatzwirtschaft, Bd. IV der Enzyklopädie der Betriebswirtschaftslehre, hrsg. v. B. Tietz, Stuttgart 1974, S. 338–351.

Tostmann, TW. M. (1982); Konsument und Kaufentscheidung. Untersuchung zur praktischen Brauchbarkeit von Kaufprozeßmodellen, Bielefeld und Köln 1982.

Trautmann, W. P. (1960); Die Wertanalyse im Einkauf, Bd. I der Schriftenreihe Wirtschaft und Technik, Berlin und Baden-Baden 1960.

Treis, B. (1974); Beschaffungsmarketing, in: Marketing-Enzyklopädie, Bd. 1, München 1974, S. 249–260.

Unger, F. (1985); Kritische Anmerkungen zu ausgewählten Ansätzen strategischer Unternehmensplanung, in: Markenartikel, 5/1985, S. 218–224.

Urban, G. L.; Hauser, J. R. (1980); Design and Marketing of New Products, Englewood Cliffs 1980.

Vershofen, W. (1928); Die Marktverbände, 1. Teil, Nürnberg 1928.

Vershofen, W. (1942); Selbstversorgung, in: Markt und Verbrauch, Berlin 1942, S. 8.

Vershofen, W. (1946); Hauswerk und Siedlung, Berlin 1946.

Vershofen, W. (1950); Wirtschaft als Schicksal und Aufgabe, Wiesbaden 1950.

Vershofen, W. (1951); Dialektik und Polarität, Wiesbaden 1951.

Wagner, G. R. (1978); Lieferzeitpolitik, Wiesbaden 1978.

Weiß, M. (1988); Chancen und Probleme von Einkaufspassagen in der Bundesrepublik Deutschland, Band 19 der Arbeitspapiere der Schriftenreihe SCHWERPUNKT MARKETING, hrsg. v. Prof. Dr. Paul W. Meyer und dem Lehr- und Forschungsteam Marketing an der Universität Augsburg, 2. Aufl., Augsburg 1988.

Weisser, G. (1947); Form und Wesen der Einzelwirtschaft, Stuttgart 1947.

Weissmann, A.; Tröger, G.; Adlwarth, W. (1983); Psychographische Marktsegmentierung, Arbeitspapier Nr. 3, hrsg. v. L. Berekoven, Nürnberg 1983.

Westermann, H. (1982); Gewinnorientierter Einkauf, 3. neubearbeitete Aufl., Münster 1982.

Wettschurek, G. (1974); Grundlagen der Stichprobenbildung in der demoskopischen Marktforschung, in: Handbuch der Marktforschung, hrsg. v. K. Chr. Behrens, 1. Halbband, Wiesbaden 1974, S. 173–205.

Wild, J. (1973); Product-Management, 2. Aufl., München 1973.

Winck, P. (1983); Innovation ist machbar. Besondere Chancen für mittlere und kleinere Unternehmen, in: Blick durch die Wirtschaft v. 3. 11. 1983, S. 3.

Wolter, F. H. (1978); Steuerung und Kontrolle des Außendienstes, Gernsbach 1978.

Wolter, F. H. (1980); Wie der moderne Innendienst den Verkauf fördert. Wiesbaden 1980.

Wolter, F. H. (1984); Die zweckmäßige Rayoneinteilung, in: Verkauf & Marketing, 5/1984, S. 21–27.

Wotruba, T. R. (1970); An Analysis of the Salesmen Selection Process, in: Southern Journal of Business, Journal 1970, S. 39–51.

Wotruba, T. R. (1971); Sales Management – Planning, Accomplishment and Evaluation, New York u. a. 1971.

Zehnder, C. A. (1987); Informationssysteme und Datenbanken, Stuttgart 1987.

Zelazny, G. (1986); Wie aus Zahlen Bilder werden, Wirtschaftsdaten überzeugend präsentiert, Wiesbaden 1986.

Zentes, J. (1980); Außendienststeuerung – Konstruktion und Implementierung eines computergestützten Entscheidungssystems, Stuttgart 1980.

Zentes, J. (Hrsg.) 1984); Neue Informations- und Kommunikationstechnologien in der Marktforschung, Berlin u. a. 1984.

Zimmerli, H. (1972); Verkaufsplanung – Eine modelltheoretische Betrachtung, Winterthur 1972.

Sachregister